金石拓片细读丛书

上海博物馆 编

多维的蜀道摩崖

○

陶喻之 著

上海大学出版社

图书在版编目（CIP）数据

　　流动的金石：多维的蜀道摩崖/陶喻之著. -- 上海：上海大学出版社，2021.9
　　（金石拓片细读丛书）
　　ISBN 978-7-5671-4319-7

　　Ⅰ. ①流… Ⅱ. ①陶… Ⅲ. ①摩崖石刻 – 研究 – 四川 Ⅳ. ① K877.494

中国版本图书馆 CIP 数据核字 (2021) 第 169819 号

封面题字　钟明善
特约编辑　邱慧蕾
责任编辑　邹西礼
装帧设计　孙　康
技术编辑　金　鑫　钱宇坤

流动的金石：多维的蜀道摩崖

陶喻之　著
上海大学出版社出版发行
（上海市上大路99号　邮政编码 200444）
（http://www.shupress.cn　发行热线 021-66135112）
出版人　戴骏豪

江阴市机关印刷服务有限公司印刷　各地新华书店经销
开本 787mm×1092mm 1/16　印张 17.5　字数 218 千字
2021 年 10 月第 1 版　2021 年 10 月第 1 次印刷
ISBN 978-7-5671-4319-7/K·241　定价 168.00 元

徐郙楷书对联，嘉云艺术馆藏

序一

适值汉中最美 4 月天，舍间迎来一位时在念中的贵宾，他就是上海博物馆陶喻之先生。早在 30 多年前，他还在求学期间，就曾因喜爱文史，与汉上史坛耆宿陈显远先生过从甚密，也是汉台博物馆常客，并多次参加博物馆举办的石门石刻研究会；从他的参会论文中，不难窥见其过人的才华。基于对青年才俊之器重，我与他逐渐走近，进而成为忘年至交。

喻之在汉中客居多年，对本地雄厚的历史积淀感触良深，常有记述汉中的文史佳作面世，尤对褒斜道石门及其石刻研究颇深，我曾陆续拜读过他在这方面的诸多论著。此番他来我乔迁新居，短暂寒暄之后，便出示两篇褒谷访古近作：一系刊载于《书法报·兰亭》专刊的《蜀道褒城访鸡关》；另一为发表于《文化艺术报》的《访新石门怀古石门》。两篇都是他踏勘石门故地的纪实之作。同时，他出示新著《流动的金石：多维的蜀道摩崖》章节提要，委我撰序一篇以示勖励。我一介老朽，承蒙垂青，岂敢推辞；又基于上述情由，遂勉力为之。

汉中褒谷古迹，包含考古、史地、文学艺术等多学科学问，仔细忖度喻之篇章提要，方知新著侧重于从金石学角度探索石门石刻。夫金石之学，乃考古学之前身也，以古代青铜器和石刻碑碣为主要研究对象。早在三国曹魏时，已有学者将出土古器物用于旧籍考订。南朝梁元帝《金楼子·著书篇》载其有《碑集》十秩百卷。北宋士人钟情于金石器物之风日甚，著述亦多；其中金、石兼猎之翘楚，则非欧阳修《集古录》莫属，该书自序云："自周穆王以来，下更秦、汉、隋、唐、五代，外至四海九州，名山大泽，穷崖绝谷，荒林破冢，神仙鬼物，诡怪所传，莫不皆有。"该书问世，推动了方兴未艾的金石考古学之发展。嗣后，赵明诚《金石录》和洪适《隶释》《隶续》，更为之发扬光大，使之成为专门学问。明代倾心于金石者寡，但仍有万历时赵均其人，喜搜金石，尝汇集存世碑目，连同其新发现者，

图1 郭荣章著《中国早期秦蜀古道考述》书影　　图2 郭荣章著《石门摩崖刻石研究》书影

逐一为之题跋，辑成《寒山堂金石林时地考》。清以降，已有金石学称谓，相关著述更如雨后春笋。

早在北魏郦道元《水经注》中，已有石门石刻之著录；其后宋欧、赵、洪、娄诸家继之；清人热衷石门石刻者，更不胜枚举。清王昶《金石萃编》不仅对石门汉魏石刻详加考释，且有《石门题名十八段》《玉盆题名十二段》之说；就方法论而言，已摆脱以往个案探讨之窠臼。更有王森文、罗秀书等人，经实地考察，集其所见，分别撰就《石门碑醳》《褒谷古迹辑略》两部专著。20世纪60年代初，陕西省考古研究所先后两赴石门故址调查，撰写《褒斜道石门附近栈道遗迹及题刻的调查》刊于《文物》杂志，收录石刻40余种，皆有照片可供查阅；仅此，亦胜前人多矣。

然石门故地险峻异常，历代勒石者接续无穷，甚而有以新刻掩旧刻者；加之自然及人为损毁，给访古探踪者造成极大困难；更由于访古者自身学识、素质差异，常有漏记、错记，或张冠李戴、以讹传讹等失误。职此之

图3　陇蜀古道访碑图　杨立强（甘肃省美术家协会名誉主席，原甘肃省美术家协会副主席）作

故，探访石门故迹者虽代不乏人，而代代出新。只要有所发现、有所创见，皆不虚其行。喻之先生为辑成其新著而考察石门故迹，当属此类。

通览喻之新著章节提要，既有文献考证与史学论述，又有实地调查之洞隐烛微。虽未拜读全文，但可预料这是一部有益于石门石刻研究的好书。在其问世之前，谨缀数语，以申拙见。

郭荣章
汉中市博物馆原馆长
蜀道摩崖石刻专家

序二

镌刻秦岭的诗篇

喻之仁棣把多年古道跋涉访碑问道论文，结集为《流动的金石：多维的蜀道摩崖》，委实是件快事雅事。看着编排严谨的卷章、文史兼容的篇目，无不新人耳目，急欲先睹为快，我与他相交相识的多年往事顿浮心头。

忆及古汉台初度晤面，曾让我吃一惊；之前读其文章，蕴涵宏富老道；再看其名"喻之"，以为乃前辈学人，不想却是小我一轮还多的年轻书生。面孔儒雅，谈吐得体，操吴侬软语，供职上海博物馆，专职碑帖字画研究，属典型的海派学人，何以钟情这古道摩崖？深谈方知喻之曾侨居褒谷口而与我张寨旧宅相近，遂对石门古迹名胜兴趣盎然；继而沉潜梳理，又生发开去，一路走来，栽树成林，硕果累累，就有了这引人入胜的一道风景，恰似褒国故地河东店花果山那片层林尽染的橘园。

曾记得一代"史圣"太史公有言：夫作事者必于东南，收功实者常于西北。江南人灵秀精致、思虑缜密，喻之老弟便是如此。他居繁华都会，却放弃雅室清赏，多年来致力于研访秦蜀古道摩崖石刻，展现出治学问道的独特眼力。诚如书法巨擘、百年文化巨匠沈尹默先生所论，中国书法是"无声而有音乐之和谐，无色而有图画之灿烂"。刻石纪事，乃古之传统，是对社会重大事件的真实记载；石性坚硬而可垂久远，有着补史之阙、纠史之谬、详史之略之作用。唯金石之学必须涉崇山峻岭、荒僻古道，是一条充满艰辛的荆棘之路。

喻之为精研学问而不辞劳苦，时而料峭春寒中西狭碑前攀岩扪萝，体验"诗仙""山从人面起，云傍马头生"般之惊险；时而炎炎夏日里盘桓于青泥岭上，重温"诗圣""季冬携童稚，辛苦赴蜀门"的艰辛。寒风凛冽中，他与友人登临鸡头关，感受初唐诗人沈佺期"独游千里外，褒城闻曙鸡"的意境；不久之后，又见他在秦蜀古道研讨会上演讲……总之，这些年不知与喻之相约或偶遇过多少回。

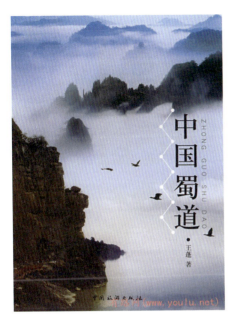

图 1 王蓬著《中国蜀道》书影

图 2 王蓬著《从长安到罗马》《从长安到川滇》《从长安到拉萨》等书影

  印象至深的，是我与喻之联手，操持抗战前夕为保护石门文物做出卓著贡献的我国公路建设先驱张佐周先生落葬褒谷口的始末。此事缘起于我查阅蜀道资料时偶尔了解到张老的卓著贡献，意识到其极有文化意义，理应广为宣介。遂专程赴沪采访张老，写出 5 万余字的报告文学《功在千秋：记一位保护国宝的公路专家》，先后被《人物》《中国交通》等杂志刊载。喻之评介说：文章叙及张老生平事迹，旁及金石、交通、抗战史事等，资料翔实，内涵丰富，关键是有卓识，无论于史家、研究者或广大读者，均有裨益。

  2005 年张老仙逝，临终遗愿安息褒谷口。喻之闻讯即积极牵线，多方奔走，替张老立传竖碑，并陪伴张老家人安放骨灰、举办座谈会、策划张老摄影老照片展……兹事人多事繁，然喻之事无巨细，皆安排得当有序。揭碑当天，墓地庄严，摩崖朴实，影展隆重，座谈热烈，就连久雨的秦岭也云散雾开，而我与喻之更成为挚友。

近年来，我由文学创作而转研文史，侧重探访古道；喻之获悉，借助上海发达的资讯，多次提供有关蜀道的史料文献；又应我约请为汉中文联《衮雪文粹》作序……其实不仅对我，喻之凡涉公益都不遗余力，对汉中有求必应。他替蜀道石刻艺术博物馆主持《汉上竞风流集古藏真帖》，带领上海书法代表团赴山乡镇巴纪念近现代书法双子星座王世镗与沈尹默，推介为官褒城而关注石门金石学的海宁倪兰畹、曾访碑石门的吴门金石学家吴大澂以及造福汉中城的诸先贤，主持康熙年间任西乡县令时平息虎患的松江王穆事迹展，策划于江苏苏州、上海松江、浙江海宁举办前代名家的汉南、陇南碑帖展……总之，喻之为推介弘扬汉上学术的善举指不胜屈，彰显出受汉上学风濡染的敦厚学人的古道热肠，因而博得此间同道学人的敬重。

如今，披览凝聚喻之心血的《流动的金石：多维的蜀道摩崖》，深佩其学养之深厚、识见之精卓！斯集堪称汉中蜀道金石学研究领域的集大成之作，作为多年友人，谨为序以贺！

2018 年 6 月 30 日草于汉水之畔无为居

王蓬
一级作家、二级教授
曾任陕西省作协副主席、汉中市文联主席
多部著作荣获国家级文学奖

目录

- 001　序一（郭荣章）
- 004　序二（王　蓬）
- 001　绪论　源远流长的蜀道金石学
- 044　第一章　行人千古颂杨公：摩崖石刻的金石蜀道
  - 044　　第一节　蜀道交通与摩崖石刻
  - 049　　第二节　蜀道线路与石刻分布
  - 057　　第三节　栈道规模与营造法式
  - 065　　第四节　石刻体裁与兴工人物
  - 069　　第五节　余论
- 076　第二章　山形依旧枕寒流：兵家必争的金石蜀道
  - 078　　第一节　"遮要"与"衮雪"：扑朔迷离的蜀道摩崖曹操留题
  - 086　　第二节　《远涉帖》：鲜为人知的诸葛亮蜀道快递刻帖
- 100　第三章　远游无处不销魂：诗情画意的金石蜀道
  - 105　　第一节　一首所谓的"诗圣"蜀道摩崖题诗
  - 118　　第二节　一首张冠李戴的文湖州蜀道摩崖题诗
- 129　第四章　如猱升木辨文字：访碑椎拓的金石蜀道
  - 137　　第一节　唐代杂文家孙樵的蜀道之旅与金石学之滥觞
  - 144　　第二节　仿刻与补刻：宋、明对蜀道石刻不同方式的保护传承及其效果
  - 162　　第三节　川陕蜀道东汉金石的南宋初现与清中期再现
  - 177　　第四节　清代何绍基的蜀道之旅及其蜀道金石搜集与临写
  - 189　　第五节　清末后党徐郙与新党梁启超的蜀道金石拓本鉴藏及其他
  - 198　　第六节　一段因吴大澂蜀道访碑而绵延至今的金石学因缘
  - 225　　第七节　金石为开缘精诚：记一位当代陇南蜀道青年金石学家
- 238　第五章　前有蝮蛇后豺虎：毒蛇猛兽的金石蜀道
  - 238　　第一节　历代史志诗文中的蜀道蛇虫虎患
  - 248　　第二节　历代蜀道金石中的蛇虫虎患
- 265　后记

绪论

源远流长的蜀道金石学

中国古代金石学肇始于北宋，兴盛于清中后期，向为传统学术重要领域；而访碑、传拓和考鉴，乃该学科之基础方法与研究手段，大抵两宋以来所有治学严谨之金石学家，无不经历过踏勘考察、募工拓制和案头考订以及鉴藏这几道必由之路。秦蜀、陇蜀古道间的历代金石学研究之所以长期兴盛而绵延不绝，很大程度上与那些饱学善鉴之士的宦游及游学历练有很大关系。

在古代信息交流相对闭塞的情况下，金石学的发展与交通畅通与否往往成正相关关系。唐末杂文家孙樵在其旅行笔记——《兴元新路记》中，提及发现蜀道干线——褒斜道北段西晋太康元年（280）《修栈道记》摩崖，堪称北宋金石学奠定前的学术滥觞，因其至少已展开了旅途笔录和初步比对研究。[1]试想，如若他依旧沿褒斜道直接南下、而非取径当年新开辟的褒斜道支线抵达汉中的话，以其好古之心和多次往返蜀道的经历，或许还会对褒谷口石门隧道内外众多反映汉魏蜀道交通的摩崖石刻发生兴趣并进而记录在案，[2]而这恰好为今人所不了解的晚唐石门及其摩崖情形；但孙樵的新路旅程竟然阴错阳差地与古石门擦肩而过、失之交臂。好在两宋、特别是南宋抗金时期，蜀道的军事地位大为凸显，其沿线的汉中有关东汉蜀道建设的《大开通》《石门颂》《郙阁颂》等石刻，陇南成县的东汉《西狭颂》《耿君表》等摩崖，因居地利优势而广受瞩目。值得注意的是，被奉为金石学鼻祖的欧阳修（1007—1072）和受其青眼的另一位名列"唐宋八大家"的文史学家曾巩（1019—1083），正是分别通过其宦游蜀道汉中、兴州（今陕西略阳）和成州地区的朋侪，才获得上述"汉三颂"等摩崖拓本。（图1）[3]其中曾巩所得的《郙阁颂》拓本，有确凿证据表明来自宦游兴州的地方官晁仲约之奉送。[4]事后曾巩对拓本作了仔细校勘，甚至纠正了欧阳修将《西狭颂》本事主人公——东汉武都太守李翕误为"李

图1　北宋李成《窠石读碑图》轴，日本大阪市立美术馆藏

会"的疏失。[5] 而晁仲约还向到访的著名墨竹画家文同（1018—1079）贶赠过他辖下的略阳地方文化特产——《郙阁颂》拓本，文同《丹渊集》卷十七《拙诗六韵奉寄兴州分判诚之蒲兄》诗曰："乳柱石窟寺，不辨文字古。主人好事者，乃我诗酒侣。""不辨文字古"句自注："郙阁汉铭。"[6] 这是《郙阁颂》首次见诸古人诗歌，而且是书画名家的题诗。

南宋抗金期间，秦岭南麓嘉陵江流域蜀道交通自然吃紧；为快速调兵遣将、出师北伐，当时军政当局制定实施交通军事管制措施的交通规则并刻石昭示，以管控闲杂人等占据要津、影响南来北往军务，从而确保抗金部队顺利遂行军事任务；至今略阳灵岩寺博物馆尚保存有一方当地出土的南宋淳熙八年（1181）邑令王某立石的《仪制令》碑刻，（图2）正是当

图 2 南宋淳熙八年（1181）《仪制令》碑刻暨拓片，陕西略阳灵岩寺博物馆藏

年交通法规的物证，该碑文字自右而左竖行作：贱避贵，少避长，轻避重，去避来。

在当年驻扎蜀道沿线的抗金部队当中，还不乏喜好金石文字的军旅文人，由此给汉魏蜀道石刻研究带来生机。其时适值南宋著名金石学家洪适（1117—1184）埋首编撰金石学巨著《隶释》《隶续》，"咨以川蜀两汉碑墨之所出及古文奇字"。员兴宗《九华集》卷十二《答洪丞相问隶碑书》以身临其境的亲历者身份作了详尽回答并解惑释疑，如介绍《郙阁颂》摩崖道："碑立于波夷江对，至今犹俨然。"[7]

可当初"回视渔关（笔者按：即《郙阁颂》摩崖原址上游甘肃陇南徽县之虞关），不知其高几里，皆终岁漕饷之所浮，水既不得平流，皆因地而浅深，自滟滪逆数至渔关之药水（笔者按：即药水岩），号名滩者六百有奇，

图3　南宋绍定三年（1230）沔州知州田克仁出于保存古迹的目的，复刻《郙阁颂》于今略阳灵岩寺。左图为其缘起题记摩崖

石之虎伏兽奔者，又崎岖杂乱于诸滩之间。米舟相衔，且尽犯险，率破大竹，为百丈之篾缆，有力者十百为群，皆负而进，滩怒水激，号呼相应"。[8]因此，地处逆水行舟纤道要冲的《郙阁颂》摩崖，左上角汉隶刻字饱受船运纤绳之磨损。绍定三年（1230），沔州（今陕西略阳）知州、山东临沂人田克仁赴治北原址访碑，鉴于原刻"岁久昏蚀，殆不可读"，惟恐古迹磨灭沦丧，"开禧间（1205—1207）得旧墨本于京口，勘之欧阳公《集古录》、洪氏《隶释》及郡志所载，亡缺差少。来守是邦，因勒诸灵岩寺之石壁，以永其传。"（图3）[9] 同年，田氏还异地摹刻已处于北方沦陷区的北宋史学家司马光墓前之宋哲宗御书《忠清粹德之碑》于治南灵岩寺，（图4）[10]可见他在宦游略阳前已癖好金石学，且留意收藏有价值的善本碑拓。从其署名"绍定三年三月朔朝奉郎新除大理寺丞权知沔州事管内安抚四川制置司参议官田克仁刻石本州公宇"之官衔来看，他当时为身兼军职的地方官。

相比于《郙阁颂》摩崖所在地蜀道军事和嘉陵江漕运的重要性，位于汉水上游支流褒水河谷古来蜀道干线褒斜道南口汉中的《石门颂》《石门

图4　沔州知州田克仁出于保存古迹的目的,复刻北宋史学家司马光墓前之宋哲宗御书《忠清粹德之碑》。原石暨拓片现藏陕西略阳灵岩寺博物馆

铭》等汉魏摩崖,因受东汉开凿的人工穿山隧洞——石门天然屏蔽,(图5)兼以周边风景如画,向为古人策马溯舟郊游的理想场所,故而北宋文同有诗《自斜谷第一堰溯舟上观石门两岸奇峰最为佳绝》;而其《寄褒城宰》诗更云:"滟滟清波泻石门,茂林高巘夹烟昏。何当画舫载明月,共醉江心白玉盆。"自注:"物五斗,诗润滑可爱。故云江中有大白石穴,壳然如盆可憾。"

文同所谓"白玉盆"是指今名列"石门汉魏十三品"之一的原褒河中流"玉盆"巨石及其刻石。(图6)石门隧洞内外和"玉盆"西北岸山崖遍布摩崖留题,尤以两宋宦游人士题刻居多,有所谓"石门题名十八段"和"玉盆题名十二段"之说。[1]清代褒城知县倪学洙《石门道记》碑、清人潘矩墉《石门游记》碑,分别有"题名几满,皆宋人手笔"和"汉魏颂铭左右列,独无唐人遗迹,南宋题名甚夥"之记载。在这些题名石刻中,不乏以金石学研究为目的者,如:"庆元丙辰暮春止余三日,赵公茂、宋

图 5 陕西汉中褒谷东汉所凿双车道隧道——石门（今已湮没于褒河石门水库）旧影、题刻暨故址纪念碑

图6 "汉魏石门十三品"之一,原褒河中流"玉盆"摩崖石刻,陕西汉中市博物馆藏

□志、张寿卿……同来观汉刻,三酹于此。""成都宋积之摄褒中令,广汉章以初、彭城贾公肃……从公所约访之,为石门之游。……摩挲石门汉刻,酹酒修禊,于此尽醉而返……庆元丁巳夏四月……""纪国赵彦呐敏若视堰修禊事,阆中龙隆之景南、普慈刘炳光远……同徕。……登石门,拂古翰,从容瀹茗而去。宝庆丙戌前熟食五日。"凡此等等,不一而足。

另据南宋时汉中南郑县令、山东临淄人晏袤释东汉永平六年(63)《大开通》(即《鄐君开通褒斜道》)摩崖曰:"绍熙甲寅三月甲子,南郑令晏袤以堰□□□至褒谷,获此刻于石门西南险侧断崖中。先是,癸丑夏秋积雨,苔藓剥落,至是字画始见。□法奇劲,古意有余,与光武中元二年《蜀郡太守何君阁道》碑体势相若。建武、永平去西汉未远,故字画简古严正,观之使人起敬不暇。"而同时金石学家娄机(1133—1212)在所著《汉隶

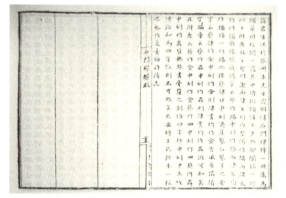

图7 原位于汉中褒谷石门南口外崖间的东汉《鄐君开通褒斜道》摩崖,陕西汉中市博物馆藏。图系清嘉庆王森文《石门碑醳》摹绘本书影

字源》中跋《大开通》则曰:"碑在兴元,绍熙甲寅,帅章德茂得之于褒斜道中。"

按:章德茂,正是乾道八年(1172)爱国诗人陆游(1125—1210)投笔从戎入汉中四川宣抚使王炎幕府时的朋僚章森。[12]绍熙五年,他三赴汉中就任郡守,[13]因晏袤系其下属,或因"实董其事"、[14]治理保障军屯水利工程——褒河山河堰,而意外在上游石门南口附近山崖发现《大开通》,后以拓本相赠,也未可知。特别是晏袤以隶书写就《山河堰落成记》,又分别作《大开通》和西晋泰始六年(270)潘宗伯、韩仲元通阁道题名以及三国曹魏景元四年(263)李苞通阁道题名等摩崖释文,[15]似乎都表明他比章森更熟谙石门汉隶刻石。[16]

位于陕西汉中蜀道干线褒斜道南口外、反映东汉蜀道工程情况的著名摩崖《大开通》,(图7)自南宋绍熙五年被有识之士发现,由于始终处于野外环境,兼以当时和之后褒斜道路基大幅度抬升,使得原处于褒河水线之上的石门隧洞因而长期处于废弃闭塞状态,《大开通》因之又重新为苔藓泥土掩盖,再度陷于湮没无闻、乏人问津状态。清代乾嘉学派之翘楚、金石学家钱大昕(1728—1804)于乾隆五十二年(1787)编著的《潜研堂金石文跋尾》卷一《汉中太守鄐君开褒斜道碑》中曰:"右汉中太守鄐君开褒斜道碑,欧、赵、洪三家俱未著录。宋绍熙末,南郑令临淄晏袤始得之,为文记其事。然其地崖壁斗峻,苔藓阻深,自晏令作记后六百余年,罕有津逮而摹拓者。今巡抚毕公撰《关中金石记》,乃搜访而录之。"

图 8　原位于石门隧道内的清乾隆褒城县令倪学洙兰畹之《石门道记》碑，陕西汉中市博物馆藏

　　乾隆三十七年（1772），金石学家王昶（1725–1806）因朝廷用兵平定川西北大小金川叛乱而入蜀从戎；后来他于嘉庆十年（1805）编著的《金石萃编》卷五《开通褒斜道石刻》中记曰："是刻，昶官陕西时所拓，从前著录家皆未见之。摩崖后有宋晏袤释文并题记。晏所释全文可读，知今本后尚有三十余字，为工人遗拓。……据县令倪学洙云：自褒城而西南，凡三百余里，悬崖绝壁，汉唐题字，隐见于丛莽间，连绵不绝。盖宋以前，路通兴元，栈道俱在山半，故汉唐遗迹最多。今栈道移而渐下，遂不可摹拓矣。……又，族弟启昆云：嘉陵江南北山壁上，题字亦数百处，然此种石壁，古苔杂树，斫伐为难，必须长梯巨架，所费不支，并恐工人颠坠，多伤民力，皆未能罗致也。并书于此，以告后之访碑者。"

　　王昶述及的乾隆四十五（1780）至五十三年（1788）间褒城县令、浙江海宁人倪学洙，是清中期考察石门摩崖的直接当事者，其《石门道记》所述颇具权威性：

　　　　晏袤释文、释字，附刻其下。按释字较原碑多数十字，今观鄐君之碑，崖石已尽，不知所多之字镌于何所，或者山石倾圮所致。盖时历二千余年，

图9　甘肃成县东汉《西狭颂》摩崖原址南宋王子直访碑题记

陵谷之变，诚有不可考者。……壬寅之春，毕中丞采之，入《关中金石记》。癸卯仲夏，三通馆椷取，入《金石略》。残碑段碣，久经湮没；一旦拂拭出之，比干剑气珠光，自能焜耀千古。物之显晦，洵有时哉！（图8）

由以上记述可知，东汉《大开通》自南宋绍熙五年晏袤、章森发现之后，历经椎拓、收藏、释文、研究、记录和传播，直到金石学复兴的清乾隆中后期，[17]历时近600年，才终于为雅好金石的陕西巡抚毕沅和几乎同时的金石学家王昶等重新采集，终于再度有拓本流通递藏。这得益于《大开通》常年为自然界所庇护，就金石学研究而言固然增添了探幽寻胜的访碑难度，同时也唤起学者探索发现的乐趣，这种令人惊喜的蜀道访碑的田野新鲜感和学术兴奋点，非寻常单纯的文献爬梳可比。

陇蜀古道的东汉《西狭颂》摩崖两侧，同样有许多宋人的访碑留题，如乾道七年（1171），"郡守王子直，遣男师雄观碑于此。"（图9）淳熙五年（1178），"郡守马义夫、倅吕义甫，率郡文学掾王德润，客王鼎光、费子渊访古至此。倅之子仿侍行，同谷尉王信之先一日为除道。"十四年（1187），"汉李翕守西康，黄龙、白鹿、嘉禾、木连理同为一时之瑞。

图10　甘肃成县南宋淳熙十五年（1188）王正嗣等访《西狭颂》摩崖题记

磨崖大刻，至今称之，后之继者无闻也。河间卑牧自牧滥分符竹，因暇日，拉前郡侯田世雄元弼、郡别驾成绘素道，策杖跋险，涉水来观。"十五年（1188），"西和前进士王正嗣、冯翊郭英、正嗣侄芝，自峡蹑石沿溪观《天井》《耿君》二碑至此。因叹：'今日瑞芝产于郡之天水，固不减黄龙、嘉禾之应。良二千石，岂独专美于汉耶！'"等等。后二者的书法风格也均仿汉隶，带有浓厚的《西狭颂》的结字、运笔特征。（图10）此外不刻于《西狭颂》周边的有些摩崖，如乾道八年成州仙人崖《王子直甘露颂》，以"瑞露零于仙境，与汉武都守李翕所纪颇同"，且以《西狭颂》书体为之，乃至通篇布局也模仿《西狭颂》，足见《西狭颂》之结撰精妙。

明清时期，成县《西狭颂》摩崖周边留下的访古、访碑题刻也不在少数，如康熙二十八年（1689）李甲璧题记，乾隆六年（1741）黄沛等题记、八年（1743）黄泳题记和锺运兴题名，以及光绪二十二年（1896）刘世安题记等。其中疑似明末邑令张应举的题记和乾隆十九年（1754）雷替化的题

图11 《清代学者像传》中的甘肃学政叶昌炽画像

图12 1940年抗日军人王政直访《西狭颂》摩崖题刻

名,还分别提及"印墨刊石"和"打墨刊",这无疑是当时椎拓拓本的确切记录。另外,在成县南山仙人崖甚至还有光绪二十九年(1903)"督学叶昌炽命成县训导岳世英访古于此"的题记,透露了继亲身到此访碑的陕甘学政吴大澂之后,身为甘肃学政的另一位晚清知名金石学家、《语石》作者叶昌炽(1849—1917)在按学陇南期间,(图11)于沿途搜访石刻之余,亦曾委托地方官员代为搜罗金石资料的史实;证诸叶氏《缘督庐日记》光绪二十九年八月十七日所记,与此正合。在《西狭颂》周边所有存世题刻中,1940年王政直的题记尤其正气凛然,令人肃然起敬,其文曰:"民国二十九年四月十七日,邵阳王政直抗倭战后,整训成县,单骑至此访古。"(图12)

南宋时沔州(今陕西略阳)知州田克仁复刻东汉《郙阁颂》的摩崖所在地灵岩寺,因地处城郊,得嘉陵江水陆联运之便利,自唐迄今,均为当地名胜,因而即使在金石学复兴的清乾隆以前,也不乏学人访碑之记录。如明正统年间(1436—1449),陕西按察使、提督学政伍福《次日游灵岩纪事》诗云:"驻节来寻郙阁铭,扪萝历磴扣禅扃。"再如嘉靖二十四年(1545),汉中知府张良知以魏碑体书《游灵崖寺记碑》,其云:

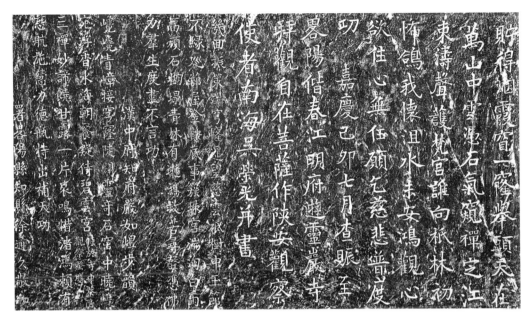

图 13　陕西略阳灵岩寺清嘉庆二十四年（1819）陕安道吴荣光访《郙阁颂》摩崖题记

嘉靖辛丑，余丞佐天汉，爰省志牒，久怀灵崖名刹，冀一登眺。岁乙巳暮春朏日，部临略阳，公余，……遂挐舟顺流抵山麓，登岸步屧而升，扪萝攀蹬，……昔人爱其峰峻拔，多留题于上。爰扶吏剔藓认读，然时远班剥，半不可句。……饭既，复由药水岩渡高窟，抵罗汉洞，洞之巅，观郙阁汉铭，字画奇古，宋太守田克仁虑其漫灭，摹刻于兹，存古之雅，不可泯也。……

而同行的略阳县尹白桂草书律诗碑则有"灵崖虚宇立，郙阁伴云眠"句。至于嘉靖四十四年（1565）蜀人甘茹的草书诗碑《游灵崖寺》之"八分碣有中郎墨，一首诗惭张祐才"；万历二十二年（1595）李仰的楷书《游灵崖记》碑之"拂石读蔡中郎刻字迹，千古有生动之色"等语，多半是受了嘉靖二十八年（1549）知县李遇春纂修、三十一年（1552）刊刻的《略阳县志》卷五著录《郙阁铭碑》，将作者暨《郙阁颂》隶书归于东汉著名书家蔡邕的误导。事实上，正如清末康有为（1858—1927）《广艺舟双楫》卷二"本汉第七"所谓："至《郙阁》，明明有书人仇绋……其非（蔡）邕书尤显，益以见说者之妄也。"

图 14 《清代学者像传》中的吴荣光画像

图 15 陕西巡抚毕沅隶书汉中城固张骞墓碑：汉博望侯张公骞墓

总的来说，自北宋晁仲约以降，关于蜀道摩崖石刻的踏访研究代不乏人、逐渐兴盛；甚至灵岩寺内的南宋复刻本《郙阁颂》，因为传播便利，其影响远远超过了位于嘉陵江上游的东汉原刻。乾隆五十三年（1788）仲春，岭南惠州籍进士赵希璜的隶书题刻《游灵岩寺拓郙阁铭摹本》，以及嘉庆二十四年（1819）七月因查赈来略阳赴灵岩寺的陕安道吴荣光（1773—1843）的题刻，指的都是灵岩寺南宋田克仁的翻刻摩崖。（图 13、图 14）

清代宦游蜀道的学人与"汉三颂"的关系，随着乾隆、嘉庆时期金石学的振兴，已由单纯的访碑、椎拓、著录和收藏，深入到有鉴选地梳理、校勘等研究层面；对拓片的要求也不再满足于今拓，更有对旧拓、古拓善本的追求；著录则不仅限于抄存文字，更有类似摄影存档的写真摹绘形式；学人间的交流亦愈趋密切，研究深度较之两宋时期的欧、赵和晏袤更进一层，也更为专业；唯一不变的是研究者的身份，依然以富有学养的宦游学人为主。如乾隆四十一年（1776）陕西巡抚毕沅遍访三秦古迹名胜，除隶书汉中历史名人墓碑之外，（图 15）[18] 还以所得包括"汉三颂"在内的 700 余种三秦碑拓编纂成《关中金石记》；[19] 而嘉庆十九年（1814）略

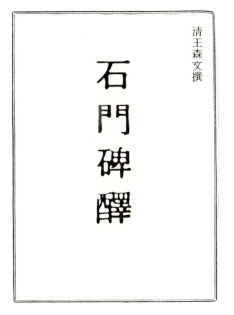

图16　清嘉庆十九年（1814）汉中略阳县令王森文《石门碑醳》书影　　图17　《清代学者像传》中的刘喜海画像

阳县令、山东诸城人王森文[20]编纂的《石门碑醳》，堪称专题研究汉中蜀道石门石刻群的首部专著。（图16）

《石门碑醳》的特点是以拓本为据——摹绘，从而保留了石门石刻群清代中期的基本面貌；王森文对《郙阁颂》的研究尤为深入，这与他宦游襄城、主政略阳时的业余金石学探访有很大关系。他曾自述："李君吉人宰襄城，余委听襄城讼。暇日，李君为觅舟出城东门，北溯襄水"以访碑。事毕，"舍舟入城觅拓工，增其价值，令加工遍拓，共得若干页，因疏其颠末，以纪游观之获；更依各碑行字、款式，别写释文一册，以备嗜古者考证焉"。[21]

另据陆绍文跋东汉永寿元年（155）《右扶风丞李君石刻考》，嘉庆十九年秋，王森文还在石门隧洞西壁"石门"大字以南发现《右扶风丞李君通阁道》摩崖；而《石门碑醳》所载《郙阁铭摩岩碑考》，则是次年正月他逆水行舟访《郙阁颂》原址后于"嘉陵舟中作"，同年夏再赴灵岩寺访南宋田克仁异地仿刻《郙阁颂》摩崖后追记。由此足见王森文注重脚踏实地察访调查精神之可贵，亦难怪陆绍文题跋将他与南宋嗜好汉隶的汉中南郑县令晏袤相提并论："王春林大令搜剔得之（笔者按：指《右扶风丞

图18　清四川按察使刘喜海《三巴汉石纪存》（《金石苑》）书影

图19　上海博物馆刘喜海旧藏《石门颂》旧拓本

李君通阁道》摩崖）；王之嗜古，亦晏南郑之流与！"这与明万历年间略阳知县申如埙的擅加补刻田克仁所仿制《郙阁颂》之左上角残缺部位而标榜一手"重刻"，高下立判。[22]

王森文摹绘蜀道石门石刻，似乎对稍后另一位同籍山东诸城的金石学家，嘉庆、道光年间陕西延榆绥道、四川按察使刘喜海（1793—1853）以很大学术启迪。[23]（图17）刘氏于道光二十六年（1846）入蜀"访碑……取道于五丁担侧（汉中金牛道）……持节西川"，[24] 所编反映蜀中历代碑刻的《金石苑》，同样以拓片摹写形式保留了诸多散佚的四川地区石刻文献资料。（图18）尽管刘氏过陕南时是否曾赴石门访碑不得其详，但他曾寓目且收藏有多本东汉建和二年（148）的《石门颂》拓本却有案可查。如上海博物馆藏晚清书家李瑞清（1867—1920）旧藏《石门颂》，即刘氏道光二十五年（1845）购于西安，次年秋装裱于陕南商州。（图19）此外，上海博物馆尚有刘氏旧藏《郙阁颂》《石门铭》拓本等。另据近代金石碑帖鉴藏家朱文钧（1882—1937）《欧斋石墨题跋》记载，刘氏曾藏有传未经洗凿的绝旧本《石门颂》。[25]

王森文《石门碑醳》问世后，精鉴赏的浙北海宁诸生蒋光煦（1813—

1860）于嘉兴籍金石学家张廷济（1768—1898）席间获观；道光二十七年（1847）他"偶于旧书肆获褒斜石刻，为王令《碑醳》所无者凡十余纸"[26]，遂于翌夏缩摹附于王本之后，一并辑入其校刻的《别下斋丛书》之《涉闻梓旧》，从而为蜀道石门石刻研究，增添、保留了大量摩崖文字的原始图像资料。今所见王、蒋缩摹的大部分摩崖，除"汉魏十三品"于20世纪60年代末，被从石门原址切割整体搬迁至汉中市博物馆陈列外，其他百余种石刻俱已湮没于石门故址浩渺的褒河水库库区，故而王、蒋摹绘刊行的《石门碑醳》，其文物价值、史料价值及学术价值不言而喻。

　　咸丰二（1852）至五年，湖南籍著名书法家何绍基（1799—1873）任四川学政，曾登连云、金牛栈以往还秦蜀间，今虽不见其顺道察访石门石刻的记录，[27]但何氏专注于《石门颂》拓本之鉴藏却是不争的事实。据何氏金石题跋，其所藏一本系于乐山知府署斋见"插架书帖甚富，浏览之余，快为题记。（乐山知府）见余心赏是拓，临别遂以持赠"。至同治二年（1863），其所藏已达3本。[28]又据何氏《东洲草堂金石诗》之《借钩杨又云继振所藏〈娄寿碑〉即题碑后》，有"桂张二宝倘并到，何惜十指松煤黔"之句，自注曰："桂相国藏《华山碑》，张松屏藏宋拓《石门颂》，俱欲借钩。"坦露了观摩并临摹宋拓本的殷切心愿。而《朱时斋杨旭斋来看〈石门颂〉因追述癸丑甲中旧游……》诗自注："《石门颂》者，藉书园所藏旧拓，共四幅，流落散失，陈晋卿得第四幅，留置吾斋。既而杨旭斋以首二幅来，李子青以第三幅来，遂成全璧。余于乙酉春，得奚林和尚所藏《石门颂》……"道及同道联几共赏情趣，亦足见其鉴藏之精深。（图20）

　　其实，限于自然及主客观条件制约，无法亲身实地访碑或椎拓退而搜求旧拓、善本，一定意义上讲，也是金石学家的另一种方式的访碑、考察，同样值得肯定。何绍基对《石门颂》的喜爱，还表现在他多次揣摩临摹此碑，

图20　清何绍基《东洲草堂金石跋》与《东洲草堂金石诗钞》书影

存世作品就有咸丰十一、十二年（1861—1862）的临本等。[29] 也许是何氏藏、摹《石门颂》在同道中颇有声望，同治十一年（1872）十月十八日，金石学后起翘楚、山东潍县陈介祺（1813—1884）在致函另一位金石学家吴门吴云（1811—1883）时，专门寄上《石门颂》拓本，特请转呈闲居姑苏的何绍基品题。[30]

晚清宦游汉南而曾亲身踏访陇南西狭石刻的金石学名家，继王森文之后整整一甲子，有陕甘学政吴大澂（1835—1902）。（图21）光绪十年（1884），署名"笏盦"者在题识被誉为"甲骨之父"的山东福山金石学家王懿荣（1845—1900）的《天壤阁杂记》时说："今时谈金石者，首推潍县陈学士介祺，次则吾家少保公张香涛制军之洞。若吴丈清卿、王君廉生两家，亦广收博采。地不爱宝，日出不穷，较阮相国、吴子苾、刘燕庭当时，增之十倍。"

值得金石学史研究者关注的是，同治末年是一个以陈介祺为首的金石学家联结学谊的重要时间节点，[31] 当时涉及蜀道访碑、椎拓与鉴藏的金

图 21　清陕甘学政吴大澂画像

石学活动,也主要围绕陈、吴、王诸人展开。就在吴氏上任陕甘学政后四日,陈氏即寄送手札,感谢吴氏委托癖嗜泉币、流寓秦中而与刘喜海过从甚密的鉴藏家鲍康(1810—1881)转赠其长孙婚礼贺联;又赞"久于伯寅少农书中得闻风雅,复于攀古楼款识刻得读大著,已深向往"。并称于鲍函"欣闻荣膺新命,视学三秦",表达了希望成为金石契友而互通有无的心愿,所谓"惟乞古缘所遇,不忘远人。羡有奇之必搜,企有副之必惠,当悉拓敝藏以报也"。最后话锋一转,提出具体合作方案:"《石门颂》诸汉刻,均望洗剔,以绵料厚纸先扑墨后拭墨精拓之,水用芨胶去矾。拓费必当即缴,切勿从赐。收拓必详其目,免有遗复。"(图 22)而陈、王之间往来也始于同年互赠拓片,直至光绪十年(1884),几每函必伴拓片。[32] 正是基

图22　清陈介祺《簠斋尺牍》书影　　图23　《清代学者像传》中的金石学家王懿荣画像

于三人同好先秦、秦汉古文字的金石之缘，终于促成他们为"三颂"访碑、椎拓而合作的"铁三角"关系。（图23）

陈介祺之所以关注"三颂"等汉魏蜀道摩崖，似乎与他受刘喜海、何绍基等前辈金石学家之影响有关。[33]前已论及，同治十一年秋，陈氏已寄《石门颂》拓本托吴云请何氏题跋，说明其弃藏此拓本并不迟于何、刘。而刘氏无论是家族背景、人际关系还是鉴藏与治学精神，[34]尤其是刘、何二氏在蜀中石刻拓本搜集方面的广博，都令他向慕不已。此时适值宦游三秦的另一金石学大家吴大澂投联问路，正合陈氏与其结交切磋的夙愿，从而有了两年多直接或间接相互寄赠石刻拓片的金石学通信，[35]尽管陈、吴之间其实彼此缘悭一面。以下重点通过典型案例，对这一重要的蜀道金石学学谊做一梳理。

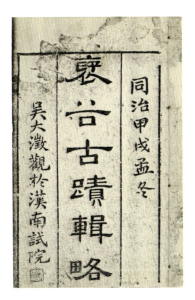

图 24　清汉中褒城教谕罗秀书《褒谷古迹辑略》书影

　　同治十三年（1874）重阳，吴大澂"按临汉中试事，碌碌四十余日，疲精耗神，与京华故人音问疏阔"。他深感"僻处秦中，无可与语。京华故人，惟王廉生农部邃于金石之学，相契最深，别后数月曾未得其手书；孝达入蜀，懒于作札，偶有所见，无可质证。倘蒙不弃，时惠尺书，以慰岑寂，片楮之赐，珍逾拱璧，欣幸何如！关中自兵燹（笔者按：指太平天国运动）以后，寒士荒经，文风久已不振。轺车所及，与诸生苦口劝勉，有善必奖，有弊必惩，冀于士风稍有裨益。所愧根底浅薄，不足为士林表率，时滋惶悚。山林隐逸之士，讲求正学者，当有数人。近今俗尚以时艺相炫，敦本励行，目为迂儒，不得不稍示激扬，以为通经明理者劝。"幸到汉中后，吴氏遇见两位金石学知音——褒城教谕罗秀书和椎拓技师张懋功，始解其谈艺话石之寂寥，且对他此行完成陈介祺之嘱托亦良多帮助。

　　同治十年（1871）前后，关中罗秀书宦游汉中，即与同道数至石门，"剥苔封，洗尘泥，历数月始将模糊之字考证明确。岩石间仿佛有字者，皆搜括而出之，因录集一册，以便携览。"（图 24）[36] 因慕吴大澂金石学盛名，遂于其临汉试毕，即"遣舟来迎"[37]，陪赴石门访碑，以遂其宿愿。据罗透露："甲戌冬，吴学宪将文（笔者按：指《李君表》）理考全，拟翻刻一石，未果"。但此行吴对罗于乱世之秋犹沉浸于金石之学已刮目相看，

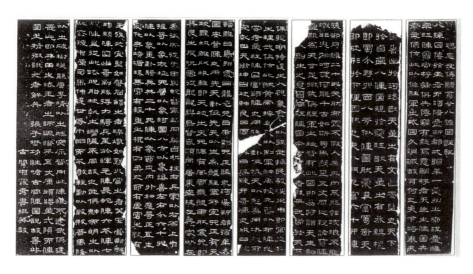

图 25　清咸丰八年（1858）罗秀书撰书《汉忠武侯诸葛公八阵图注说》碑暨拓本，陕西汉中市博物馆藏

故当罗呈其所纂《褒谷古迹辑略》，吴有感于此书考镜褒谷全境而较王森文《石门碑醳》更为周详，遂欣然命笔题签并署"同治甲戌孟冬吴大澂观于汉南试院"，以示褒奖。而石门拓工张懋功似乎也由罗荐于吴氏，后成为吴在陕南、陇南按陈介祺函授之摩崖石刻精拓方法施行椎拓的专职技师。

据咸丰八年（1858）罗秀书撰书之《汉忠武侯诸葛公八阵图注说》碑载："张子懋功，性嗜古，问阵图说，故书此。"（图 25）表明罗、张在吴来汉之前已相识且过从甚密。另据光绪八年（1882）潘矩墉《游石门记》碑载："邑人张茂功，精音律，能毡蜡，善与人交。家在石门对岸，茅屋数椽，树木周匝，殊觉幽雅。约往少憩，具鸡黍饷客，更出琵琶而侑酒，虽非流水高山，然亦足以移情矣。"[38] 可见张懋功绝非悟性全无之等闲俗匠，而是勤学善思、颇有头脑的能工巧匠。

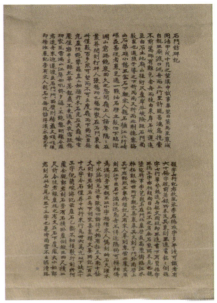

图 26 《吴宓斋尺牍》及其中所收《石门访碑记》书影

图 27 原汉中褒谷石门东岸张懋功茅庐旧影。庐位于川陕公路南向新石门隧道首洞以北，今湮没于褒河石门水库。图为 20 世纪 30 年代中期公路专家张佐周先生拍摄

由陈、吴通信可知，陈对石刻拓本求全责备，要求近乎苛刻，特别对以往拓工不屑椎拓的碑额需求极大，如嘱咐吴氏"若古石，则须厚绵纸先扑后拭，不妨墨重，方见笔画。……栈道日下，其上颇有汉刻，近蜀处可访之，并可语孝达学使也。""《褒斜开》后一行、《惠安西表》四字额、《五瑞图》小字一行，乞勿遗，《耿勋》亦乞精拓。"再如"《石门》额乞早寄此间"；"《石门颂》《西狭颂》多求精拓五六份，额皆倍之，切切乞乞。"可当年陕西椎拓技术普遍低劣，为此，吴致陈函多次提及"秦中刷手甚劣"；"此间拓手多自以为是，又不耐烦，以速为贵。教以先扑墨后拭墨之法，多不听从。幕友家人中，亦能拓而不能精。汉中如有良工，当令精拓石门诸刻。安得琅琊拓手遍拓三秦碑碣耶？""此间拓手之不精，即此可见。《唐公房》碑阴尚有数十字，嘱其一并椎拓，仅拓得碑阴一分，其意以为寥寥数行，殊不愿拓尔，亦属可笑。"

　　而罗秀书所荐张匠懋功，经吴大澂点拨、示范和栽培，颇可陈氏之意，故深得吴氏倚重；遂于"汉中试事毕，翌日，策马至褒城"，随后弃马逆水行舟，跋涉登攀进褒谷，甚至夜宿张庐，观风雪满山，听"江声如吼，终夕潺潺不绝"。（图26、图27）次日由罗、张等陪同，"游石门，风雪中攀萝附葛，访得永寿刻石数行及《鄐君开通褒斜》刻石尾段残字，亦一快事，惟嘱打碑人先拓数纸"，此"打碑人"即后来受吴全权委托遍拓陕南、陇南重要摩崖而谊称莫逆的张懋功，故其姓名迭见于吴致陈函，如"明年当遣张懋功拓之，必可稍精。褒城距城固不远，略阳《郙阁颂》，亦当遣拓。石门工价向不甚昂，给以倍价，尚听指挥……""艰登陟为劳，遂以崖石事属张懋功，不及手自摩挲……""顷由褒城寄到石门汉魏诸刻，纸墨之精，万不如尊处，拓工较寻常帖估所货，略有一二可取……李苞题名残字两行刻在石门洞外南崖高处，下临深涧，游者须至崖畔极险处仄足而立,仰视方见。拓工于洞内立架,施一长板,用绳捆身,转面向里,方可上纸,故仅拓数本……潘、韩题字亦竟无获,访碑之不易如此!……"

陈得吴撰《石门访碑记》,对其称赞张拓技艺了得,起初疑信参半,故回函曰:"读书及《访碑记》,如身历石门,唯无好拓手,仍似辜负此游耳。"及得吴寄张拓,始对拓片质量表示认可并提出更严格要求:"张茂功拓墨已异俗工,未知是先扑后拭否?拓不到则多不可见,拓过重则可见者又有微茫处,参之则可精到。《石门颂》尚欲再精拓一二纸并额四五纸;《杨淮表》'表'字上似宜有字,何不多拓数寸,其拓似初上墨时太干。""闻得访石门诸刻,务并额及汉时题字,记精拓之;额尤须多拓,拓者细心解事,当不减秦石之有新获也。"

如所周知,吴氏治学本侧重于案头研究三代彝器,自称"于汉隶源流,茫无所知"。经历此番跋山涉水的蜀道石门访碑及与陈介祺的尺牍往还,使他对汉魏摩崖石刻的研究及拓制技艺均大有长进,这从他仿石门汉隶书体写的《石门访碑记》并长篇考稽文字即可见一斑。他是清代极少数脚踏实地亲临石门石刻群、更是晚近绝无仅有的涉足西狭谷地考察沿途汉代摩崖的重要金石学家,[39]诚可谓"精诚所至,'金石'为开"。而张懋功乃陈、吴金石学思想忠实的具体执行者与实践者。2013年6月,海豚出版社推出学者白谦慎著《吴大澂与他的拓工》,述及吴、张之交谊;在此之前,陕西省作家协会副主席、汉中市文联主席王蓬,也创作有长篇报告文学——《记一个拓印世家》,记述了褒城拓印名匠张懋功的金石椎拓生涯。

因陈介祺、吴大澂及其朋侪所获"汉三颂"等石刻拓本均出自张懋功之手,故后来吴为张题"松鹤齐年"匾额以示谢忱并贺寿辰;[40]而张氏椎拓绝技后继有人、延续数代,其第四代孙张中发曾是汉中市博物馆特聘的"石门十三品"首席椎拓技师。而今张门犹有传人继承祖传手艺,[41]

并已通过陕西省"非物质文化遗产"审核,正在申报国家级"非遗"资格认证。2012年,由笔者策划总纂、汉中市蜀道石刻艺术博物馆馆长郭林森统筹总监完成的汉中文化史上第一部汇集古近汉中名人书法丛帖——《汉上竞风流集古藏真帖》,即聘请张氏"非遗"传人张晓光传拓。

发生在晚清汉中的以椎拓高质量、大数额石刻拓片为主要形式,兼带一定商业运作性质的金石学活动,[42] 堪称前无古人,后无来者。随着由陈介祺指授、吴大澂踏访、张懋功椎拓的石刻拓本不断被流通递藏,其是否曾经被光绪年间东渡扶桑的金石学家杨守敬(1839—1915)携往日本,尚有待进一步考证,[43] 然而"汉三颂"等拓本在东瀛金石学家中不乏收藏却是无可争议的事实。如日本知名金石学家中村不折(1868—1943)就藏有传为宋拓、实属乾隆五十年(1785)前后石门所在地汉中褒城知县倪学洙募工椎拓的《大开通》拓本;[44] 已故全日本书道联盟副理事长锺谷善舟亦藏有大量石门摩崖拓本,[45] 他曾三赴汉中访问,1985年3月那次,即席挥毫写下"汉中石门,日本之师"条幅,(图28)表达了东瀛金石书学界对汉中石门暨"汉三颂"摩崖的高山仰止之情。1986年4月,日本书法界泰斗、著名汉学家中田勇次郎(1904—1998)也来汉上访碑,并即兴题诗一首:"蜀道摩崖隶草奇,天然古秀入神技。春潭千丈绿依旧,移得巉岩中外知。"(图29)此后,如牛丸好一、西林昭一、杉村邦彦等众多日本金石书法界代表团接踵而来,莅临石门、西狭访碑、临习,[46] 考察蜀道石刻者可谓络绎于途。

历代宦游蜀道的学人对"汉三颂"摩崖的研究,乃中国传统金石学演进发展的一段缩影。古人既结前缘,来者怎样续接,是摆在当今金石学学人面前的无法回避的学术命题,尤其是在友邦学人竞相来华访碑问道的情况下,这一问题更值得吾国学人深长思之。

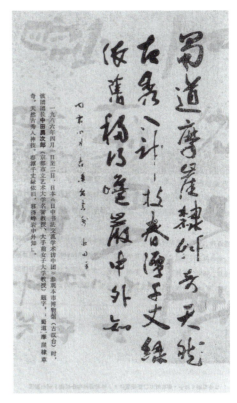

图 28　全日本书道联盟副理事长锤谷善舟为石门石刻题词

图 29　日本书法界泰斗、著名汉学家中田勇次郎访问汉中时为蜀道摩崖题诗

　　传承和弘扬金石学要有一颗好古之心，表现在研究层面，是要锲而不舍地探究，包括排除万难实地访碑、千方百计搜集旧拓善本、反复比对校勘研究等；另一层面，是要妥善保护好古迹，使后人可访、可拓、可鉴。就蜀道"汉三颂"而言，南宋田克仁为保护《郙阁颂》原刻而予以仿刻即是这方面的例子。据《褒谷古迹辑略》记载，南宋晏袤撰书的《山河堰落成记》摩崖"字大如碗，生动可观。'绍熙'二字，嘉庆间被廖姓工匠取石所伤，县主怒甚，几毙杖下，然已无可如何"。封建官府刑法之峻刻可见一斑，但也从一个侧面反映了地方当局对重要文物的重视意识。

　　现保存于略阳灵岩寺博物馆、几与 20 世纪 70 年代由原址凿揭迁来的东汉《郙阁颂》摩崖原石（图 30）毗邻嵌壁的，还有民国年间的《建护〈郙阁颂〉记》碑。当时鉴于"好古之士见以神品目之"的《郙阁颂》摩崖"濒

 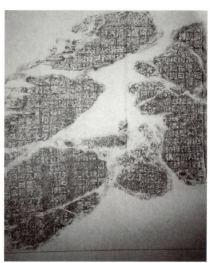

图30　由原址凿揭迁至略阳灵岩寺保存的东汉《郙阁颂》摩崖，陕西略阳灵岩寺博物馆藏

临嘉陵江岸，船舶上溯，篙缆磨《颂》额右端深入者盈寸，今其文已磨灭数十字矣；重之风雨剥蚀，历久更难保全。前邑宰恩周雨公先后筹资建护，均因事未果；丙寅冬重宰斯邑时，与防军营长施公桐轩出巡过此，颇景慕而叹息之，乃商同邑绅筹资建护。……是此《颂》将万斯年可以供世人玩索矣！"（图31）当时对《郙阁颂》的保护，是在原刻周围以石条砌筑围墙，正面加木栅栏挡护；至20世纪70年代，这些石墙和木栅栏均尚保留，有效地保护了《郙阁颂》原石免遭损坏，对缓解摩崖风化漫漶起到了一定作用。[47]

　　值得一提的还有，20世纪30年代修筑西安到汉中的公路期间，以全国经济委员会公路处长赵祖康（1900—1995）为首的公路建设者，不仅在沿线的宝鸡大散关、凤县酒奠梁和留坝柴关岭等地刊碑立石、传承文化；（图32）而且为保护石门故址，赵祖康与具体负责施工的工程师张佐周（1910—2005），宁可增加建设预算及工程量而主动放弃在褒河西岸石门附近修建公路的原取线方案，改为架桥迁回东岸并开凿新石门隧道，[48]从而完整保全了石门石刻，并且利用工程余材和石门古栈孔，恢复了一段古栈道景观。（图33）张佐周还与石门拓工张懋功后人订交，[49]

图 31　民国十五年（1926）保护《郙阁颂》摩崖碑，陕西略阳灵岩寺博物馆藏

历经千辛万苦拍摄保存了一批反映张氏后人椎拓石门摩崖的场景，以及 20 世纪 30 年代汉中社情民生和西汉公路修筑情形的珍贵老照片；张佐周先生去世后，经笔者联络协调，其家属将这批老照片无偿捐献汉中市博物馆。（图 34）而张懋功后人也以这批老照片为依据，申报"张氏摩崖椎拓技艺"为陕西省非物质文化遗产。

赵祖康、张佐周主持近代蜀道交通工程、保护石门古迹的这段历史，后被汉中著名作家、陕西省作家协会副主席王蓬写成长篇报告文学《功在千秋：记一位保护国宝的公路专家》，发表后广受社会各界关注，有多种文化传媒以不同形式对赵、张等先贤的事迹作了宣传报道。新石门公路隧洞旧址的外壁上，至今尚存当年国民政府交通总长、著名学者叶恭绰（1881—1968）书写的题刻："石门旧有汉郑子贞所书'石虎'二大字，赵君祖康奉命开辟西安至汉中公路至此，特为保存，并嘱余别书二字勒石。余书不足道，若赵君爱护名迹之意，有不可没者，因为纪之。"（图 35）令人更为动容的是，张佐周先生由于主持修建宝鸡到汉中的公路以及保护石门石刻而与汉中结下不解之缘；他以 96 岁高龄于上海去世，家属遵从遗愿，将其骨灰落葬于新石门上方山坡，从而使他永远与其所保护的石门古隧道暨摩崖石刻相伴并融为一体，而今更成为具有爱国主义教育意义的旅游景点。（图 36）

图 32 中国公路建设先驱赵祖康先生传记及其题写的"古大散关"摩崖和"柴关岭"碑

图 33 中国公路建设先驱张佐周先生于 20 世纪 30 年代拍摄的为保护古石门而营造的景观旧影

图 34 2005 年 10 月,张佐周先生家属捐献的张佐周所摄汉中老照片展在汉中市博物馆举办

图 35　① 新石门隧洞外壁上的叶恭绰摩崖题刻老照片，张佐周先生拍摄
　　　② 由雕塑艺术大师刘开渠创作并赠送赵祖康先生的象征抗战时期筑路人铮铮铁骨和巨人精神的雕塑：《开路先锋》
　　　③ 张佐周、赵祖康先生合影
　　　④ 新石门隧道叶恭绰摩崖题刻

20世纪30年代前半期，以赵祖康和张佐周为代表的近代蜀道公路建设者，为保护石门古迹不懈努力，唤起并促进了汉中本地对蜀道石刻文物的保护意识。据1935年1月25日的《西京日报》报道，鉴于石门石刻因"阁道废弛，悬崖绝壁，人目不睹；又或荒草蒙蔽，苔藓封隐，遂使玲珑宝物，湮没无闻；达人名士，甚为惋惜。（褒城）彭县长莅任后，开扩大县政会议之时，教育助理员米雪堂，即提议保存，以免一般渔利之徒，不分冬夏，漫事拓捶，寒暑骤变，大伤石身，将稀世珍品，渐就剥落。此议提出后，当经大会表决，一致赞成，决议在案，于上月中旬，县府明令委任米雪堂为保存石门文献事物所主任。闻米奉委后，即拟具详细办法请示云。"但令人遗憾的是，不久抗战军兴，使得对石门摩崖石刻的保护与研究被迫处于无序状态。

中华人民共和国成立后，20世纪60年代初，石门摩崖石刻经陕西省文物考古部门调查、申报，被国务院公布为第一批全国重点文物保护单位。（图37）不久之后，存世石门摩崖石刻得到全面普查，普查结果发表于国家级权威学术期刊——《文物》杂志1964年第11期。总体而言，自20世纪50到70年代，对蜀道沿线石刻的保护、研究和开发等工作，并未被提上陕甘川三省和国家文物事业发展总体规划的主要议程；嘉陵江流域的蜀道石刻，有不少就在20世纪50年代修建宝成铁路时遭破坏；"文革"期间，石门摩崖因修建石门水库而遭毁灭性破坏，大量石刻永远被淹没在褒河库区。

"仓廪实而知礼节"。自20世纪80年代起，对蜀道石门摩崖石刻的研究重新得到重视并逐渐走向振兴，"石门汉魏十三品"所在地汉中市博物馆成为这一振兴过程的"孵化器"和研究中心。在学术带头人郭荣章先生的主持下，不仅于1983、1985、1988、1993和2008年相继召开了5届

图36 2005年10月,张佐周先生骨灰安放仪式在褒谷石门东岸山崖间举行

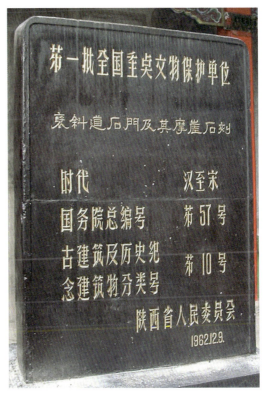

图37 1962年12月9日,褒斜道石门及其摩崖石刻被列为全国首批重点文物保护单位,图为标志石

图38 《石门石刻大全》书影

图39 2004年4月,首届《西狭颂》学术研讨会在甘肃成县召开

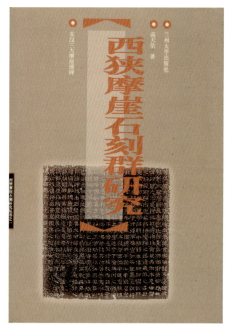 

图 40　高天佑先生《西狭颂》研究成果书影

包括纪念《石门颂》刊刻 1850 周年在内的学术研讨活动，结集出版了《石门石刻大全》等一批学术研究成果；（图 38）而且陆续编辑出版了以蜀道交通及摩崖石刻为主要研究对象的学术刊物——《石门》，发表了一批观点新颖、内容扎实、论证充分、有一定学术质量和理论水平的论文，培养并凝聚了一批热心于蜀道石门石刻文化研究的有识之士。1999 年 10 月 14 到 16 日，首届《郙阁颂》学术研讨会也在略阳拉开序幕。

之后，东汉《西狭颂》《耿君表》等蜀道摩崖所在地的陇南成县文化学术界，也在高天佑等学者的组织主持下，于 2004 年 4 月 28 日和 2007 年秋先后举办了两届《西狭颂》学术研讨会，（图 39）出版了《西狭摩崖石刻群研究》《〈西狭颂〉研究在日本》等学术著作（图 40）和《西狭颂》碑版图录等，使得川陕甘三省的蜀道金石学研究重新焕发出生机。2017 年 9 月 25 日，又在兰州举办了《西狭颂》文化丛书首发式暨《西狭颂》文化研讨会。（图 41）近年来，陇南另一蜀道重镇、也即李白《蜀道难》所咏

图 41　国画大师李可染题《西狭颂》

的青泥岭所在地甘肃徽县，依托茶马古道要冲和蜀道抗金历史名胜的区位优势，也对当地的蜀道及金石学研究作了积极推动，先后举办了两届大型学术考察研讨活动。这些学术文化举措，借着国家蜀道"申遗"战略的东风而成效显著。继往开来，今后对于蜀道交通以及蜀道金石学的研究，资料将更丰富，学术环境将更优化，研究思路将更开阔，影响面将更广泛。

注释：

〔1〕（唐）孙樵《孙可之文集》卷四《兴元新路记》著录西晋太康元年《修栈道记》摩崖石刻"阁道教习常民学川石等三人"后自注："一本作川五人。"据分析孙樵至少椎拓过两部拓本。参看北京图书馆藏宋蜀刻本《孙可之文集》，上海古籍出版社1979年。

〔2〕孙樵曾从"唐宋八大家"之一的韩愈（768—824）游，擅长古文。其所作《读开元杂报》，系古代最早关于新闻报道的记载。

〔3〕（北宋）欧阳修《欧阳文忠公集》卷三十八《司封员外郎许公行状》。许遘因知兴元府(今汉中)时修山河堰（在《石门颂》摩崖下游数里）水利工程而迁尚书主客员外郎、京西转运使，欧阳修《集古录》中涉及汉中地区的石刻拓片当由其提供。另参看马强《〈郙阁颂〉历史流传初探》，载《汉中师范学院学报》2000年增刊，第19—21页。

〔4〕晁仲约，疑似山东巨野人（参看上海辞书出版社1984年版《中国历史大辞典·宋史》中的宋代晁氏籍贯），庆历进士，官正奉大夫。据北宋王珪《王华阳集》卷十九内制《赐知深州晁仲约为野蚕成茧奖谕敕书》和王安石《临川先生文集》卷五十外制《屯田员外郎晁仲约可都官员外郎制》："敕某、褒善录勤、朝廷之政。尔清明敏达、士类所称。典治一州、风政弥劭。有司序绩、当得进迁。往服宠章、愈其思勉。可。"可知晁氏系有政绩之实干家。又，历代宦游蜀道并重视金石学者，似以山东籍人士居多，参看周郢《石门石刻与山东人文》，载汉中博物馆编《石门：汉中文化遗产研究2008》暨《中国石门十三品学术研讨会论文集》，三秦出版社2009年，第182—193页。

〔5〕（北宋）曾巩《曾巩集》卷五十《金石录跋尾·汉武都太守汉阳阿阳李翕西狭颂》略曰："盖嘉祐之间，晁仲约质夫为兴州，还京师，得《郙阁颂》以遗余，称析里桥郙阁，汉武都太守、阿阳李翕字伯都之所建，以去沉没之患。而'翕'字残缺不可辨得，

欧阳永叔《集古录跋尾》以为'李会',余亦意其然。及熙宁十年,马城中玉为转运判官于江西,出成州,所得此颂以视余,始知其为'李翕'也。永叔于学博矣,其于是正文字尤审,然一以其意质之,遂不能无失。"

〔6〕 （北宋）文同《丹渊集》卷三《东谷诗·余过兴州太守晁侯延之于东池晴碧亭且道其所以为此章文意俾余赋诗》诗。晁侯,疑即上述赠拓片给曾巩之兴州知州晁仲约。文同"不辨文字古",或就上述李翕之"翕"字漫漶不清而言。参看陶喻之《〈郙阁颂〉文化逸事漫谈——兼谈文同与汉中略阳》,载《汉中师范学院学报》2000年增刊,第62—67页。

〔7〕 （南宋）员兴宗《九华集》卷十二《答洪丞相问隶碑书》。

〔8〕 （南宋）郑刚中《北山文集》卷十三《思耕亭记》。

〔9〕 陕西略阳灵岩寺壁间南宋田克仁绍定三年五月仿刻《郙阁颂》原委题记摩崖。

〔10〕 参看杨明珠编《司马光茔祠碑志·现存碑刻》之金皇统九年（1149）《重立司马光神道碑记》,元至正十二年（1352）《重刊司马光神道碑》,文物出版社2004年,第29—32页,第42页。

〔11〕 （清）王昶《金石萃编》卷一百四十一、一百四十三,另参看（清）陆增祥《八琼室金石补正》卷一百十"石门题刻廿七段"之著录。

〔12〕 （南宋）陆游《剑南诗稿》卷三《简章德茂》和《渭南文集》卷二十七《跋陕西印章二》均言及章森。参看陶喻之《宋代石门轶事补遗和考辨》,载《古道论丛——褒斜道石门及其石刻研究会论文选集》,见《成都大学学报》（社会科学版）1989年第1期,第121—126页。

〔13〕 （南宋）楼钥《攻媿集》卷三十五外制《显谟阁待制知江陵府章森焕章阁直学士知兴元府》;四十外制《焕章阁直学士中大夫知兴元府章森》。

〔14〕 （南宋）晏袤撰书《山河堰落成记》摩崖,今凿揭迁至汉中市博物馆"石门汉魏十三品陈列馆"。

〔15〕 （清）罗秀书《褒谷古迹辑略》附识，款署西汉郑子真隶书"石虎"大字，恐亦南宋晏袤手笔。

〔16〕 参看周郢《石门石刻与山东人文》，载《石门：汉中文化遗产研究2008》，第183—186页。

〔17〕 陕西巡抚毕沅视察汉中在乾隆四十一年（1776），这由现存汉中各地名胜古迹如张骞墓、李固墓、樊哙墓、蔡伦墓等碑刻之毕书落款可知。毕沅《灵岩山人诗集》卷二十八《终南仙馆集》收录汉中连云栈行旅诗多首。卷三十九《云栈图并序》云："忆余昔抚秦时，方用兵金川，数数往还连云栈中。年来凤岭、鸡关，恒形梦想。展阅斯图，旧游如昨，千山万壑，翠屏近在眉睫间耳。"按：汉中褒谷石门所在地褒城知县倪学洙《石门道记》载，6年后的乾隆四十七年（1782），毕沅因编著《关中金石记》，始将发现的《大开通》拓本"采入"，因而《大开通》重见天日应该在乾隆四十一年至四十七年之间。道光《褒城县志·职官》载：褒城知县倪学洙，海宁人，进士，乾隆四十五年至五十三年在任。《述庵先生年谱上》载：乾隆四十八年（1783），王昶任西安按察使，四月"二十三日抵西安，著《适秦日录》一卷，见巡抚毕公，慰劳殊欢幸也"。五十年（1785），毕沅调离陕西，出任河南巡抚，王昶为陕西布政使。《春融堂集》卷三十二有《与毕秋帆制军论〈续通鉴书〉》，王昶获读《大开通》拓本似在乾隆四十八年至五十年任职陕西并与毕沅切磋金石学期间，其《金石萃编》之《大开通》题识提及倪县令。

〔18〕 清陕西巡抚毕沅所书之西汉张骞、樊哙，东汉蔡伦、李固，三国马超，南宋杨从仪墓碑均存。

〔19〕 参看清道光二十七年（1847）蔡汝霖序毕沅《关中金石记》。另外乾隆年间，郭友源"于六书之学，用力特深，精神尤迫两汉分隶之神采，与之相颉颃，而后心惬。自南郑公未仕时，即喜汉隶，见必购，得之乃止。至君随任南郑，好益笃，聚之又颇有力，于是汉碑之著录，烜赫人间者，君莫不有；又有古人未见、君始搜剔出之者，得之辄狂喜。"另郭氏师兄、汉南学者岳震川评价曰："所著《石门碑考》，自宋偃拓后，

历五百余年无问津者。君遣人刺舟求之，得《西狭颂》《析里桥》诸碑。故考核欧、赵二录，洪适《隶释》及元、明、国初诸钜公订正金石之书，作此考。"见吴大康、冯岁平《乾嘉时期的山南学风》，载《陕南历史与文献研究》第1辑《穿梭秦巴之间的历史》，香港天马出版有限公司2004年，第17—18页。

〔20〕 清嘉庆十五年（1810）任略阳县令。参看周郢《石门石刻与山东人文》，载《石门：汉中文化遗产研究2008》，第190—193页。

〔21〕 （清）王森文《游石门记》，载《石门碑醳》，中华书局"丛书集成初编"本第1618册。

〔22〕 关于明代略阳知县申如埙在南宋绍定年间田克仁仿刻于灵岩寺壁间的《郙阁颂》左上角擅自添补文字之事，清王森文《郙阁铭摩岩碑考》有及；另见陶喻之《〈郙阁颂〉研究两题》，载《中国碑帖与书法国际研讨会论文集》，香港中文大学文物馆2001年，第113—128页。

〔23〕 胡昌健《刘喜海年谱》，载《文献》2000年第2期，第143页。

〔24〕 清周其悫道光廿八年（1848）序刘喜海《三巴汉石纪存》。

〔25〕 朱文钧《欧斋石墨题跋》卷一《汉·杨孟文石门颂》，书目文献出版社1990年，第2页。

〔26〕 （清）蒋光煦《〈石门碑醳〉补识》，载《石门碑醳补》。按：乾隆四十五至五十三年，海宁籍进士倪学洙任石门所在汉中褒城知县，道光三年张申跋东汉《大开通》拓本曰："吾邑倪公学洙为褒城县令，采访摩拓，得数十本，而好事者始得鉴赏焉。……自倪令摩拓至今数十年来，不闻搜拓者。"（见日本东京台东区书道博物馆藏《大开通》后跋）蒋光煦补王森文《石门碑醳》，或受同籍海宁褒城令倪学洙宦游石门而雅好金石之影响，待考。

〔27〕 据清乾隆四十五至五十三年（1780—1788）褒城知县倪学洙《石门道记》载："洞曰石门，夏秋水涨，没溢崖岸，不能问途。唯春冬始可挐舟而入。舟不能径达，则舍舟而步，山径溜滑，乱石纵横，几不能容足，盖登陟之难如此，故斯洞为人迹所罕到。"（载罗秀书等编著《褒谷古迹辑略》）嘉庆十九年（1814）王森文《游石门记》亦曰："褒

城石门道，创自秦汉，后汉永平建和间，复事开凿，故摩岩多汉隶。北魏迄宋间加修治，故两朝摩岩亦相继迹，而宋刻尤多。自开鸡头关，其路遂废，游者非舟莫达，由是人迹罕到焉。"吴大澂《石门访碑记》也备言访碑登临之艰难。刘喜海、何绍基等经连云栈出入秦蜀者，虽由石门所在地山崖上方蜀道必经之地的鸡头关往来，却无缘降至山脚水滨之石门隧洞内外一游；也许正因此故，他们均未实现访碑愿望而与其失之交臂。

〔28〕（清）何绍基《东洲草堂金石跋》卷三《跋〈石门颂〉拓本》，台北学海出版社1982年据西泠印社聚珍版。

〔29〕参看上海新世纪拍卖有限公司第九十七届拍卖会拍品；张大成编《何绍基〈石门颂〉墨迹》，上海画报出版社1998年；《何绍基临〈石门颂〉残本》，河北美术出版社1998年。

〔30〕参看陆明君《簠斋研究》第六章，荣宝斋出版社2004年，第205页。

〔31〕参看陆明君《簠斋研究》第一章第三节，荣宝斋出版社2004年，第32—38页。

〔32〕参看吕金成《陈介祺与王懿荣交往郄视》，载《陈介祺学术思想及成就研讨会论文集》，西泠印社出版社2005年，第325—339页。

〔33〕陈介祺弱冠时即曾与何绍基相往来，陈辑《敬宽书屋联抄》一册为何书联，陈题识认为："集中惟子贞同年为最，以其所学所见于集字发之，他人不能及。"道光廿六年（1846）又曾于何藏孤本《张黑女墓志》上题跋。参看陆明君《簠斋研究》第一章第三节、第四章第一节，荣宝斋出版社2004年，第27页、第115—119页。

〔34〕参看张其凤《刘喜海对陈介祺的影响考绎》，载《陈介祺学术思想及成就研讨会论文集》，西泠印社出版社2005年，第311—324页。

〔35〕《吴愙斋尺牍》第七册《吴陈两家尺牍编年表》载，陈请吴传拓道汉魏摩崖石刻，以同治十二年八月五日首度致吴函始，至光绪二年五月廿四日附石门各碑价目止，历时两年多。

〔36〕　（清）徐廷钰同治十一年《褒谷古迹考略序》。

〔37〕　（清）吴大澂《石门访碑记》，载《吴愙斋尺牍》，商务印书馆1938年。

〔38〕　（清）罗秀书《汉忠武侯诸葛公八阵图注说》碑文和潘矩墉《游石门记》碑文，载郭荣章编著《石门石刻大全》，三秦出版社2001年，第34—35、63—64页。

〔39〕　（清）吴大澂《吴愙斋自订年谱》："光绪元年……十月出棚，补试甘肃巩、秦、阶三属，岁科并考，途经鱼窍峡，访《西狭颂》《五瑞图》石刻，岁暮回署。"

〔40〕　王蓬《百年沧桑——记一个拓印世家》，载《山河岁月》下卷，太白文艺出版社1999年，第508—574页。

〔41〕　张氏摩崖椎拓技艺已申报并通过陕西省非物质文化遗产审批，现止申报国家级"非遗"资格。

〔42〕　陈介祺金石学著作及收藏，目前未见有与吴大澂此行访碑、椎拓相关之石刻拓本存世，也无相关论述涉及这批石刻拓本，估计均为陈、吴到手补配装裱后分赠同好或转售市肆，这在他们的往来尺牍中也有反映。参看陆明君《簠斋研究》第五章，荣宝斋出版社2004年，第143—178页。

〔43〕　[日]牛丸好一《汉中褒斜道石门摩崖石刻》曰："石门石刻在中国这样流行，不能不影响到日本明治时期的书法家们。明治十三年（1880），杨守敬携带许多金石碑版来日本，起了决定性的影响。许多日本书法家们购买石门摩崖拓片，而且，日本书法家研究石门摩崖，时常引用杨守敬在1867年出版的《激素飞清阁评碑记》，通称《评碑记》（是杨守敬29岁时的著作）。在那篇著作中有关石门摩崖，这样写道：'《开通褒斜道刻石》……天然古秀，若石纹然。百代而下，无从摹拟，此之谓神品。''《司隶校尉杨孟文石门颂》……其行笔真如野鹤闲鸥，飘飘欲仙。''《石门铭》飘逸有致，即从《石门颂》出者。'由于杨守敬的来日，而最受其影响的日本书法家是日下部鸣鹤，名东作，字子旸。他在《论书三十首》著作中，引用杨守敬的语言，介绍了《鄐君开通褒斜道碑》《石门颂》。鸣鹤在

明治二十四年（1891）访清，并同俞曲园、吴大澂、杨见山会谈，还得到汉魏六朝的精拓。回国后，成为日本书法界的先导。可能是那个原因，以后在日本书法家中，《石门颂》便成为必修的古典。《石门铭》比起《郑道昭》楷书的知名度，略弱一点。"另外，牛丸好一还记述日本书家比田井天来、中林梧竹、西川宁等均曾推崇并介绍过石门摩崖石刻。见牛丸好一《褒斜道石门摩崖的影响》，载褒斜石门研究会编《石门》总第3期，汉中博物馆1988年4月，第107—109页。据杨守敬《邻苏老人年谱》载，其在京会试期间，"时在都中搜求汉魏六朝金石文字，已略备"；光绪元年，他到沪寻找发展机会，与龚自珍之子龚橙结识，龚"深服守敬金石之博。时所携碑版盈箱累箧，龚君艳之，欲尽睹而择购焉"。光绪八年（1882），"先是，余初到日本，游于市上，睹书店中书多所未见者，虽不能购，而心识之。幸所携汉魏六朝碑版亦多日本人未见，又古钱、古币为日本人所羡，以有易无，遂盈箧箧。"载《杨守敬集》第1册，湖北人民出版社1988年，第14—15页、18页。又，王蓬《百年沧桑——记一个拓印世家》："另一位日本当代著名书法家、日本书道院院长种谷善舟先生……在1988年第三届石门石刻国际学术研讨会上，展出他积数十年心血收集的《石门汉魏十三品》全套清代麻纸精拓拓本……与会专家一致认为，这套清代石门石刻拓本必为杨守敬带去日本，并且注定出自褒谷张氏拓印世家第一代始祖张茂功之手。这也就不难明白何以许多日本学者都知道拓印高手张茂功大名，并在他们的著述和论文中屡屡提及。"见《山河岁月》下卷，太白文艺出版社1999年，第555页。

〔44〕 参看日本东京台东区书道博物馆藏汉中石门东汉《开通褒斜道刻石》拓本附道光三年（1823）张申跋；又，吴昌硕跋谓"是拓精旧，乃康雍时毡蜡"，不确。

〔45〕 王蓬《百年沧桑——记一个拓印世家》，见《山河岁月》下卷，太白文艺出版社1999年，第555页。

〔46〕 高天佑编译《〈西狭颂〉研究在日本》，兰州大学出版社2000年。

〔47〕　　王景元《东汉〈郙阁颂〉摩崖石刻的损蚀与保护》，载《汉中师范学院学报》2000年增刊，第33—35页。

〔48〕　　杨涛《宝汉公路修建过程述略》，载《石门》总第3期，第25—30页。

〔49〕　　王蓬《功在千秋——记一位保护国宝的公路专家》，见《山河岁月》下卷，太白文艺出版社1999年，第429—507页；张熹《先父张佐周和石门石刻》，载《石门：汉中文化遗产研究2008》，第198—203页。

第一章

行人千古颂杨公：
摩崖石刻的金石蜀道

第一节　蜀道交通与摩崖石刻

华夏自古有建设连接中原与西南地区的蜀道交通的传统。《史记·货殖列传》载："然四塞，栈道千里，无所不通，唯褒斜绾毂其口。"《战国策·秦三》载："栈道千里于蜀汉，使天下皆畏秦。"这充分表明在先秦时期，以褒斜道为干线的蜀道交通已开辟出来。

就普通读者而言，人们印象中的蜀道，恐怕还多是有关楚汉相争的那句成语"明修栈道，暗度陈仓"。然深究古人对"褒斜道"的命名，不难品味出蜀汉先民穿越秦岭北上的主动性。生于褒国的冷美人褒姒，被千里迢迢选送入宫为周幽王（？—前771）宠妃，以及之前周武王联合巴蜀各地少数民族讨伐商纣王，此外许多带有中原文明标志的甲骨文和青铜器铭文中不乏伐蜀的表述，均证明商周时期蜀道已经畅通。换言之，唐代"诗仙"李白著名的《蜀道难》诗所感叹的"尔来四万八千岁，不与秦塞通人烟"，无非是诗人的奇思妙想和艺术夸张罢了；历史真相是：早有先民开蜀道，"然后天梯石栈相钩连"。

一个简单的例证是，众所周知，出生于汉中城固的西汉杰出外交家、丝绸之路开辟者博望侯张骞，历经千难万险、长途跋涉出使西域的壮举，史称"凿空"。其实他的"凿空"，还应当包括从汉中突破秦岭天堑北上长安的应募为郎之行；他的蜀道之旅，一定同样并不轻松。相比丝绸之路而言，西汉时期的蜀道交通已经贯通应该是不争的事实。

当然，说到蜀道之艰险，人们首先还是会联想到李白的《蜀道难》。这不难理解，因为"诗仙"以蜀人的切身体验和富有浪漫奇想的生花妙笔，写尽了当年蜀道难行的所有选项。不过事实上，《蜀道难》作为秦汉乐府

《瑟调曲》的名称之一,作者并不限于李白一人,之前的南朝诗人就多有此作,如梁简文帝萧纲(503—551)、诗人刘孝威(?—548)和阴铿(约511—约563),以及北周文学家庾信(513—581)等,均有《蜀道难》诗篇、或语涉"蜀道难"的句子。[1]即便唐代诗人,除李白之外,累官户部、工部的张文琮也有五言古诗《蜀道难》,等等。这充分说明了农耕文明时代蜀道交通艰难的真实性与长期性。甚至直到距今140多年前的清末光绪四年(1878),"甲骨之父"王懿荣入蜀省亲过褒斜道南段天险,在稍后致金石学家缪荃孙的尺牍中,尚有"所历山川,大非北人所耐!孩辈过鸡头关,恐惧叫号,弟亦求死不得。褒斜一带,古刻虽近,无心走访,甚为扫兴"的后怕。

不管怎么样,大抵与秦汉乐府出现《蜀道难》曲名的同时,蜀道交通虽然艰难,但也一直行旅不断;因此有关蜀道的开凿营造、修缮养护和管辖治理等,常常被列在统治者的重要日程上。一些重要路段的建设和保障,甚至被纳入地方官员的政绩考核范围,这样带有纪功、记事性质的摩崖石刻,伴随着蜀道交通的开拓与变迁而产生,并被原生态地保存下来,成为中古时期为保障商旅乃至行军而改善交通的真实记录。这种记事或颂德性质的刻石习惯,几乎自汉魏时期一直延续到20世纪30年代中期,即从以人马栈道或碥路为主体的原始蜀道起,直到行驶汽车的近代化交通载体——川陕公路为止。这其中又尤以反映汉魏蜀道交通控制性工程,如汉中褒斜道双车道隧道——石门的东汉《大开通》《石门颂》和北魏《石门铭》,以及横跨嘉陵江东西岸故道析里桥梁的《郙阁颂》和穿越陇东南地区西狭河谷栈道的《西狭颂》摩崖石刻最为著称。这些或佚或保存于今川、陕、甘古蜀道沿线,以汉魏摩崖为主的石刻文献史料和实物,为蜀道金石学的基石。自北宋中期独立成学,两宋时期大凡涉足蜀道的学人,几乎都热衷于金石之学。降及清代中期，金石学再度升温，宦游蜀道的学人，访碑校碑的热情不亚于前人，汉魏蜀道摩崖涉及的史地学、文字学和书法艺术等，成为学人们乐此不疲的考察研究对象和临摹取法的书法传习范本。

栈道是大约形成于先秦时期的一种古老道路形式，主要分布于秦岭、巴山山脉缘河循谷开辟的蜀道上。（图1-1）《史记》卷七十九《范雎蔡泽列传》有"栈道千里，通于蜀汉，使天下皆畏秦"；卷一百二十九《货殖列传》有"然四塞，栈道千里，无所不通，唯褒斜绾毂其口，以所多易所鲜"等记载，就是当时蜀道交通以栈道为主的真实写照。

由于栈道在承平时期乃经济流通与行旅往来必由之路，战争期间则成为兵家必争之要冲；加之以凿石架木方式依山傍水构筑，每逢水潦、兵火，交通即告阻断。所以，历代对栈道的维修、保养都极为重视。

汉代以降，在出秦入蜀的栈道沿线峭壁上，留下了为数可观的记载当时栈道修治实况的摩崖石刻，其中以史上开凿时间最早的人工穿山隧道、陕南汉中褒城褒斜栈道南口——汉代石门隧洞内外石刻群最为集中，包括著名的东汉《大开通》（即《鄐君开通褒斜道》）、《石门颂》（即《故司隶校尉楗为杨君颂》）和北魏《石门铭》等摩崖。其他还有与之邻近的略阳东汉《郙阁颂》、甘肃成县东汉《西狭颂》等摩崖。这些石刻为研究汉魏时期有关蜀道的相关情况，提供了其他文献所阙略的记载更为翔实的资料，堪称一份不可多得的古代道路交通史料。因此，"褒斜道石门及其摩崖石刻"于1962年12月9日被国务院作为"古建筑及历史纪念建筑物"，公布为第一批全国重点文物保护单位[2]。

需要指出的是，广义的汉代蜀道石刻，实际上远不止石门石刻群及"汉三颂"（《石门颂》《郙阁颂》和《西狭颂》），还应包括以"三颂"为代表的记录颂扬历代主持修治蜀道干线的各界贤达的摩崖；此外也应包括所有记述巴蜀山区道路修葺历史的石刻。汪庆正先生在《东汉石刻文字综述》中,就在列举"汉三颂"之外又钩沉索隐,介绍了今四川境内已佚的其他 10 多种山地道路工程石刻[1],极有启发意义。本章拟在汪文基础上增其所阙、详其所略,就两汉、魏晋和北魏时期蜀道石刻所见栈道修建历史等问题加以梳理研究。

图 1-1　明仇英《剑阁图》轴，上海博物馆藏

第二节　蜀道线路与石刻分布

　　中国古代的政治中心，多位于秦岭、巴山以北的关中（长安）、中原（洛阳、开封）与河北（北京）等北方地区，而"蜀道"常常成为特指由上述政治中心经关中而南越秦巴山地进入汉中盆地和四川盆地的道路。有将只限于连接关中长安城与蜀中锦官城（成都）的道路称为蜀道者，（图1-2）这在蜀道研究视野上是一个较大的误区。就地域而言，蜀道是指蜀地范围内和蜀地通往邻近地区所有道路的（包括水路）总称。以汉魏蜀道石刻为例，它们并非只分布在自北方入蜀的必经之地陇南、陕南山区，同时也包括连通四川与云南的交通干道，以及川东、蜀中内部地方交通线路。所以，研究汉魏蜀道石刻，理所当然要兼顾四川境内的一些交通线路。已知最早的几种汉代蜀道石刻，都与川西山区栈道治理有关。以下就川、陕、甘三地蜀道线路与相关石刻分布略作梳理。

　　四川境内以成都为中心出入蜀中的南北交通干道，主要有向南连接滇越地区的灵关道和向北连接陇南的阴平道、连接陕南的金牛道，其他大多属于省内交通道路，汉晋蜀道摩崖石刻，即多分布于这些道路沿线的峭壁上；其中四川盆地西部山区计有8种，川北有《剑阁铭》1种，川东和四川中部有《汉安长陈君阁道碑》《刘让阁道题字》等3种，《张休崖涘铭》则不明具体所在地点。四川盆地西部山区的8种汉代蜀道石刻，涉及路段是川甘、川陕和川滇干道的重要部分或支线，它们分别位于成都平原西北、邛崃山以东的都江堰，成都平原以南、大相岭东北岷江、青衣江流域的荥经、雅安、夹江，以及成都平原东北的广汉地区。

　　位于都江堰西约20里紫坪铺的《建平郫县碑》（一名《蚕崖碑》）（图1-3）

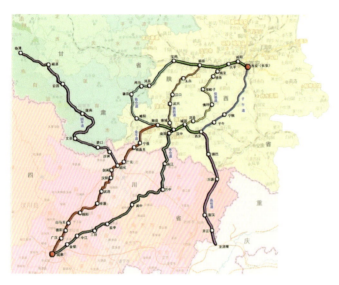

图 1-2 蜀道地图

和近在咫尺的两种治路记,是分别于西汉元寿元年(公元前 2 年)、东汉永平元年(58)、永元六年(94)营建蚕崖山道的石刻[4]。佐以《古今集记》"县(灌县)西十余里,有虚阁栈道。二十五里,有石笋阁道。三十里,龙洞阁道"和《青城外史》"(蚕崖)关去县二十里,实汶川地,有巨石,高丈余,峙山之麓。土人云:此蚕崖石也,关以此得名",以及《堤堰志》"关当县西岷江之北,松茂驿路之冲。……石路巉棱,如簇蚕,因名"等记载,并结合此地系 2008 年汶川地震震中位置的事实,可推知两汉时期蚕崖关一带乃常因地震坠石而屡兴修治之役的险道。加之此道北通连接陇南和川西北的阴平道,所以汉代以降也多有修缮,沿线石刻尚有 1929 年在理县发现的隋文帝开皇九年(589)《通道记》摩崖[5],或可将这段道路视为通往松潘、茂汶的一个路段。

荥经县西 30 里景谷崖间的《蜀郡太守何君开道碑》、(图 1-4)县东 30 里铜山峡中的《广汉属国辛通达李仲曾造桥碑》,以及雅安县东 30 里金鸡山崖间的《青衣尉赵孟麟羊宝道碑》[6]等涉及的蜀道,是秦汉时期业已存在、西汉元光五年(公元前 130)司马相如复通的灵关道及其支线上的各个险段,至东汉前后亦经常兴工增修加固,如何君倡修的尊楗阁附近有杨氏倡造的杨母阁。东晋地理学家常璩《华阳国志》卷三《蜀志·汉嘉郡》载:"邛崃山本名邛筰,邛人、筰人所由来也。有九折阪,岩阻峻回曲,

图1-3 根据邓少琴《益部汉隶集录》摹绘的四川都江堰西汉元寿元年(公元前2年)《建平郫县碑》石刻

九折乃至山上,凝冰夏结,冬则剧寒。"足见此道跋涉登攀之难。同卷《严道县》又载:"道通邛笮,至险。有长岭、若栋、八渡之难,杨母阁之峻。昔杨氏倡造作阁,故名焉。"南宋地理学家祝穆《方舆胜览》卷五六载:"又有邛崃关,距州七十里,昔有杨氏妇造阁道上。"而同一地点还有唐玄宗天宝六载(747)《邛崃关开路记》石刻。很显然,灵关道自秦汉以来一直是四川通往云南的一条要道。因此,西晋张载《剑阁铭》和南朝陈阴铿《蜀道难》诗分别有"岩岩梁山(今剑阁城南大剑山、小剑山)……南通邛僰"和"王尊奉汉朝,灵关不惮遥。高岷长有雪,阴栈屡经烧。轮摧九折路,骑阻七星桥。蜀道难如此,功名讵可要"的诗句。

《南安长王君平乡道碑》载:"平乡明亭大道,北与武阳,西与青衣、越嶲通界……"据地望推考,由此连接的是犍为郡通向蜀郡的区域道路或灵关道的一段岔路。

《广汉长王君石路碑》记载的是北接褒斜道或故道出入蜀中的交通干道——金牛道广汉路段的治理情况。金牛道该路段与《石门颂》记载的王升增修褒斜栈同时,综合稍后的《右扶风丞李君通阁道记》《广汉属国辛通达李仲曾造桥碑》等蜀道石刻分析,可发现东汉桓帝在位期间,自长安经汉中到成都进而南下滇越的褒斜、金牛、灵关道干线,曾经过一次或数次维修。

关于川东地区的东汉陆路交通石刻,目前仅知有章帝建初二年(77)忠

图1-4 位于四川荥经的东汉《尊楗阁》(一名《蜀郡太守何君开道记》)摩崖

县修道记一种[9],这可能与川东地区依傍长江、历来水运交通相对比较发达等原因有关。

《汉安长陈君阁道碑》是有关四川中部内江地区地方道路治理的石刻记载。《冯君开道碑》,今见南宋金石学家洪适《隶续》之著录,文字脱漏,宋郑思《宝刻丛编》卷二十仅谓"凡六十九字,纪其披山开道、人民欢悦之利,末有曹吏孔固三人题名",不详立石地点。《汉安长陈君阁道碑》文末"又称邑丞冯君与掾史钦承遵宪之美"[10]。由于《汉安长陈君阁道碑》与《冯君阁道碑》并列于《隶续》卷第十五,《冯君阁道碑》仅存碑目,所以《汉安长陈君阁道碑》文末提及的"冯君"可能即《冯君阁道碑》褒奖的"冯君"。

经陇南、陕南山区往来蜀中的栈道，自西向东依次有阴平道、故道、金牛道、褒斜道、傥骆道、荔枝道和子午道等多条干线，有关蜀道的修建情况，就镌刻在其中一些栈道沿线的山崖上。其中陇南汉代蜀道石刻，均位于成县正西20余里天井山峡谷的南北山崖间，计有《西狭颂》《武都太守李翕天井道碑》《武都太守耿勋碑》3种，它们是目前汉代蜀道石刻中原址保护较为完好的摩崖石刻。除《武都太守李翕天井道碑》暂不明所在外，《西狭颂》与附近的《武都太守耿勋碑》均处于与山石融为一体的原始摩崖状态。《西狭颂》堪称目前所见"汉三颂"中字迹保存最为清晰的摩崖石刻；不仅如此，在该石刻下方的崖壁间，尚残存有东汉营造西狭栈道时凿留的栈孔；沿响水河下游崖间，另有两处栈道遗迹[11]。鉴于经西狭栈道南下既可抵达川北昭化经金牛道入蜀，又东距先秦时期业已形成、沿嘉陵江入蜀干道的故道（亦名陈仓道或嘉陵道）不远，因此，陇南汉代蜀道石刻涉及的几处道路，既可视为古之阴平道的组成部分，也可看作是故道支线或岔路。

陕南汉代蜀道石刻分别位于略阳西北约20里的嘉陵江西山崖上和汉中北30里褒城褒河谷口的石门隧道内外崖壁间。

略阳汉代蜀道石刻唯存《郙阁颂》一种，它记录的是嘉陵江析里郙阁桥栈险段的工程治理情况，今天，在原刻下方8米的嘉陵江河床巨石中，析里大桥立柱孔宛然犹存，号为"万柱"的栈阁孔迹也依稀可辨[12]。南宋末年，《郙阁颂》东汉原刻因露处嘉陵江边受风雨侵蚀，剥落日甚，文字漫漶；加之逆水船运而受纤绳勒损，整篇文字几不可辨，为"汉三颂"石刻保护最不理想的一种。1977年11月，因当地修建公路，《郙阁颂》原刻被自崖间剥离，1979年7月迁往略阳城南之灵岩寺，镶嵌于前洞侧

图 1-5 甘肃徽县白水江北宋《新修白水路记》摩崖

崖边，与南宋绍定三年（1230）五月沔州太守田克仁仿刻的《郙阁颂》石刻毗邻而立[13]。

析里郙阁桥栈是由大散关沿嘉陵江上游南下接金牛栈入蜀的蜀道干线——故道南端的一段重要组成部分，同时也是经武都（汉代武都郡即今成县）去往陇西、天水的必经之路。《史记》卷廿九《河渠书》载："故道多坂，回远。"《郙阁颂》也谓该道常遭嘉陵江水患，一如今天沿昔日故道线路修建的宝成铁路和川陕公路之夏秋多遇塌方、水患而影响行车安全。尽管如此，该道沿线村落市集众多，居民稠密，秦汉时期沿线山区设有故道、河池、沮县等3个行政单位治所，唐以后又设置有凤州和兴州两个地区级行政单位治所，县级单位治所增加到6个[14]。所以，故道为史上仅次于褒斜道的一条入蜀交通大动脉，汉代以降屡兴修治之役，如北去《郙阁颂》石刻百里余的甘肃徽县青泥岭下，就有北宋嘉祐二年（1057）《大宋兴州新修白水路记》摩崖[15]。（图1-5）南宋时期，故道更成为川陕抗金前沿部队向大散关、和尚原、仙人关一带军事要隘调兵遣将和运送军需物资的战略生命线，因此淳熙八年（1181），在这条道路上还刻有一块类似军事交通管制性质的《仪制令》石刻，文曰："贱避贵，少避长，轻避重，去避来。"（图1-6、图1-7）今天的宝成铁路也是循故道走向且在《郙阁颂》摩崖原址附近掠过。汉魏蜀道石刻涉及的许多古代道路路线，与后代

图 1-6 蜀道重镇三泉古县——陕西汉中宁强因交通地位险要而成为史上最早的京师直辖县

图 1-7 陕西汉中蜀道水陆交通重镇三泉县（今宁强）的南宋交通规则——《仪制令》碑刻，陕西宁强县博物馆藏

乃至今天的道路（公路、铁路）大致相同甚至几乎完全重叠，充分反映了古今道路工程建设有着共同的理念和测绘思维。

汉中石门石刻群是现存汉魏蜀道石刻最多、最集中，反映栈道发展变迁最为详尽，记载汉魏蜀道交通史料最为丰富，涉及石刻文字体裁最为全面，也是最有研究价值的石刻群，计有东汉《大开通》《石门颂》《右扶风丞李君通阁道记》，三国曹魏《荡寇将军李苞题名》，西晋《潘宗伯韩仲元造桥格题字》，（图1-8）北魏《石门铭》等8种摩崖石刻。它们较为系统地记录了入蜀主干道——褒斜道自东汉永平九年（66）复通，历经安帝延光四年（125），桓帝建和二年（148）、永寿元年（155），三国曹魏元帝景元四年（263），西晋武帝泰始六年（270）、太康元年（280）数次大小修葺，直到北魏宣武帝永平二年（509）在经历"晋氏南迁，斯路（褒斜）废矣……门（石门）南北各数里，车马不通者久之"[16]后彻底贯通

图 1-8 西晋《潘宗伯韩仲元造桥格题字》摩崖摹绘本,原物藏陕西汉中市博物馆

图 1-9 清初大学士党崇雅等题咏康熙初年主持恢复连云栈(明清褒斜道)交通的陕西巡抚贾汉复的碑刻,西安碑林博物馆藏

的大致脉络。倘若加上此后的唐宋以至清代修栈石刻,则石门蜀道交通石刻的总数将在 10 种以上;而现存魏晋、北魏蜀道石刻,则为汉中石门石刻群所独有。

汉中石门石刻群之所以在汉魏蜀道石刻研究方面具有无可替代之地位,显然与该石刻群所反映的褒斜道作为史上开凿时间最早、入蜀最为便捷、持续沿用时间最长的主干地道位有关。(图 1-9)四川境内南宋时尚存或出土的汉代蜀道石刻因散处各地,加之蜀中历代开发性建设较诸陕南、陇南山区为剧,因此到清代,相关石刻几乎全部毁佚不存。唯独汉中石门石刻群因处于崇山峻岭的秦岭腹地,到 20 世纪 60 年代中期前,尚在石门原址与石门山体及附近,依山傍河的栈道仍保持原生态历史风貌。虽然此后石门隧道原址与栈道遗迹俱被淹没于褒河石门水库,但大部分珍贵汉魏摩崖被预先凿揭迁至汉中市博物馆保护陈列。

第三节　栈道规模与营造法式

　　就其架设目的而言，栈道工程无疑是古代限于技术条件，为避免在深山峡谷地带大规模凿崖开山的施工难度，同时也为避免险峻地段的绕行困难而采取的权便措施。诚如唐司马贞《史记》卷八《高祖本纪索隐》引北魏崔浩所云："险绝之处，傍凿山崖而施版梁为阁。"《后汉书》卷十三《隗嚣传》唐李贤注亦云："栈阁者，山路悬险，栈木为阁道。"（图1-10）

　　唐末亲自踏勘考察文川道的文学家孙樵，针对秦岭五里岭的"泥深火踝"，就有"行者多苦于此，可为栈路以易之"的建议[17]。另外像尊楗阁、杨母阁、三处阁、神水阁等栈阁，也都是为避险就易而于险绝路段施行的架木造阁措施。早期蜀道虽号称"栈道千里"，其实并非全程皆栈，只是由于翻越秦岭、巴山天险的干道过于崎岖，到处是非架栈则难以通行的崇山峻岭，因而陇南、陕南蜀道上栈阁分布的密度、长度较诸四川境内蜀道路段要更为集中和漫长。如故道南端的郙阁栈道长300余丈，"接木相连，号为'万柱'"[18]。再如"素号畏途"[19]的褒斜栈横越秦岭山区，从而在《大开通》中留下"作桥格六百二十三间……为道二百五十八里"的记载。按两个栈孔合为一间栈阁计算[20]，当时褒斜栈全程平均每里设有2或4间栈阁，安插栈梁的石孔有1246个，平均每里有将近5个栈孔，足见工程之浩大壮观。另据《三国志·魏书》卷十四《刘放传》注引《孙资别传》载："昔武皇帝征南郑……数言'南郑直为天狱中，斜谷道为五百里石穴耳'"。所谓"石穴"，可能就是因安插的栈梁破损而露出的部分石孔。由此可以想见当年褒斜栈阁的密集程度。至明初，自褒谷上溯褒河中游姜窝子段的栈阁更多，达1526间；按两孔合为一阁计，该路段沿线崖间栈孔分布当在3000个以上[21]。

图 1-10　四川广元境内蜀道（金牛道）上的嘉陵江明月峡栈道

由于褒斜栈系汉代通往蜀中的南北交通大动脉，加之栈阁密布，所以维修频繁在所难免；见诸汉魏蜀道石刻的重大维修就有 4 次。第一次大修是《大开通》记载的永平六年到九年。这次大修共调集广汉、蜀郡、巴郡三地民工 2690 人次，用功 766800 余工，耗费 1499400 余斛粟，工程历时 3 年才得以完成。通过这次大修，不仅架通了与道路交通相关的栈阁，而且还构建了与邮驿通信有关的邮亭、驿置、徒司空、褒中县官寺等 64 所。褒斜道第二次维修发生在《石门颂》记载的延光四年（125）与建和二年（148），分别由杨涣和王升主持；这是两次较为彻底的大修，完工后褒斜道取代子午道再度成为入蜀主干道，这从《石门颂》描述的"敞而晏平，清凉调和，蒸蒸艾宁"，不难窥见这次栈道修缮工程的高质量与高水准。第三次大修是三国曹魏景元四年（263）底，由荡寇将军浮亭侯李苞率 2000 军民实施，使褒斜道南段重新恢复了沿褒河由褒谷出栈（此前蜀汉北伐部队一度经小河口南下城固出栈）的正线走向。第四次大修是在时隔 200 多年后的北魏永平二年（509），由羊祉、贾三德派遣万人之众改道大修，褒斜道 "自回车至谷口（褒谷口）二百余里，连辀骈辔而进，往哲所不工、前贤所辍思，莫不夷通焉"。因而《石门铭》不无骄傲地称："王升履之，可无临深之叹；葛氏（笔者按：指诸葛亮）若存，幸息木牛之劳。"其余各时期石刻所记录的栈道工程，多系因一时自然灾害（水毁）或战争缘故而造成褒斜栈暂时阻塞后的临时小规模修补或加固工程。

四川境内汉代的栈道，在蜀道全线所占比例相对较小，长度较秦岭栈道为短，工程规模亦较小。如蚕崖道工程仅长 25 丈，尊楗阁道长 55 丈；内江阁道长 200 余丈，费用仅 30 余万。就整个汉魏蜀道石刻所涉及的栈道工程而言，以东汉永平年间褒斜栈维修规模最大。其他历时 3 年左右的有《蜀郡太守何君阁道碑》提及的灵关道路段工程、《广汉长王君石路碑》涉及的金牛道广汉段工程。参与工程人数较多的有《荡寇将军李苞开阁道碑》所记载的与《石门铭》所表彰的大型工程。

总结汉魏蜀道石刻所反映的道路营造法式，大致有以下三种。

一是为避免迂回取线、盘山难登而凿崖开辟直达之快捷方式。如《汉蚕崖石刻》载："攻此石，省三处阁"，可能就意在取其近捷。又如《南安长王君平乡道碑》载："由涪山上，随沿回曲，□□危难，经随□险，登高望天，车马不通……"遂由南安长王君"取崖通道，车马驱驰，无所畏难"。再如《青衣尉赵孟麟羊窦道碑》载："羊窦道旧，故南上高山，下入深谷，危骏回远，百姓患苦。"遂由赵孟麟穿崖易道，"行人去危即安"。另如《石门铭》载："至于门北一里，西上凿山为道，峭岨盘迂，九折无以加，经途巨碍，行者苦之"，遂由左校令贾三德"咸夷石道"。至于灵关道上的尊楗阁、杨母阁等,也是为避岩阻险峻、回曲九折的九折坂而建。

二是为避免"难于上青天"的登攀之累而降低路基、重新凿崖开道。这种道路形式有凹槽式与石积式两种。如《郙阁颂》谓武都太守李翕造析里大桥"校致攻坚",又"减西滨□高阁,就安宁之石道"。《石门颂》谓汉中太守王升增修褒斜栈"造作石积,万世之基,或解高格,下就平易,行者欣然焉"。所谓"石积",有学者认为是"石级"[22],还有主张是凿崖开路而成的"石路"[23],均不尽准确。据实地踏勘,"石积"实际上是利用原有栈道梁架、在上面叠压石片交错覆盖而成的石道,有别于凹槽式石道[24]。任乃强先生在《华阳国志校补图注》中谓"积"与"藉"字通,意谓"砌石基垫平",言之有理[25]。

三是拓宽狭窄区段,消除瓶颈路段。《广汉长王君治石路碑》载:"冲路危险,侠石磐岩,□道人马□行",遂由广汉长"攻治破坏",扩充原路交通流量。又如《西狭颂》谓西狭道"危难阻峻,缘崖俾阁,两山壁立,隆崇造云。下有不测之溪,陁苲促迫,财容车骑。进不能济,息不得驻,数有颠覆陨坠之害。过者创楚,惴惴其慄"。《武都太守李翕天井道碑》谓"斯道狭阻,有坂危峻,天井临深之。厄冬雪则冻,渝夏雨滑汰。顿踬伤害……过者战战"。遂由武都太守李翕部西部道桥掾李禝"镶锤西坂",自天井山上拓宽路基达"入丈四尺"[26],终于使得险径"坚无陷溃,安无倾覆,四方赖之,民悦无疆。"

由于栈道为木构建筑,"缘崖凿石,处隐定柱,临深长渊"[27],牢固耐久性较差。兼以风吹、日晒、雨淋、水冲等自然破坏与人畜践踏、车辆碾压等人为因素影响,极易造成荷载作用力的路面木板腐朽损坏,从而使得路面穿空、行旅失足。为防类似事故发生,汉魏蜀道石刻中还有不少关于在栈阁木板以下填充土石以巩固栈阁框架结构的记载,这在当时栈阁建筑史上堪称一项创举。[28]如《汉安长陈君阁道碑》载："惟此故道，险阻危难，根阁厄□，临江缘山"，"穿陷坏绝，车马僵顿"。陈君"躬自案行……省去根阁，令就土著"。至于《石门颂》中提到的"石积"，其实也是在原有阁梁以下填加石片以加固栈道路基的一种应急措施。又如《西狭颂》与《武都太守李翕天井道碑》关于西狭天井山栈路"镌烧破析，刻陷確嵬，减高就埤，平夷正曲，柙致土石，坚固广大，可以夜涉……镌山浚渎，路以安直"和"坚无陷溃"等记载，也揭示出因栈梁下以木笼装土石填压而使路基"坚固广大""坚无陷溃"的事实。再如《石门铭》载："阁广四丈，路广六丈，皆填溪栈壑，砰险梁危……去深去阻，匪阁匪梁"也属于这一情况。按北魏1尺合0.8343市尺折算，"阁广四丈"当为11.124米，"路广六丈"计16.686米。单以阁而言，其宽度已相当于现今简易公路规模。所以，倘若栈壑不夯填土石加以充实，10多米宽的高阁便无"去深去阻，匪阁匪梁"之形制。正因为"穹隆高阁""咸夷石道"（即阁梁下填土石），"皆填溪栈壑，砰险梁危"，才使栈道路基得以坚固。

　　鉴于栈道远望如长桥凌波，部分栈道上方还加盖有遮蔽风雨和防护崖壁崩塌坠石伤人的顶棚，远望形似空中楼阁，因此栈道又有"栈阁""阁道""桥阁""飞阁""云栈"等名称。南宋洪适云："栈路谓之阁道，非楼阁之阁也。"[29]《大开通》中关于褒斜栈工程有用"瓦卅六万九千八百四器"的记载。据分析，这些瓦器除了用于加盖沿途"邮亭、驿置、徒司空、褒中县官寺并六十四所"外，很可能还包括用于部分栈阁棚廊的覆盖。桥阁之"阁"，汉代蜀道石刻常书作"格"。如《大开通》作"桥格"、《石门颂》作"高格"、《广汉属国辛通达李仲曾造桥碑》作"格路"皆然，"格"乃"阁"之假借。桥阁之"桥"，清金石学家叶昌炽《语石》卷五认为："此自陇入蜀架阁之梁，非渡水之略彴也。"按：

《大开通》中"始作桥格六百十间"之"桥格"、《石门颂》中"桥梁断绝"之"桥"、《潘宗伯韩仲元造桥格题字》中"造此桥阁"的"桥阁",确属栈阁而非渡河之桥梁。但《大开通》中"大桥五"之"桥"、《郙阁颂》中"析里大桥"之"桥"、《广汉属国辛通达李仲曾造桥碑》中"桥坏求正"之"桥",则均非泛指栈阁的"桥阁",而是指横跨有一定宽度河流的桥梁;前两者涉及的大桥分别指跨越褒河、嘉陵江的桥梁,后者涉及的也是"跨据川险"的桥梁[30]。

蜀道工程不论是修建栈道还是石道,由于其凿石架木和凿山开道均有一定的技术难度,所以,汉魏蜀道治理除动用大量民工外,还常常专门配备有一支训练有素的土木工程技术与管理队伍。《华阳国志》卷二《汉中志·梓潼郡·汉德县》(按:汉德县故址即今四川剑阁县)载:"有剑阁道三十里,至险。有阁尉,领桑下兵民也。"所谓"阁尉",恐怕就是统领兵民护卫栈阁之职吏。阁道防火甚严,且须随时维护修补,木材、人力宜就近取便,故蜀汉免除阁下民户他种徭役,专护栈阁,称"桑下兵民",意谓居家耕种兼应阁尉派遣之民军。[31] 这在汉魏蜀道石刻中也有所反映。如《建平郫县碑》和《荡寇将军李苞开阁道碑》分别有"石工般徒"和"将中军兵石木工二千人"的记载。西晋太康元年的修栈道石刻中,甚至还有两名掌握一定专业技术的技师传授、指导栈道沿线260名石佐修栈道的记载。另外《石门铭》记载除有"工徒万人"外,尚有石师百人;很显然,"匠"与"石师",应当是具有相当技术水平和施工能力的专业工程技术人员。而《汉安长陈君阁道碑》中的"邮亭掾""道桥掾",《武都太守耿勋碑》《武都太守李翕天井道碑》中的"西部道桥掾",《石门颂》中"六部道桥",无疑是道路工程主持官员的属官,专司栈道、桥梁维护管理事务。

川陕、陇蜀之间举凡栈路,无不依山傍水构筑,所谓"其阁梁一头入山腹，其一头立柱于水中"[32]。所以，除非枯水时节可保栈道往来通行无忧，一旦遭遇洪水，则栈阁必有受冲击可能。秦巴山区夏秋每多霖雨，山洪、塌方时有发生，因此缘谷循河而建的栈阁常常首当其"冲"，这在汉代史籍及有关蜀道治理的石刻中，可以找出许多记载栈阁被大水毁坏的案例。如《后汉书》卷十二《隗嚣传》云："白水险阻，栈阁绝败。"《汉安长陈君阁道碑》载："道有阁阁……临江缘山，险阻危厄；秋雨水潦，穿陷坏绝，车马僵顿，行旅苦之。"[33]《郙阁颂》载：析里桥栈道"处汉之右，溪源漂疾，横柱于道。涉秋霖漉，盆溢深满，涛波滂沛，激扬绝道。汉水逆让，稽滞商旅……斯溪既然，郙阁尤甚。……人物俱堕，沉没洪渊，酷烈为祸，自古迄今，莫不创楚。"《武都太守李翕天井道碑》谓天井山栈道"夏雨滑汰，过者战战"。再如唐末宣宗大中三年（849）十一月，山南西道节度使郑涯议废褒斜栈、开文川道以取其近捷；但文川新道开通不足一年，即"为雨所坏"[34]。北宋王溥《唐会要》卷八六《道路》门载："（大中）四年六月，中书门下奏：山南西道新开路，访闻颇不便人。近有山水摧损桥阁，使命停拥，馆驿萧条。"

　　鉴于上述天气和水文地理因素，汉魏蜀道石刻所反映的栈道整治工程大多于春冬两季进行，绝少于夏秋时节施行，否则势必事倍功半、难以为继。这在三国魏蜀南征北伐期间即有覆车之鉴。曹魏太和四年（230），即蜀汉建兴八年秋七月，曹真拟大举伐蜀。当时褒斜栈赤崖以北栈阁已于两年前的建兴六年春赵云北拒曹真追兵时被焚毁断绝，这就是诸葛亮与胞兄诸葛瑾书信中所谓的"前赵子龙退军，烧坏赤崖以北阁道，缘谷一百余里……"[35]因此曹真欲长驱南下，势必要架通这段断栈以便行军。《三国志·魏书》卷十三《王肃传》载："闻曹真发已逾月而行裁半谷，治道功夫，战士悉作。"从这段记载可知，魏军修栈已万事俱备、跃跃欲试，但"会大霖雨三十余日,或栈道断绝"[36];"大雨道绝,真等皆还"[37]。栈道先后经历水火,使得魏军伐蜀始终难以济事;之后的蜀汉北伐亦然,如建兴十一年(233)秋,诸葛亮在北伐曹魏之际指出:"顷大水暴出,赤崖以南桥阁悉坏";"今水大而急,不得安柱,此其穷极不可强也"。[38]

另据 1979 年青川县战国墓出土的秦武王二年(公元前 309)十一月田律牍载:"九月,大除道及阪险。十月,为桥……非除道之时,而有陷败不可行,辄为之。"按:除,意修治;阪险,指道路险峻之处。青川墓群的多数墓葬可能与"秦民移川"有关[39],上述田律牍所涉路、桥建设虽与栈道工程无直接关系,但犹可想见早期蜀道修治之大体时节。这与《管子》卷十四《四时》关于春三月"端险阻,修封疆,正千伯(阡陌)"之记载,以及汉魏蜀道石刻记载的栈道工程多于春冬修治的事实,充分揭示出古代道路治理在气象、水文、季节变化等方面的普遍规律。

第四节　石刻体裁与兴工人物

汉魏蜀道石刻文字就体裁而言，约有颂、表、铭、题记（题名）四类。题记的特点是直截了当、言简意赅，没有无关紧要的冗言赘语，更无颂、铭体的歌功颂德之辞，却有颂、铭体少见的反映栈道工程规模、预算、施工队伍等情状况的详细数字。所以，从某种意义上讲，其史料价值远远高于文学体的颂、铭石刻。《汉石刻治道记》《蜀郡太守何君阁道碑》《大开通》和《荡寇将军李苞开阁道碑》《建平郫县碑》《西晋太康元年修栈记》等皆然。

"颂"这种文体，顾名思义就是歌功颂德。南朝梁萧统《文选·序》云："颂者，所以游扬德业，褒赞成功。"刘勰《文心雕龙·颂赞》云："至于秦政刻文，爰颂其德。汉之惠景，亦有述容，沿世并作，相继于时矣……原夫颂惟典雅，辞必清铄，敷写似赋，而不入华侈之区；敬慎如铭，而异乎规戒之域。""颂"体被运用于咏颂汉代蜀道建设之石刻文字，旨在突出褒扬工程主持者的伟绩丰功[40]。诚如《石门颂》序文所云："推序本原，嘉君明知，美其仁贤，勒石颂德，以明厥勋。"行文格式严整规范。汉魏蜀道石刻除"汉三颂"外，《汉安长陈君阁道碑》和《广汉属国辛通达李仲曾造桥碑》亦属"颂"体。

"表"这种文体在汉魏蜀道石刻中，亦旨在标揭栈道工程之主持者，但较诸"颂"体，其偏重写实而简洁自如，颂文部分可有可无，且以不缀加颂文居多。如《广汉长王君治石路碑》"文不满百"[41]，《右扶风丞李君通阁道记》仅70字，遣词造句皆无"颂"体之华丽典雅，略相当于"颂"体开头的序文。汉魏蜀道石刻中，属于此类的尚有《南安长王君平乡道碑》

《青衣尉赵孟麟羊窦道碑》《冯君开道碑》《武都太守李翕天井道碑》《司隶校尉杨淮碑》等。

"铭"这种文体与"颂"或"赋"差别不大。颂雅正雍容，文辞清澄而有文采；铭则更趋严谨，或称功德，或申鉴诫。汉魏蜀道石刻中，《石门铭》属纪功铭，《张休崖涘铭》与《剑阁铭》则警示剑阁栈道之险峻难行，诵之令人悚然儆惧。

就汉魏蜀道石刻的体裁演化轨迹而言，"记"体最早，"表""颂""铭"诸体依次继之。当然，上述文体并无明确的过渡界定，题记在东汉以后蜀道石刻中不乏其数；表、颂二体约出现在东汉中期以后的蜀道石刻中，命名也无严格区分，有时甚至混用，如《西狭颂》《武都太守耿勋碑》均有颂文文字，但题额分别为《惠安西表》和《汉武都太守耿□表》。表、颂在东汉后演变成志与铭。

汉魏蜀道石刻所记人物中于史有名或有传者，多见诸"表""颂""铭"三种文体。汉代早期蜀道石刻题记中涉及职位较高的工程主持者如蜀郡太守何君、汉中郡太守鄐君，史逸其名，履历难详。《蜀中名胜记》卷十二《上川南道·眉州·彭山县》引唐开元《十道要略》云："汉何斌为蜀郡太守，理于此。"何斌为汉蜀郡太守不见于《华阳国志》记载，不知此蜀郡太守何斌是否即建武中元二年造尊楗阁的蜀郡太守平陵何君，待考。

见于史籍的东汉司隶校尉杨涣及其孙杨淮、武都太守李翕，西晋蜀郡太守张收之子张载和北魏龙骧将军、梁秦二州刺史羊祉5人，除《晋书》卷五十五张载本传详述其入蜀作《剑阁铭》并由晋武帝传旨镌刻于剑阁山崖之本末外，其余4人，有关史传如《华阳国志》卷十《广汉士女》《益梁宁三州先汉以来士女目录》，《后汉书》卷六十《皇甫规传》及《魏书》卷八十九《羊祉传》，均只字未提他们分别倡修褒斜、陇蜀、故道之事。

好在主要记述杨涣、李翕、羊祉治理蜀道交通功绩的"汉三颂"与《石门铭》等6种石刻弥补了史籍之阙略，并且这种弥补匪止一端。如记述故司隶校尉杨淮、杨弼政绩的《司隶校尉杨淮碑》，关于杨淮、杨弼之官职、生平、仕历等史料，就较《华阳国志》详尽。同时，根据《华阳国志》"汉安初，郡守太尉李固荐淮累世忠直，拜尚书"之记载可以推测：籍贯汉中城固的太尉李固推荐杨涣之孙杨淮的原因，很可能是有感于杨淮之祖、已故司隶校尉杨涣"辅主匡君，修礼有常。咸晓地理，知世纪纲。言必忠义，匪石厥章。恢弘大节，谠而益明。撰往卓今，谋合朝情"的品节为人，及其于安帝延光四年（125）"深执忠伉，数上奏请，有司议驳，君遂执争。百僚咸从，帝用是听。废子（子午道）由斯（褒斜道），得其度经"[42]，复通褒斜故道的事迹而竭力举贤荐能的。另外，对比《石门铭》与《魏书》关于羊祉事迹之记载，不排除这样一种可能，即《魏书》羊祉本传不载羊氏"重开褒斜"，是出于政治原因"隐善扬恶"的修史曲笔[43]。因羊祉名列《酷吏传》，被斥为"性刚愎，好刑名……侵盗公资，私营居宅，有司案之抵死……天性酷忍，又不清洁。坐掠人为奴婢……好慕名利，颇为深文，所经之处，人号'天狗下'。"

同样，关于李翕其人，《后汉书·皇甫规传》谓其于延熹五年（162）前后"多杀降羌……不遵法度"，为中郎将皇甫规"悉条奏其罪"。但据《武都太守李翕天井道碑》《西狭颂》与《郙阁颂》，李氏曾在建宁四年（171）和熹平元年（172）身体力行，修治陇南、故道三处栈路，以致"四方赖之，民悦无疆""行人欢悚，民歌德惠""行人夷欣，慕君靡已"，颇有政声，因此时人以"惠安西表"为额，褒扬他施恩于郡西之民，使地方得以安宁。诚如清金石学家赵绍祖《古墨斋金石跋》卷一所云："《后汉书·皇甫规传》有属国都尉李翕多杀降羌为规所奏而免，以时考之，疑是一人。困于心、衡于虑而后作；征于色、发于声而后喻，则李翕之前忍而后惠，未始非皇甫威明之所激而成也。"

值得一提的是，关于李翕事迹，《西狭颂》堪称其个人评传，详列了李翕大半生仕历，内容较《后汉书·皇甫规传》更为全面。如该石刻称翕"督邮部职，不出府门，政约令行，强不暴寡，知不诈愚。属县趋教，无对会之事；傲外来庭，面缚二千余人"，可与《皇甫规传》所载史实相参看。另外，《西狭颂》正文旁"五瑞图"左侧有两行刻字云："君昔在黾池修崤嶔之道，德治精通，致黄龙、白鹿之瑞，故图画其像。"这段石刻文字也足以弥补《皇甫规传》有关李翕政绩之所阙。诚如北宋著名学者曾巩跋《西狭颂》所云："翕治崤嶔、西狭、郙阁之道，有益于人，而史不传，则颂之作，所以备史之阙，是则传之亦不可以不广也。"[44]

《西狭颂》题额以下有黄龙、白鹿、甘露降、承露人、嘉禾、木连理六类画像及相应刻字。因"甘露降"与"承露人"合为一瑞，故《西狭颂》俗称《五瑞图》。郭荣章先生在《汉〈西狭颂〉文字考释》《〈西狭颂〉文字考释补遗》（见《汉三颂专辑》）中认为："史籍中所述及之瑞应，多系隐寓帝王之仁德，李翕作为地方官，能否有此殊荣盛誉，是值得感疑的。"检《蜀中名胜记》卷十二《上川南道·眉州·彭山县》："《碑目》云：'汉刻黄龙甘露之碑，在彭山黄龙镇。'"[45]则瑞应之物于汉代石刻恐非《西狭颂》所仅见，它是以地方官吏之卓越政绩和地方呈现祥瑞现象来隐寓或归功于帝王仁德的。前人评李翕"可谓除患蠲难，心乎惠民者"[46]，核之《惠安西表》（即《西狭颂》）等所载其治西狭、治郙阁、治天井等蜀道之史实，信然。

第五节　余论

　　通览汉魏蜀道石刻，不难发现，两汉时期蜀道干线之治理多与当时政治需要，即北方的中央政府为加强对西南地区统治、巩固政权有密切关系。以入蜀主干道褒斜道为例，除《史记》《华阳国志》和《后汉书》等汉晋史籍分别论及其在政治、军事、经济等方面的重要性外，蜀道石刻中也不乏此类记载，如《大开通》载：自褒斜道恢复通行后，"益州东至京师，去就安稳"。《石门颂》载：自褒斜道重新启用后，"自南自北，四海攸通。君子安乐，庶士悦雍。商人咸僖，农夫永同"。

　　古代由于蜀道治理往往分区段进行，所以，其中某些险段的修治还与发展地方交通、巩固地方治安、保持辖境稳定等有关地方官吏政绩考察联系在一起，这在不少汉代蜀道石刻中都有所体现。如《南安长王君平乡道碑》载："贼盗区止，车马驰驱，无所畏难……百姓如愿……恩及子孙，去危就安，万世无患。"《青衣尉赵孟麟羊窦道碑》载："除去危难，行人万姓，莫不蒙恩，传于无穷乎……穿崖易道，盗贼惩止，老弱往来，无患时典。"《汉安长陈君阁道碑》载："长无劳费，为万世基，百姓行人，欢悦歌咏……思惟俭约，所以利民……百姓安乐，不劳不烦，又省此阁，就乎平便，民无经赋，行人离患。"《右扶风丞李君通阁道记》载："万民欢喜，行人蒙福。"等等，不一而足。

　　上述汉代蜀道石刻，其文字或许存在溢美之辞，但总体上比较客观地反映了蜀道交通情况及其对于东汉王朝在促进社会进步和长治久安方面的作用。而魏晋时期蜀道石刻反映的栈道治理情况，更多地反映了曹魏和西晋统治者发兵西南、讨蜀伐吴的军事需要。

注释：

〔1〕 （北周）庾信《庾开府集笺注》卷十《周安昌公夫人郑氏墓志铭》有"明月灵关之阻，秋风蜀道之难。"

〔2〕 《第一批全国重点文物保护单位名单》，《文物》1961年第4、5期，第13页。

〔3〕 汪庆正《东汉石刻文字综述》，《上海博物馆馆刊》第1期，上海人民出版社1981年，第66页。

〔4〕 （明）曹学佺著、刘知渐点校《蜀中名胜记》卷六《川西道·成都府六·灌县》，重庆出版社1984年，第83页。《碑目》云："距紫屏山二里许，道旁有汉石刻三，皆治道记也。其一曰建平五年，孝哀时刻也。其二曰永平元年，孝明时刻也。在范公平磨崖之西。"元陶宗仪《古刻丛钞》著录的"在范功平磨崖之西五十余步"的《东汉刻石》，即永元六年修道石刻，见新文丰出版公司1982年版《石刻史料新编（十）》，第7615页。

〔5〕 高文、高成刚编《四川历代碑刻》，四川大学出版社1990年，第93页。

〔6〕 《蜀中名胜记》卷十四《上川南道·雅州》："宇文溥《新路赋》：'惟天下之至险，有严道之漏阁焉。孤峰上绝于青天，湍波下走于长川，断崖横壁立之岸，飞溜溅千尺之泉。'"重庆出版社1984年，第205页。同卷《芦山县》："《志》云：芦山南十里，三江渡，通天全六番，下注多功峡，入雅之平羌江，多功河上飞仙阁，为木栈道，即古漏阁也。'"同书第209页。

〔7〕 《蜀中名胜记》卷十四《上川南道·雅州·荥经县》，第208页。

〔8〕 蓝勇《南方丝绸之路》第八章，重庆大学出版社1992年，第221页。

〔9〕 《蜀中名胜记》卷十九《上川东道·重庆府三·忠州》，重庆出版社1984年，第273页。（南宋）王象之《舆地碑记目》卷四《忠州碑记·修道碑》："字亦漫灭，有建初二年等十二字。"见《石刻史料新编（二十四）》，第18571页。

〔10〕〔33〕　（南宋）洪适《隶续》卷十五《汉安长陈君阁道碑》洪适跋语。见《石刻史料新编（十）》，第7174页。

〔11〕　参看汉中市蜀道及石门石刻研究会、汉中市博物馆合编，郭荣章主编《汉三颂专辑·汉〈西狭颂〉文字考释》中有关西狭栈道的论述，陕西人民美术出版社1993年。

〔12〕　陕西省汉中地区文化文物局编、陈昂沅执笔《汉中地区名胜古迹》，陕西人民美术出版社1988年，第183页。

〔13〕　见《汉三颂专辑》附图。陕西人民美术出版社1993年。

〔14〕　李之勤、闫守诚、胡戟《蜀道话古》，西北大学出版社1986年，第30页。

〔15〕　陈显远《北宋摩崖题刻〈新修白水路记〉简介》，《考古与文物》1987年第4期，第108页。

〔16〕　（清）王昶《金石萃编》卷二十七《石门铭》，见《石刻史料新编（一）》，第488页。

〔17〕　（唐）孙樵《兴元新路记》，见《孙可之文集》卷四，上海古籍出版社1979年"宋蜀刻本唐人集丛刊"本。

〔18〕　（南宋）洪适《隶释》卷四《李翕析里桥郙阁颂》，见《石刻史料新编（九）》，第6800页。

〔19〕　（唐）陆贽《銮驾将还宫阙论发日状》。见《全唐文》卷四七一，中华书局1983年，第4811页。

〔20〕　陕西汉中留坝县二十四孔阁（即孙樵《兴元新路记》中提及者），当地俗称"四十八窟窿"，由此推算二孔合为一阁。

〔21〕　（清）严如熤纂修《汉南续修府志》卷一《栈道图考》，嘉庆十九年（1814）。

〔22〕　李发林《汉碑偶识》，《考古》1988年第8期，第733页。

〔23〕　陈奇猷《读〈汉碑偶识〉质疑》，《考古》1991年第2期，第159页。

〔24〕　郭荣章《蜀道之谜新探》，《文博》1994年第2期，第33页。

〔25〕　任乃强《华阳国志校补图注》，上海古籍出版社1987年，第588页。

〔26〕 《隶续》卷十一《武都太守李翕天井道碑》,见《石刻史料新编(十)》,第7146页。

〔27〕 《隶释》卷四《李翕析里桥郙阁颂》,见《石刻史料新编(九)》,第6800页。

〔28〕 汪庆正《东汉石刻文字综述》,《上海博物馆馆刊》第1期,上海人民出版社1981年,第66页。

〔29〕 《隶释》卷四《蜀郡太守何君阁道碑》洪适跋语,见《石刻史料新编(九)》,第6795页。

〔30〕 《隶释》卷十五《广汉属国辛通达李仲曾造桥碑》洪适跋语,见《石刻史料新编(九)》,第6909页。

〔31〕 任乃强《华阳国志校补图注》,上海古籍出版社1987年,见第96—97页。

〔32〕〔35〕〔38〕 (北魏)郦道元《水经注》卷二十七,见"四部丛刊初编"缩本,第371页。

〔34〕 《旧唐书·宣宗本纪》,中华书局本1975年,625页。

〔36〕 《三国志·魏书·曹真传》,中华书局本1959年,282页。

〔37〕 《三国志·蜀书·后主传》,同上第896页。

〔39〕 四川省博物馆、青川县文化馆《青川县出土秦更修田律木牍》、于豪亮《释青川秦墓木牍》、李昭和《青川出土木牍文字简考》,《文物》1982年第1期,第1—27页。

〔40〕 陶喻之《"汉三颂"正名》,《大公报》1996年1月12日《艺林》版第1206期。

〔41〕 《隶释》卷四《广汉长王君治石路碑》洪适跋语,见《石刻史料新编(九)》,第6798页。

〔42〕 《隶释》卷四《司隶校尉杨孟文石门颂》,见《石刻史料新编(九)》,第6796页。

〔43〕 舟子《羊祉"重开褒斜"及其仕迹考评》,《成都大学学报》(社会科学版)1989年第1期第127页。

〔44〕 《石刻史料新编(二十四)》,第18014页。

〔45〕 《蜀中名胜记》,重庆出版社1984年,第193页。另可参看《隶续》卷十六《黄龙甘露碑二》,见《石刻史料新编(十)》,第7176页。

〔46〕 《隶续》卷十一《武都太守李翕天井道碑》洪适跋语,见《石刻史料新编(十)》,第7146页。

附表：汉魏蜀道石刻史料一览表

时代	帝系	立石时间 年号	立石时间 公元纪年	石刻名称	立石竣工时间	地点	石刻现状	相关道路	缘河	越岭	工程规模	道路形式	主持人职衔	姓名字号	备注
西汉	哀帝	建平五年（元寿元年）	公元前2	建平郫县碑	六月	四川都江堰	已佚	松茂路	岷江	紫屏山	长二十五丈，竹二万五千斛栗	栈阁	郫县五官掾	范功平	南宋洪适《隶续》卷三著录
东汉	光武帝	建武中元二年	57	蜀郡太守舍人何君阁道碑（一名《何君尊楗阁刻石》）	建武二十一年至建武中元二年六月	四川荥经	2004年3月15日重新被发现认证	灵关道	荥河	大相岭	长五十五丈，用功千一百九十八日	阁道	蜀郡太守	何斌？	洪适《隶续》卷四著录，因创建道中元二年已用功千一百九十八日，故兴工当在此前的建武三十一年(55)或建武三十二年(54)
	明帝	永平元年	58	汉石刻治道记		四川都江堰	已佚	松茂路	岷江	紫屏山		栈阁			南宋王象之《舆地碑记目》卷四《永康军碑记存目》；《建平郫县碑》石原在《永康军碑》旁
		永平九年	66	汉中郡太守鄐君修桥阁碑（俗称《大开通》）	永平六年(63)至九年四月	陕西汉中褒城石门	今藏汉中市博物馆陈列	褒斜道	褒河	秦岭	动用广汉及巴、蜀三郡工徒二千六百九十人，成桥阁六百二十三间，大桥五，为道二百五十八里，通信设施六十四处，用瓦三十六万九千八百四处，用钱百四十九万九千四百余斛栗，历时三年	栈阁及桥梁	汉中郡太守	鄐君（史逸名字）	本石刻名称出自晏氏释文，刻石，今亦增正汉中市博物馆宋淳照五年(1194)始重见天日（见南宋姿机《汉隶字源》）；至平永末，其有四年，诏书开斜，凿通石门"即指"大开通"涉及栈道工程
	章帝	建初二年	77	修道碑		四川忠县	已佚		长江						《舆地碑记目》卷四《忠州碑记存目》
	和帝	永元六年	94	汉石刻治道记		四川都江堰	已佚	松茂路	岷江	紫屏山					《舆地碑记目》卷四《永康军碑记存目》；石原在《建平郫县碑》旁
		永元八年	96	南安长王君平乡道碑	永元七年(95)十月至八年四月八日	四川夹江	已佚	灵关道或连接健为与蜀郡道的，亦名"平乡明大道"	青衣江			敢崖通道	南安长	王君（史逸名字）		《隶释》卷十一著录
		永初六年	112	青衣尉赵孟麟羊篸道碑	十一月九日	四川雅安	已佚	灵关道，亦名"羊篸道"	青衣江			凿崖易道	青衣尉	赵孟麟	《隶释》卷四著录
	安帝	延光四年	125	司隶校尉犍为杨涣为杨孟文颂（俗称《石门颂》）	年底	陕西汉中褒城石门	今藏汉中市博物馆陈列	褒斜道	褒河	秦岭		司隶校尉	杨涣字孟文	《隶释》卷四著录：建和二年《故司隶校尉犍为杨君颂》（即《石门颂》），帝用是听（即靖有杨孟文》"数上奏请……百僚咸从"，终平"废子午道"由斯《褒斜道》，得其度经"。汉书》卷六《顺帝纪》：益州刺史罗子安奏延光四年"诏：顺帝于安奉延光四年十一月即位

续表一

时代	帝系	立石时间 年号	立石时间 公元纪年	石刻名称	立石竣工时间	地点	石刻现状	相关道路	缘河	越岭	工程规模	道路形式	主持人职衔	姓名字号	备注
东汉	顺帝	永建五年	130	汉安长陈君阁道碑	孟春	四川内江	已佚		沱江		原栈阁长二百余丈，岁岁发民修治，费用三十余万，斛粟，长无斛土，劳无费	栈阁	汉安长	陈君（史逸名字）	《隶续》卷十五著录；《舆地碑记目》卷四《资州碑记》另有《陈君德政碑》目
		建和二年	148	司隶校尉杨君为杨君颂（俗称《石门颂》）	冬	陕西汉中褒城石门	今迁汉中市博物馆陈列	褒斜道	褒河		造作石积……或解高格，下缺平易，行者欣然焉	栈阁	汉中郡太守	王升字稚记	《隶释》卷四著录；本石刻有题额作双竖行"故司隶校尉犍为杨君颂"
		和平元年或嘉元元年	150或151	广汉长王君治石路碑	建和二年冬到和平元年或元嘉元年	四川广汉	今佚	金牛道			开阁道，功夫九百余日	石路	广汉长	王君（史逸名字）	《隶释》卷四著录；功夫九百余日完工，本石刻题额有一"表"字
	桓帝	和平元年	150	冯君阁道碑			今佚				拔山开道			冯君（史逸名字）	《隶释》卷十五存目；末陈思《宝刻丛编》卷二十"凡六十九字"
		永寿元年	155	右扶风丞碑		陕西汉中褒城石门	今迁汉中市博物馆陈列	褒斜道	褒河	秦岭	修阁道	阁道	右扶风丞	李禹（寿）季休	清王森文《石门碑醳》额题一"表"字；本石刻题
		延熹二年	159	张休崖涘铭		四川	今佚	灵关道	青衣江			栈阁		张休	《隶释》卷十九著录
		延熹七年	164	广汉属国辛通达李仲曾造桥碑	三月至五月	四川雅安	今佚					大桥	广汉属国	辛君字通达（史逸其名），李君字仲曾	《隶释》卷十五著录
		建宁元年	168	刘让阁道题字	十月上旬	四川涪陵	今佚		长江			阁道		刘让	《隶释》卷十六著录
	灵帝	建宁四年	171	武都太守李翕（俗称"西狭颂"）	建宁三年二月至次年六月十日	甘肃成县西狭坪	在西狭原址	阴平道北段或故道南段支线	嘉陵江	天井山	因常靠路徒，蠖烧崖析，刻伯崔曲，减高就甲，平夷正曲，相致土石，坚固广大，司以夜涉	栈阁	武都太守	李翕字伯都	《隶释》卷四著录，本石刻题额作竖行"惠安西表"四字"五凤图"和"题名"三部分图文组合
		建宁五年（熹平元年）	172	李翕析里桥郙阁颂（俗称郙阁颂）	二月	陕西略阳县北徐家坪	今灵岩寺博物馆	故道（嘉陵道、陈仓南段）		秦岭	号为"万柱"，李翕造折里大桥，校致改坚，减除高阁，就安稳乞石道	栈道大桥	武都太守	李翕字伯都	《隶释》卷四著录
		建宁五年	172	武都太守李翕天井道碑	建宁三年二月至十八日	甘肃成县西北明所在	今不明所在	阴平道北段或故道南段支线	响水河	天井山	拓宽路面八丈四尺，镶锤西坂，安无倾覆	大桥	武都太守	李翕字伯都	《隶续》卷十一著录
		熹平二年	173	司隶校尉杨淮碑		陕西汉中褒城石门	今迁汉中市博物馆陈列	褒斜道	褒河	秦岭		司隶校尉		杨淮字伯邵，杨弼字颖伯	本石刻是卞玉过石门，因见颂杨淮祖父杨焕开通褒斜道的《石门颂》摩崖，有感而述其石阁

续表二

时代	帝系	立石时间年号	公元纪年	石刻名称	立石竣工时间	地点	石刻现状	相关道路	缘河	越岭	工程规模	道路形式	主持人职衔	姓名字号	备注
东汉	灵帝	熹平三年	174	武都太守耿勋碑	四月	甘肃成县西狭	在西狭原址	阴平道北段或故道南段支线	响水河	天井山	修治狭道		武都太守	耿勋字伯玮	《隶续》卷十一著录。有题额作竖行"汉武都太守耿口表"
汉	元帝	景元四年	263	汤寇将军李苞开阁道碑	十二月十日	陕西汉中褒城石门	今凿迁汉中市博物馆陈列	褒斜道	褒河	秦岭	中军兵石木工二千人参与工程	栈阁	汤寇将军浮亭侯	李苞字孝章	清钱大昕《潜研堂金石文跋尾》卷二著录
		泰始六年	270	潘宗伯韩仲元造桥阁题字	五月十日	陕西汉中褒城石门	今凿迁汉中市博物馆陈列	褒斜道	褒河	秦岭		桥阁		潘宗伯 韩仲元	钱大昕《潜研堂金石文跋尾》卷二著录；南宋晏袤有《魏潘宗伯韩仲元造通阁道碑阴》
西晋	武帝	太康元年	280	晋泰康修栈道碑	五月二十九日	陕西留坝县江口西江倌	今佚（存拓片）	褒斜道	褒河	秦岭	匠二人，石任二百六十人参与工程	栈阁			清万方田、罗秀书《褒谷古迹辑略》著录，"泰康"当属"太康"之讹，故原著录改元在四月，故原著录恐系"五月二十九日"之讹
		太康初年	280—284	剑阁铭		四川剑阁	今佚	金牛道		巴山			著作郎，太子中舍人，乐安相，弘农太守	张载字孟阳	《晋书》卷五十五张载本传载本铭；系张载过剑阁，以蜀人好恃险为乱而作以垂诫
北魏	宣武帝	永平二年	509	石门铭	正始四年（507）十月十日至永平二年（509）正月	陕西汉中褒城石门	今凿迁汉中市博物馆陈列	褒斜道	褒河	秦岭	工徒万人，石师百人参与工程。阁广四丈，路广六丈，凿堑高阁，穹窿岩岩	栈阁	龙骧将军，梁、秦二州刺史，左校令	羊祉字灵佑，贾哲字三德	清王昶《金石萃编》卷二十七著录；此次工程复雍塞的石门隧道，褒斜道也因此改由回车折而任西北合故道走向，经散关出栈

第二章

山形依旧枕寒流：
兵家必争的金石蜀道

连接中国西北和西南地区的蜀道交通干线，军事战略地位极其重要，自古为兵家所必争。特别是在冷兵器时代，统治集团欲一统华夏，除了雄踞中原，其次最重要的，是必须牢牢掌握控扼南北交通的蜀道，这样才能确保巩固巴蜀，进而由益州而扬州，逐步据有长江上下广大江南地区，最终完成一统江山。所以，如果蜀道不保，必然巴蜀震动、社稷动摇，则天下坏矣！中唐诗人刘禹锡《西塞山怀古》诗云："王浚楼船下益州，金陵王气黯然收。"蜀地与政权兴衰之关系可见一斑。

若从楚汉相争时期汉军的明修栈道、暗度陈仓，由汉中蜀道入秦夺取关中，和三国时诸葛亮同样通过汉中蜀道北伐曹魏、壮志未酬而葬身汉中定军山算起，古来以汉中为中心的条条蜀道上，曾经上演过无数金戈铁马的历史剧和战争剧；有不少历史故事，被改编成各种戏曲搬上舞台，成为传唱不衰的传统剧目。这其中如著名京剧表演艺术家"麒麟童"周信芳的经典唱段《萧何月下追韩信》，京剧大师余叔岩、杨小楼的三国连台本戏"失（街亭）空（城计）斩（马谡）"、《阳平关》，京剧武生泰斗、被国学大师梁启超赞为"四海一人"的谭鑫培饰演的三国战将黄忠形象和摄于1905年的中国最早的"默片"电影《定军山》，一代京昆宗师梅兰芳和俞振飞主演的京昆名剧《奇双会》（又称"《贩马记》"，因故事发生在汉中蜀道茶马贸易重镇——褒斜道南口褒城县，故俗称"《褒城狱》"），以及近年新编京剧《成败萧何》《曹操与杨修》和有"巴蜀戏曲鬼才"之称的川剧编导魏明伦编剧的川剧《夕照祁山》，评弹表演艺术家蒋月泉与京韵大鼓表演艺术家骆玉笙分别演唱的苏州弹词开篇和京韵大鼓《剑阁闻铃》等，表现的都是发生在古蜀道上的历史故事。

综上所述，汉中蜀道委实是一个有戏、并且是好戏连台的地方，其中以三国戏最为人们耳熟能详，光看戏名和连带的地名如追韩信、拜大将的马道、拜将台等，就足以令人发思古之幽情；近来当地有将汉中勉县更名为"定军山市"之议，也许正缘于思古之情。定军山实在是一个历史厚重的地方！三国时魏蜀两国在此交手，夏侯渊的马失前蹄、曹操的斩杨修、诸葛亮的死后斩魏延及安葬，都发生在定军山。总之，魏蜀两国在此上演的历史故事，如同此地的摩崖石刻一样，承载着厚重的文化积淀，吸引着一代又一代的文人、艺术家和学者以不同的方式不断地探索、解读和演绎。

第一节 "遮要"与"衮雪":扑朔迷离的蜀道摩崖曹操留题

作为一位有影响的历史人物,曹操常常是被各种话题讨论的热点,关于其书法也不例外。如前些年在中日两国巡回举办的"大三国志展",以及安徽省博物馆新馆陈列的《衮雪》拓片,都认为"衮雪"乃硕果仅存的传世魏武摩崖书法;纪录片《文物博览》也以"绝壁留痕"为题,认为此流传千载的摩崖乃一代枭雄成就霸业之精神见证,可见褒谷摩崖"衮雪"乃曹操手笔的观点甚为流行。

按,汉中褒斜道曹操遗迹,相传有"衮雪"和"遮要"二石,前者存石而史无记载[1],后者虽史籍有载但不见石,其庐山真面目渺不可识。然而褒谷有曹操"遮要"摩崖之说播于人口,由来已久[2],谅非齐东野语;或确曾有樵采牧饮偶窥见之,一如宋人之于《郙君碑》[3]、清人之于《李君表》[4]。唯因摩崖所在地僻人稀,先前博雅君子无缘涉履,而野老村夫不属意于此,致年久失忆,口授难详;加之山崖陡峻、险绝无路,苔积泥封,遂使今人不明其所在。

"遮要"摩崖究竟是魏武亲笔书迹、还是魏军语录留题,抑或后人托名之作,因原名未现,不可臆测;兹仅就[4]"衮雪"摩崖略陈管见。

"衮雪"汉隶石刻,(图2-1)本横于汉中蜀道干线褒斜道南口褒谷口外褒河湍急的浪尖巨石间,与河西岸山崖间及石门内的汉魏著名石刻《大开通》《石门颂》《石门铭》等十三种摩崖,被并称为"石门十三品"。此二字大抵为古人出入蜀道时,目睹褒河激流飞溅、仿佛雪花翻滚而即景题刻;唯此石今已脱离原生环境,被凿迁至汉中市博物馆"汉魏石门十三

图 2-1　原位于汉中褒谷褒河中流的"衮雪"摩崖石刻，今藏陕西汉中市博物馆

品陈列馆"展示，观者难以体验"衮雪"原有的现场感了。

清代中晚期以后，"衮雪"摩崖的一侧出现浅刻的"魏王"二小字署款，以致迄今被好事者认为系建安二十年（215）春曹操南征张鲁到此时，良多感慨而即兴挥毫留此手迹。清同治十二年（1873）褒城县教谕罗秀书编著《褒谷古迹辑略》，有题识曰："'衮雪'有三处，二刻石崖间，宋白巨济与国朝张令书；惟浪中石尖所刻，似魏王手笔。或云征张鲁时称公，非称王；不知二字本魏武手书，后人追书王号，以亭覆之。昔人比魏武为狮子，言其性之好动也。今观其书，如见其人。"几乎与此同时，罗氏同侪王晚香命名"褒谷廿四景"之一的"银涛衮雪"，有诗咏之曰云："滚滚飞涛雪作涡，势如天上泻银河。浪花并作笔花舞，魏武精神万顷波。"

平心而论，曹孟德能书，自是毋庸置疑事。西晋张华《博物志》佚文曰："汉世安平崔瑗、瑗子寔，弘农张芝、芝弟昶，并善草书，而太祖亚之。"可知曹操确实善书。并且张芝人称东汉"草圣"，曹操"亚之"，足见曹氏书艺功夫了得。又，唐张怀瓘《书断》卷中亦称曹操"尤工章草，雄逸绝伦"。怀瓘将中古书家、书作分为神、妙、能三品，曹操名列妙品，则其的确称得上书法名家，只不过书名被政治和军事声名所掩而已。因此，有人认为"衮雪"很可能系建安二十四年（219）春，曹操惊悉汉中守将夏侯渊死于蜀汉老将黄忠刀下，为解汉中之围，他"自长安出斜谷，军遮要以临汉中"（《三国志·魏书·武帝纪》）而第二次南征时，因战败失意、在褒河跃马失足时自我解嘲所书。近代爱国将领冯玉祥即持此说，其《我的生活》第十八章《汉中道上》记其1914年巡察汉中时的情形曰：

鸡头关石门附近有"玉盆"同"衮雪"两个古迹。玉盆是一湾清泉，水色深绿，中有石块，宛如玉盆一般，在石门上游的山谷中。"衮雪"，据说是曹操当年行军到此，正值大雪，一时不慎，失足从马上跌滚下去。石门穹里面，有隶书的石刻。拓本流行坊间，所谓《石门颂》的就是。

除以上两种有关"衮雪"的故事外，尚有其他大同小异的版本，这里就不一一细述了。

按正史记载，曹操曾两度挥师南下汉中，可其南征之行并非春风得意，并不总是很顺利。尽管第一次南征夺取了汉中，尽得张鲁府库珍宝，巴、汉皆降，随军的"建安七子"之一的王粲还写了首五言诗以美其事：

从军有苦乐，但问所从谁。所从神且武，安得久劳师？相公征关右，赫怒震天威。一举灭獯虏，再举服羌夷。西收边地贼，忽若俯拾遗。陈赏越山岳，酒肉逾川坻。军中多饶饫，人马皆溢肥。徒行兼乘还，空出有余资。拓土三千里，往反速如飞。歌舞入邺城，所愿获无违。

不过据《三国志·魏书·刘晔传》，曹操抵达汉中后鉴于当地"山峻难登，军食颇乏"而很有怨言："'此妖妄之国耳，何能为有无？吾军少食，不如速还。'便自引归。"另据《三国志·魏书·刘放传》注引《孙资别传》曰："昔武皇帝征南郑，取张鲁，阳平之役，危而后济。又自往拔出夏侯渊军，数言：'南郑直为天狱，中斜谷道为五百里石穴耳。'言其深险，喜出渊军之辞也。"所以，大凡欣赏过京剧泰斗谭鑫培主演的《阳平关》《定军山》（即1905 年我国拍摄的首部无声电影）的观众，想必能理解兵困褒谷的曹操，当年将进军汉中比作"食之无味，弃之可惜"的"鸡肋"的无奈心境了。

而在此战局难卜的情形下，曹操是否还有心思与雅兴挥毫题写"衮雪"，实在是天才晓得的事情了！

让我们再梳理、盘点一下有关曹操题写"衮雪"的说法的本末原委。

褒河有"衮雪"刻石，始见于南宋晚期人联袂游览石门胜景的一段摩崖题壁：

> 纪国赵彦呐敏若，视堰修祀事。……（笔者按：此处其他同行者六人之地望、姓名、表字略去，不赘引）潼川白巨济普叔，同来玩玉盆、楫竹潭，舣舟衮雪，步荦确，登石门，拂古翰，从容瀹茗而去。衮雪旧有亭，须复规度云。宝庆丙戌前熟食五日。（图 2-2）

宝庆丙戌即宋理宗宝庆二年（1226）。这段题记已明确当时存在"衮雪"刻石，但并未提及其为何人手笔。该"衮雪"书家佚名的状况持续了数百年，直到清同治十二年（1873）罗秀书编《褒谷古迹辑略》时，在《石门道古碑序》中，始有"摩苔拂藓，新得……曹魏王'衮雪'二大字……千余年无人知者，居然干将莫邪出关气数，相与惊喜，叹为眼福，不胜古今遇合之感"云云。可 35 年前的道光十八年（1838），褒城知县郑云锦命工拓摹石门石刻，忽见河边"衮雪"二字被劣石工凿截，仅留少许。其"不胜发指，既责石工，爰取拓就袭藏者，重摹上石，虽不如原刻之圆健古劲，然其形似，犹仿佛不失，用以补盛迹之缺云尔"，也并无"魏王"题款与曹操题写之记载。再往前上溯 24 年至嘉庆十九年（1814），雅好金石之学的陕南略阳知县王森文赴石门访碑，遍拓所见石刻并编著《石门碑醳》，书中摹绘"衮雪"石刻，亦无今见所署"魏王"字样。（图 2-3）由此推考，"曹操题'衮雪'说"当始于同治年间，编著《褒谷古迹辑略》的褒城地方官员罗秀书，很可能就是此说的始作俑者。

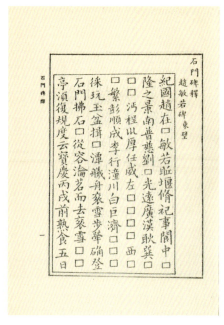 

图 2-2　南宋宝庆二年（1226）赵彦呐等石门题刻　　图 2-3　清嘉庆年间王森文《石门碑醳》摹绘"衮雪"，并无"魏王"题款

在随后的一个多世纪里，"曹操题'衮雪'说"几成定谳，人们宁信其真而少有质疑，甚至不再关心此说的来龙去脉以及其是否确凿可靠，背景故事被演绎得愈发煞有介事，以致20世纪30年代流寓汉上的学人多以此赋诗或为谈资。如罗章龙的"石门雪浪忆阿瞒，太息文风想建安。仓皇戎马题双字"；宋联奎的"徒闻题衮雪，谁识魏王尊"，等等。"衮雪"拓片自然拓销两旺，成为汉中代表性的文化馈赠礼品；甚至进入一些名人学者的书房客堂，成为其壁上雅玩。即使有人对此觉得蹊跷，也一时难以考证；哪怕感觉故事被编辑的痕迹太过明显，又往往难以消解一些发生在褒谷口的与曹操有关的真实历史事件对该说法的影响。

其实就"衮雪"的真伪进行鉴别并不复杂，只要稍具中国书法史常识，特别是若能略谙隶书演变特征，即足以判断此二字之创作时代；而与其近在咫尺的古石门隧道以南的峭壁间，恰好有曹魏景元四年（263）荡寇将军浮亭侯李苞通阁道的摩崖题名。（图2-4）两相对比，书体差别十分明显；再以道光二十三年（1843）西安出土的有关曹操养子曹真伐蜀的《曹真残碑》（图2-5）与"衮雪"书法作比较，两者虽均为隶书，但时代气息大相径庭，尤其是横笔波磔笔势迥异。"衮雪"不可能为三国曹魏时期的书法，由此可见端倪。

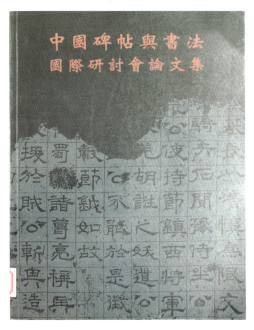

图 2-4　南宋晏袤题识的曹魏景元四年（263）李苞通阁道题名摩崖拓片

图 2-5　香港中文大学文物馆 2001 年《中国碑帖与书法国际研讨会论文集》以三国时期记述曹真伐蜀的《曹真碑》为封面

那么，鉴定"衮雪"的题刻时代，该从何着手取证呢？所幸同治十三年（1874）在陕甘学政任上按试汉中期间恰由罗秀书陪同夜宿石门、徒步涉险访碑的著名金石学家吴大澂，在后来写给另一金石学界翘楚陈介祺的《石门访碑记》中，显然并未对"衮雪"与曹操的关系信以为真，反而以其敏锐而老辣的专业视角，就此摩崖的作者提出了明确的质疑：

> 其原刻在江中巨石下，湍流迅急，身不得近，隐约可辨。相传为汉刻，旁有"魏王"二小字，想系宋人伪刻。（图 2-6）

循此思路，仔细比对"衮雪"与同为隶书体的南宋石门摩崖《山河堰落成记》，二者的波磔特征十分接近，如出一人之手。至此几乎可以肯定，"衮雪"与《山河堰落成记》的书写者应该为同一人，就是绍熙年间（1194年前后）任南郑县令的晏袤。关于晏袤的隶书成就，清欧阳辅《集古求真》卷十给予了高度评价："宋人隶书，当以晏袤为第一。此记（笔者按：指《山河堰落成记》摩崖）雄厚生动；石门鄐君、李苞二题，简古方严，具有汉

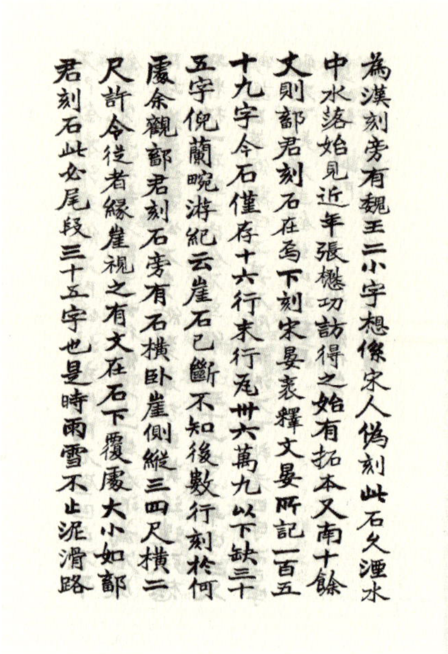
為漢刻旁有魏王二小字想像宋人偽刻此石久湮水
中水落始見近年張懋功訪得之始有拓本又南十餘
文則鄐君刻石在焉下刻宋晏袤釋文晏所記一百五
十九字今石僅存十六行末行尾卅六萬九以下缺三十
五字倪蘭畹游紀云崖石已斷不知後數行刻於何
處余觀鄐君刻石旁有石橫卧崖側縱三四尺橫二
尺許令從者緣崖視之有文在石下覆處大小如鄐
君刻石此必尾段三十五字也是時雨雪不止泥滑路

图 2-6　清吴大澂《石门访碑记》对“衮雪”的鉴定判断意见

人遗意；杂置汉碑中，几难分别。”由此自让人不得不佩服吴大澂眼光之犀利：大师毕竟是大师啊！

这真是：绝杀风景凭空造，好事无端令人恼；分明南宋却作魏，误将晏袤冠曹操。

不过半个多世纪以还，人们习惯于将错就错，“衮雪”始终被标榜为汉中地方文化的标志与象征，围绕“衮雪”一度形成颇具规模的文化经济产业链；不仅地产烟酒等土特产以此冠名或注册商标者甚夥，甚至地方学人还以“临褒谷书‘衮雪’得失茫然，叹鸡肋弃余味壮心止息”为题，解析曹操两征汉南题写“衮雪”的心路历程。此外，汉中市文联主打的品牌期刊也以“衮雪”为名。

那么，究竟该如何看待今人误会古人游戏之举的“衮雪”现象呢？笔者以为对此大可持开放态度，不必过于纠缠较真。记得 10 多年前，应陕西省作家协会副主席、汉中市文联主席王蓬先生邀约，为其主编的汉中市文联刊物《衮雪文粹》作序，（图 2-7）笔者曾有这样的表述：

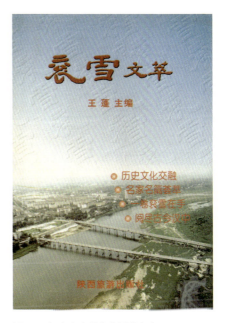

图 2-7 汉中市文学艺术界联合会刊物《衮雪文粹》书影

"衮雪"本事的主人翁曾替汉中取过不少险恶而又无奈的称谓如"天狱""鸡肋",故而"衮雪"遗闻本身在汉中就有褒贬不一的几个版本。然而现在这一相传曹公硕果仅存的手翰墨宝,却被有识之士"拿来"借用给汉中文学、文化杂志而喜闻乐道,显然是取其灵动飘逸的书迹笔势和"挥鞭南临有遗篇"的文学情怀。从这个缘起出发,诚哉斯名啊!因为于此才情横溢的冠名人,鲁迅先生是早已首肯他是一个很有本事的人、至少是个英雄的。所以,这个言简意赅、妇孺皆晓的冠名,必定足以担当起汉中文化和人文精神这样厚重深沉的历史使命。况且于此蜀汉故地,孔明的后来者们竞相以魏武精神相砥砺并继承发扬光大之,无疑是当下汉中人脱俗大气、摒弃狭隘盆地意识的认知飞跃,岂不是另一种很有本事的与时俱进理念?

笔者认为,文化与学术既紧密联系,又相互区别;文化重在善与美,学术重在真与实。对于"衮雪"石刻是否出自曹操之手的问题,就发掘文化积淀、弘扬文化精神而言,不妨持开放态度;但就学术研究而言,则务须求真求实。这也是本节初衷之所在。

第二节 《远涉帖》：鲜为人知的诸葛亮蜀道快递刻帖

据《三国志·诸葛亮传》记载，诸葛亮之兄诸葛瑾次子诸葛乔，曾应亮所请并征得吴主孙权应允和诸葛瑾同意，过继给亮为子并随亮至汉中，又受亮之派遣，带兵参与北伐。建兴六年（228），亮扬言出兵蜀道斜谷而声东击西攻打散关，乔阵亡于曹真大军压境之下的赵云军中。《水经注》援引亮反复致兄瑾书道及褒河水文和栈道通塞情况，极可能是因身处西线而不谙东线战况以及诸葛乔之生死，故亟函禀告受阻实情。照此背景分析，诸葛亮之传世刻帖《远涉帖》（图 2-8），或系诸葛乔出师之初，诸葛亮报于乔之生父诸葛瑾的一纸平安家信。联系东晋"书圣"王羲之《十七帖·成都城池帖》（图 2-9）道及羲之与乔孙诸葛显有过从，似乎印证了百年前传世之《远涉帖》硬黄纸墨迹本，确如宋人题跋所判断的，乃"书圣"临摹"智圣"法书之重宝。

按《远涉帖》是自北宋内府收藏而见诸徽宗《宣和书谱》卷十三著录、此后历代流传有绪的诸葛亮传世书迹；[6]直到 20 世纪初，硬黄纸本墨迹书帖尚被晚清鉴藏家李葆恂著录于其《海王村所见书画录》，[7]迄今有刻帖本分别见于清嘉庆十七年（1812）的无锡钱泳（1759—1844）《小清祕阁帖》（该帖易手松江沈氏后改名《吴兴书塾藏帖》），（图 2-10）[8]以及道光二十七年（1847）的岭南叶应旸《耕霞溪馆法帖》卷一等（图 2-11）当为诸葛亮草书真迹无疑，至少就元代已有完整释录的书法文本而言，跟今见刻帖内容完全一致而绝无歧异。[9]

根据历代著录的《远涉帖》墨迹纸本和刻帖本之文本内容及其他相关

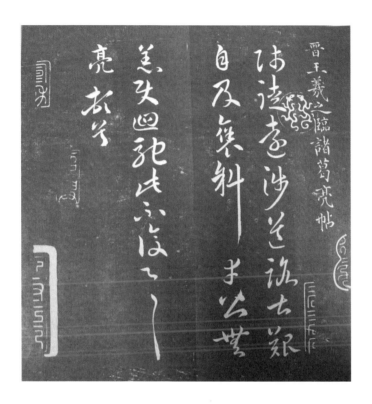

图 2-8 上海图书馆藏清嘉庆十七年（1812）《吴兴书塾藏帖》中的诸葛亮《远涉帖》

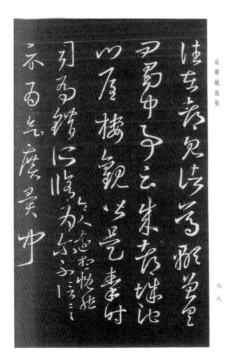

图 2-9 王羲之《十七帖·成都城池帖》

图 2-10 上海图书馆藏《吴兴家塾藏帖》

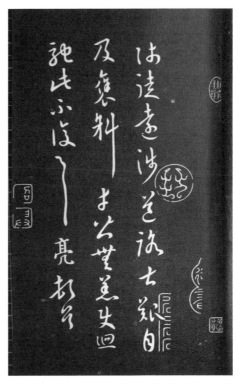

图 2-11　上海博物馆藏清道光二十七年（1847）《耕霞溪馆法帖》封面暨诸葛亮《远涉帖》

信息，该帖之撰写时间似有蜀汉建兴十一年（233）冬和建兴十二年（234）春两说；撰写地点相应有汉中大本营和行进于褒斜栈道途中两种可能。后一种可能基本获得学术界广泛认同，[10]因为"自及褒斜"一语基本被认定为诸葛亮亲自涉足褒斜道的直接证据；而梳理诸葛亮跋涉褒斜道的历史记录，只有蜀汉建兴十二年春他亲率10万大军经褒斜道出斜谷北伐曹魏而出师未捷身先死。所以，这一时间几乎成为关系《远涉帖》本事的唯一选择，而基本排除了建兴六年（228）撰写该帖的可能。因为蜀汉建兴六年春，诸葛亮声东击西，扬言由斜谷道夺取关中，而其实只是派遣赵云、邓芝等非主力部队在褒斜道中段箕谷设疑军迷惑曹魏，自己则率大军经散关攻打祁山；另外本年冬，诸葛亮复出散关围攻陈仓，也没有身经褒斜道。

至于《远涉帖》作于蜀汉建兴十一年冬之说，本来也看似没有可能，因为《三国志》卷三十三《蜀书·后主传》说得很明白："十一年冬，亮使诸军运米，集于斜谷口，治斜谷邸阁。"表明当年他坐镇汉中运筹帷幄、

图 2-12 《清代学者像传》中的晚清鉴藏家李葆恂画像

调兵遣将,并未亲临褒斜道督运,这从"亮使诸军运米"一句中的"使"字即可明白看出。而之所以认为《远涉帖》作于蜀汉建兴十一年仍有一定合理性,是由于晚清鉴藏家李葆恂(图 2-12)《海王村所见书画录》最后一次明确著录传世硬黄纸墨迹本《远涉帖》曰:"师徒远涉,道路闻艰,自及褒斜,幸闻无恙,使回,记此,不复云云。**亮顿首**"(黑体字系与刻帖等内容有异者——笔者注)。[11] 其中的两个"闻"字,跟刻帖本中的"甚"和"皆"字所传达的意思迥然不同:"闻"有"听说"的含义,即诸葛亮并非亲身经历了道路之艰险,而只是从前方传来的汇报中听说道路艰险;好在不久又听说前方部队平安无事。照此理解,则《远涉帖》有可能是诸葛亮于建兴十一年冬在汉中军营,获悉运粮部队历尽艰险幸而一切顺利的报告,才据此起草的一纸快递文书,而并非其本人身经褒斜道时的旅途感怀。

而从当年诸葛亮审时度势、高度重视联合孙吴以抵抗曹魏的战略运筹来考察,特别是根据诸葛亮在兴师北伐期间,多次致函其担任吴王孙权高级顾问和军事参谋的胞兄诸葛瑾等众多东吴要员的事实来分析,《远涉帖》的致送对象,很可能就是其兄长诸葛瑾。以上为笔者曾经撰写的《诸葛亮〈远涉帖〉本事考》最初观点。[12]

不过值得注意的是，诸葛亮之所以频繁地与各事其主的胞兄诸葛瑾书信往来，除了公事之外，也与家事亲情不无关系。因此，笔者重新审视相关史料后得出一个全新结论，即：《远涉帖》同样不能排除诸葛亮撰写于蜀汉建兴六年春他跟赵云、邓芝分头同时出兵时期的可能，致送的对象依旧是在东吴的兄长诸葛瑾，具体理由如下：

据《三国志》卷三十五《蜀书·诸葛亮传》记载："乔字伯松，亮兄瑾之第二子也，本字仲慎。与兄元逊俱有名于时，论者以为乔才不及兄，而性业过之。初，亮未有子，求乔为嗣，瑾启孙权遣乔来西，亮以乔为己适子，故易其字焉。拜为驸马都尉，随亮至汉中。年二十五，建兴六年卒。子攀，官至行护军翊武将军，亦早卒。诸葛恪见诛于吴，子孙皆尽，而亮自有胄裔，故攀还复为瑾后。"[13]另据宋裴松之注引《诸葛亮集》中诸葛亮与兄诸葛瑾书曰："乔本当还成都，今诸将子弟皆得传运，思惟宜同荣辱。今使乔督五六百兵，与诸子弟传于谷中。"此函亦未署时间，显然是作于诸葛亮驻汉中期间，它从一个侧面反映了诸葛亮廉洁自律，对待自己子女与其他将领子女一视同仁，不搞特权。这种以身作则、严以律己、克己奉公、率先垂范甚至身先士卒的无私精神极其难能可贵，无疑是诸葛亮赢得古今人们一致爱戴的根本原因。20世纪50年代初，抗美援朝战争爆发，对三国历史烂熟于胸的毛泽东主席将自己的长子毛岸英送往朝鲜战场，这与诸葛亮送子上前线一样，体现了伟人的高风亮节。[14]

耐人寻味的是，诸葛亮多次致函兄长诸葛瑾，很大程度上，可能是出于向兄长报告其亲生子诸葛乔随军参与北伐的情况、[15]以解其骨肉分离的思念及担忧之苦的目的。北魏郦道元著《水经注》卷二十七《沔水》涉及汉水支流褒水时，转载过两封诸葛亮致诸葛瑾的信函，其一云："前赵子龙退军，烧坏赤崖以北阁道，缘谷百余里，其阁梁一头入山腹，其一头

图 2-13　陕西太白县褒斜道赤崖栈道遗址

立柱于水中。今水大而急,不得安柱,以其穷极,不可强也。"其二云:"顷大水暴出,赤崖以南,桥阁悉坏,时赵子龙与邓伯苗,一戍赤崖屯田,一戍赤崖口,但得缘崖,与伯苗相闻而已。"

诸葛亮之所以事无巨细地向诸葛瑾转告、解释似与北伐作战毫无关系的栈道架构、褒河水文变化等,传达出一个微妙、敏感而又关键的提示,即当年诸葛乔可能正在赵云或者邓芝的部队中;而这与上述诸葛亮向诸葛瑾转告诸葛乔"与诸子弟传于谷中"的记载也相吻合,因为所谓"谷中",显然正是赵云、邓芝布疑兵的箕谷。当年在西路指挥北伐祁山的诸葛亮,对于在东路督兵传远的诸葛乔的行踪委实不甚了解,仅仅知道他们在箕谷当中,至于具体位置并不清楚。正是基于对诸葛乔在军中的情况不很明悉,甚至还可能听说他已经战死疆场、英勇牺牲了,然而具体细节又无从掌握,因为赵云和邓芝两支部队由于当初赵云烧毁栈道以拒强敌追击,接着又连续遭遇水毁栈道等各种困阻被分隔在赤崖山谷的南北两段,(图 2-13)暂时失去联系,无法探听虚实详情。所以,作为诸葛乔嗣父的诸葛亮才会强忍悲痛,不厌其烦地将上述《水经注》曾征引的看似琐碎的栈道通塞情况,通报给迫切希望了解事件真相而身为诸葛乔生父的诸葛瑾。

在此之前,诸葛亮曾致函诸葛瑾,谈到牵制西路曹魏军队东进以减轻对赵云、邓芝所在箕谷蜀军的压力:"有绥阳小谷(在宝鸡西南——笔者注),[16] 虽山崖绝险,溪水纵横,难用行军,昔逻候往来,要道通入。今使前军斫治此道,以向陈仓,足以扳连贼势,使不得分兵东行者也。"[17] 可与《三国志》卷三十六《蜀书·赵云传》"亮出军,扬声由斜谷道,曹真遣大众当之。亮令云与邓芝往拒，而身攻祁山。云、芝兵弱敌强，失利于箕谷，然敛众固守，不至大败。军退，贬为镇军将军"的记载相互印证。当年诸葛亮借鉴汉将韩信的"明修栈道（褒斜栈道）、暗渡陈仓"之计策，[18]由赵云、邓芝率领一小股非精锐部队在褒斜谷迷惑魏军，而亲率主力部队偷袭散关、陈仓之敌。魏将曹真中计，误将赵云、邓芝率领的这部分蜀军视为主力，遂集中优势兵力大举围剿。在兵力悬殊的情况下，蜀军败北伤亡自然不可避免；像没有作战经验的诸葛乔居然也督率五六百兵参与实战，这支蜀军大约是以作战能力不强的老弱士兵居多，结局自然可想而知。而赵云事后被贬，除了"箕谷不戒之失"是一个重要原因，[19]恐怕也与诸葛乔的死有关。据此，我们推测当年诸葛乔正是在赵云军中接受训练并投入后续作战；一个旁证是同样退兵的邓芝没有受到牵连处分，显然诸葛乔当时不在邓芝军中。

如果这一分析不谬的话，那么，上述《水经注》征引的原本不详系年的诸葛亮致诸葛瑾谈及褒斜栈道架构与水文情况的两封书信，似乎可以梳理出比较清晰的时间表了，即应系于赵云去世前一年的蜀汉建兴六年东路北伐时期；[20]"时赵子龙与邓伯苗一戍赤崖屯田，一戍赤崖口"，可见写信的当年赵云尚未谢世。只可惜诸葛乔死于同年而确切死因不明，估计还是冲锋陷阵、战死疆场的可能性较大。

搞清了蜀汉建兴六年魏蜀战争的相关军事背景，似乎可以判断《远涉帖》的写作时间较之《水经注》所征引的那两信更早，它是一封事关蜀军赵云、邓芝第一次经褒斜道北伐，特别是诸葛乔初度涉足褒斜栈道平安无恙的平安信，而未必像以往众多望文生义的分析那样，是诸葛亮于蜀汉建兴十二年亲自出征时向诸葛瑾或者成都蜀汉政府报告自己情况的平安信。如果诚如晚清李葆恂著录的传世墨迹纸本那样，《远涉帖》真迹的确是作"道路闻艰""幸闻无恙"的话,这种"听说"而非身经褒斜栈道的意思更为显豁,也更增强了《远涉帖》写于蜀汉建兴六年的可能性。

另外值得一提的是,李葆恂《海王村所见书画录》著录《远涉帖》硬黄纸本书帖卷的宋徽宗瘦金书体绫签作"晋王羲之临诸葛亮帖";元丰二年(1079)四月十日,北宋文豪苏轼的中表兄弟程正辅在题跋中亦曰:[21]"武侯忠义,古今传颂,其文章见《出师表》,感切人心;其笔迹世所罕见。近苏长公……偶出一纸,意极精致,笔皆有神,乃王右军所临者;虽非武侯亲笔,而其妙实出人意表,三复之不能释手,长公其珍重之哉!其珍重之哉!"说明后世相传的诸葛亮《远涉帖》,其实是东晋书法家王羲之临摹、之后又经唐人双钩填廓的本子。

传世唐摹王羲之《十七帖》之《成都城池帖》曰:"往在都,见诸葛显,曾具问蜀中事。云:'成都城池、门屋、楼观,皆是秦时司马错所修,令人远想慨然;为尔不信,具示,为欲广异闻。'"此帖中提及的诸葛显,即《三国志·蜀书·诸葛亮传》道及的与诸葛亮嫡亲子诸葛瞻次子诸葛京俱于"咸熙元年(264)内移河东"的诸葛攀之子,也就是诸葛瑾的重孙、诸葛乔之孙。

清包世臣《艺舟双楫·〈十七帖〉疏证》[22]曰:"'显'字,依草法定是'显'。检《蜀志》,显父攀,攀父乔;乔,瑾次子也。瞻未生前,瑾命乔入蜀为亮后。恪既族,攀仍后瑾。至显,乃与瞻孙京同移河东。《华阳国志》云:平蜀之明年,移蜀大臣宗预、廖化、诸葛显等于东。[23]按中宗即位建康,右军年已十五,时诸葛诞孙恢为会稽太守,显或南依恢,故右军得在都见之也,上距东移盖五十二年。'令人'六字,本旁注,唐人临入正文,从之。"

既然《远涉帖》系诸葛亮致胞兄诸葛瑾函,而王羲之又与诸葛瑾曾孙诸葛显有过从，那么，他向诸葛显借观其祖传原帖真迹并予以临摹亦未可知；兼以王氏与诸葛氏俱原籍琅琊郡，算起来还是山东老乡，所以，右军仰慕武侯之高风亮节及其书法亦情理中事。[24] 要之，《远涉帖》属"书圣"习"智圣"法书。

综上所述，关于《远涉帖》之系年，以不同研究视角切入或由不同解题路径深入，自有不同的结论和答案。根据其纸本墨迹和刻帖等不同版本所呈现样态及相关史实背景考察，关于其写作时间，目前暂且可三说并存，即蜀汉建兴六年、十一年和十二年。如将背景置于诸葛亮致诸葛瑾告知有关诸葛乔随军出征情况的诸多信函之中，则按时间先后排序，大抵《三国志》裴注援引《诸葛亮集》有关"今使乔督五六百兵，与诸子弟传于谷中"为第一函，《远涉帖》为第二函，《水经注》卷十七《渭水》引《诸葛亮与兄瑾书》为第三函，《水经注》卷二十七《沔水》引诸葛亮《与兄瑾言赵云烧赤崖阁道书》和《与兄瑾言大水赤崖桥阁悉坏书》为第四或第五函。至于诸葛亮作《远涉帖》的具体时间，笔者倾向于蜀汉建兴六年春夏之交诸葛亮与赵云、邓芝分头率兵北伐期间。

注释：

〔1〕 "衮雪"石刻原在汉中褒城北褒谷河中，现凿迁至汉中市博物馆"汉魏石门十三品陈列馆"展览。

〔2〕 郭荣章《三国时褒制道上的军事遗迹》，第四届褒斜道及石门石刻国际学术讨论会论文之一，未刊稿。

〔3〕 即东汉永平九年（66）《鄐君开通褒斜道》摩崖，俗称《大开通》，系南宋绍熙五年（1194）汉中郡太守章森与南郑县令晏袤视察山河堰水利工程时，在石门南百步崖间偶然发现，事见南宋娄机《汉隶字源》。今《大开通》原石与晏袤释文摩崖均凿迁至汉中市博物馆陈列。

〔4〕 即东汉永寿元年（155）《右扶风丞李君通阁道记》摩崖，一名《李君表》，又名《李禹通阁道记》等，今凿迁至汉中市博物馆陈列。此刻系清嘉庆十九年（1814）秋，略阳县令王森文搜剔访得，事见王氏《石门碑醳·游石门记》及陆绍文跋《右扶风丞李君石刻考》。

〔5〕 陶喻之《魏武"军遮要以临汉中"辨析》，《成都大学学报》（社会科学版）1995年第1期，第75—77页。

〔6〕 陶喻之《刻帖所及诸葛亮法书新论》，载《全国首届碑帖学术研讨会论文集》，文物出版社2005年，第131—148页。

〔7〕 1934年《河北第一博物院画报》第57期《古董录》第56期，清王懿荣之子王汉章曾有短讯报道。

〔8〕 陶喻之《清代松江沈氏佚帖钩沉》，载"云间文博"丛书第10卷第1辑，上海古籍出版社2016年，第53—59页。

〔9〕 元至正（1341—1368）年间，以文章名世的山东东平人王旭《兰轩集》卷一《题诸葛武侯帖》诗云："堂堂卧龙公，人物冠千古。手提虞渊日，志欲还正午。长星陨

中宵，遗恨塞寰宇。谁云侪管乐？自可配伊吕。借使书不工，犹当宝遗楮。君家二十字，得之自何许。气势逸且豪，龙鸾骞以举。奇宝神所贪，提防六丁取。相传倘非赝，千金莫轻予（帖云：师徒远涉，道路甚艰，自及褒斜，幸皆无恙，使回，驰此，不复一一）"。（此材料蒙山东泰安泰山学院周郢先生提供，谨此鸣谢！）可见斯帖在元代已见诸载籍。

[10] 方家常译注《诸葛亮文集全译》，贵州人民出版社 1997 年，第 166 页；《山东省志·诸子名家志·诸葛亮》，山东人民出版社 2001 年，第 151 页。

[11] 根据清张澍《诸葛忠武侯文集》整理的《诸葛亮集》卷二援引北宋李昉等编纂的《太平御览》所录《师徒远涉帖》曰："师徒远涉，道里甚艰，自及褒斜，幸皆无恙，使还，驰此，不复具。"按：据北宋王闢之《渑水燕谈录》卷六《文儒》载："太宗锐意文史，太平兴国中，诏李昉、扈蒙、徐铉、张洎等，门类群书为一千卷，赐名《太平御览》。又诏昉等撰集野史为《太平广记》五百卷，类选前代文章为一千卷，曰《文苑英华》。太宗日阅《御览》三卷，因事有阙，暇日追补之，尝曰：'开卷有益，朕不以为劳也。'"而清严可均校辑《全三国文》卷五十九著录《远涉帖》则有一字之别，"道里甚艰"作"道路甚艰"。元王旭《兰轩集》卷一《题诸葛武侯帖》诗注，所引帖文与今见清刻帖本《远涉帖》吻合。《远涉帖》不同版本系统所呈现文本大抵如上。

[12] 陶喻之《诸葛亮〈远涉帖〉本事考》，载《隆中山下论孔明——全国第十七届诸葛亮研讨会论文集》，中国炎黄文化出版社 2010 年，第 315—330 页。

[13] （宋）萧常《续后汉书》卷八《列传三下》作诸葛乔建兴元年卒，"元年"当为"六年"之误。

[14] 关于毛岸英参加抗美援朝战争始末，1954 年毛泽东在与青年时期的湖南同学周世钊的谈话中吐露甚详。参看周彦瑜、吴美潮《毛泽东和周世钊谈抗美援朝战争》，载《百年潮》2009 年第 9 期，第 19 页。

[15] 《三国志》卷三十五《蜀书·诸葛亮传》载："瞻字思远。建兴十二年，亮出武功，

与兄瑾书曰：'瞻今已八岁，聪慧可爱，嫌其早成，恐不为重器耳。'"（中华书局1959年版，第932页）据此可知诸葛亮亲生子诸葛瞻当生于建兴四年。应当说这也符合诸葛亮当时的健康、生理状况和为蜀汉政权劳心劳力的时代背景。因为据本传载："三年春，亮率众南征，其秋悉平。军资所出，国以富饶，乃治戎讲武，以俟大举。五年，率诸军北驻汉中……"可见建兴三年他向在"五月渡泸，深入不毛"的南征孟获时期，分身乏术，殚精竭虑，自然无时间与精力兼顾生育；只有到了次年，因"南方已定，兵甲已足"而国富民安，他才得以短暂调养。如所周知，诸葛亮深谙老庄道家阴阳学说，懂得优生优育之道自不在话下；所以，诸葛瞻诞生于建兴四年，时、事俱符。厘清了诸葛瞻的生年问题，则诸葛乔过继给诸葛亮的时间必在建兴四年之前，而且可能是在刘备死后蜀汉与东吴重新恢复邦交、缔结战略协作关系之后；否则，诸葛亮向身在东吴的兄长诸葛瑾提出不情之请，想必诸葛瑾会有所顾忌，不会主动征询吴主孙权意见，因为孙权未必允许东吴人才流失到蜀汉阵营中去。只有两国由对抗转而重结联盟，孙权才会顾念诸葛氏家族亲情，同意派遣诸葛乔支援蜀汉政权，同时也满足诸葛亮关于子嗣问题的请求；这样，诸葛瑾的次子诸葛乔才远赴成都，成为过继给诸葛亮的长子。到了蜀汉建兴六年，二十五六岁的诸葛乔战死沙场，其时诸葛亮的亲生子诸葛瞻才两三岁光景，而诸葛乔已有了后代即诸葛攀。又据诸葛亮本传载，"亮自有胄裔，故攀还复为瑾后"。估计这是诸葛乔死后，诸葛亮念及胞兄诸葛瑾遭丧子之痛，加之自己已有亲生子诸葛瞻，遂将诸葛乔的后代诸葛攀送还给诸葛瑾，让他恢复为诸葛瑾的嫡孙；只可惜诸葛攀"官至行护军翊武将军，亦早卒"。以上就是诸葛亮与胞兄诸葛瑾分别在蜀汉与东吴阵营中的子嗣关系网络。

〔16〕 张连科、管淑珍校注《诸葛亮集校注》谓："绥阳：县名。在贵州遵义市东北部，乌江支流芙蓉江上游。写作年代不详。"天津古籍出版社2008年，第105页。按：此绥阳小谷与贵州遵义无关，当为陕西宝鸡境内秦岭南麓之山谷。据此考察，可知

  诸葛亮此函写作时间同在首次北伐的建兴六年。
〔17〕 （北魏）郦道元《水经注》卷十七《渭水》引《诸葛亮与兄瑾书》，岳麓书社 1995 年，第 267 页。
〔18〕 诸葛亮于汉中北伐时期，蜀弱而魏强，故欲克敌制胜，势必须以最小军事代价智取为上。而由汉中出师北伐一举占据关中，楚汉相争时期韩信的"明修栈道，暗渡陈仓"就是成功的典范。"（建兴）五年春，丞相亮出屯汉中，营沔北阳平石马。"（《三国志·蜀书·后主传》）即有意识地将出师基地置于汉中盆地中心的西缘，似乎预示着诸葛亮有意从汉中西部发兵北伐。次年春冬，诸葛亮两次出兵，即明显带有借鉴韩信故事而声东击西的痕迹，取径路线也与韩信一致或接近；唯碍于曹魏同时在陈仓、长安一线部署重兵防备，他屡次用兵均无法突破推进。在此战局背景下，他又拟迂回绕道攻打祁山，但限于后勤补给保障不继，难以长驱直入而主动退兵。一生用兵审慎，甚至以魏延拟带兵万人"与亮异道会于潼关，如韩信故事"为悬危，遂"制而不许"（《三国志》卷四十《魏延传》）的诸葛亮，直到生命最后时刻，仍调集优势兵力出斜谷，边屯田边北伐，临终也不忘嘱咐魏延退兵以保全有生力量，不得逞一时之快而莽撞恋战，作无谓牺牲。
〔19〕 《三国志》卷三十五《蜀书·诸葛亮传》。
〔20〕 张连科、管淑珍校注《诸葛亮集校注》亦将两书系于本年，见该书第 103 页。
〔21〕 程正辅为苏轼中表兄弟，说见李葆恂《海王村所见书画录》著录《远涉帖》卷后题跋按语。
〔22〕 （清）包世臣撰、李星点校《包世臣全集》卷六《论书二·艺舟双楫》，黄山书社 1993 年，第 411 页；黄君《王羲之〈十七帖研究〉》，文物出版社 2009 年，第 21 页。
〔23〕 此处可参考（东晋）常璩撰、任乃强校注《华阳国志校补图注》卷八《大同志二》注释②，上海古籍出版社 1987 年，第 437 页。
〔24〕 《三国志》卷三十五《诸葛亮传》载，亮"自比于管仲、乐毅，时人莫之许也。惟

博陵崔州平、颍川徐庶元直与亮友善,谓为信然。"另三国曹魏夏侯玄撰有《乐毅论》,传东晋王羲之有小楷书《乐毅论》送儿子王献之,末有"永和四年十二月廿四日书付官奴"字样。王羲之此举,很有可能也是受诸葛亮推崇乐毅的影响。王羲之《乐毅论》有唐摹本传世。参看陶喻之《论鉴识点——善本〈乐毅论〉书帖补证》,载《全国第二届碑帖学术研讨会论文集》,文物出版社2012年,第131—135页。

第三章

远游无处不销魂：
诗情画意的金石蜀道

传为唐代宗室画家李昭道身经蜀道剑阁而创作的设色青绿山水，实在是一幅很有故事情节的蜀道山水画作。（图 3-1）鉴赏画面上峥嵘的山峦、弥漫的云朵、蜿蜒的栈道、蹒跚的行旅，倘若不谙"小李将军"其实是在暗用"明皇幸蜀"故事而为避讳乃冠名《春山行旅图》之背景的话，人们大抵是很容易将此画视为"诗仙"李白《蜀道难》诗意图的。

"诗是无形画，画是有形诗"。《蜀道难》的旨趣表面"言险"而内里"著戒"，与此蜀道画蕴涵的象征意义，委实有异曲同工之妙。

傅抱石先生的《中国绘画变迁史纲》，视"李氏山水"为"在朝"，把"田园山水派"诗人兼画家王维比作在野派，而将"画圣"吴道子假设为调剂朝、野画坛的一员大将。然而无论是在朝还是在野，抑或是居中调剂朝野绘画艺术，他们都曾创作过蜀道画。吴道子青年时期事唐中宗宠臣逍遥公韦嗣立，以小吏入蜀，"因写蜀道山水，始创山水之体，自为一家"。"大李将军"李思训开元前封陇西郡公，历益州都督府长史，因"格品高奇，山水绝妙"，山水推为第一，料亦有蜀道画。唐朱景玄《唐朝名画录》有吴道子应唐玄宗所请赴蜀道嘉陵江实地写生、归来于长安大同殿壁与李思训共同创作壁画比试画艺的记载。张彦远《历代名画记》亦云："（吴道子）又于蜀道写貌山水。由是山水之变，始于吴，成于二李。"

值得一提的是，吴、李身为唐明皇近臣，都曾遭遇过"安史之乱"玄宗幸蜀的社会动荡全过程。王维身为给事中，因扈从不及，竟被迫出任安禄山伪职，其个人经历更见沧桑。所以，《宣和画谱》著录其系列蜀道山水画，显得寓意深长、耐人寻味得多了，虽然其图迹今几无存；好在"画中有诗"乃其特色，且看后人对其幸蜀图的题咏。

北宋政治家、军事家和文学家范仲淹的玄孙，南宋人范公偁《过庭录》曰："王维画嘉陵江山图。盖明皇幸蜀，过嘉陵，爱其江山，命吴道子图

图 3-1　传为唐李昭道所绘的《明皇幸蜀图》，台北故宫博物院藏

于大同殿壁，王维复画小簇云。江山已暗大同殿，弦管犹喧凝碧池。别写嘉陵三百里，右丞心事有谁知？盖谓此也。"而金源赵秉文《题王摩诘画〈明皇剑阁图〉》则云："剑阁森危隔锦官，云间栈路细盘盘。天回日驭长安远，雨滴铃声蜀道难。当日六军同驻马，他时万里独回銮。伤心凝碧池头句，有底工夫作画看。"该诗末两句，与元代王恽的《王摩诘〈骊山宫图〉》同样令人感慨唏嘘。王诗曰："忆昔风流王右相，开元亲侍玉堂庐。细吟凝碧池头句，政恐丹青是谏书。"那么，王维创作蜀道绘画，笔底意图是否亦如李白般在"言险著戒"呢？个中深意，含蓄微妙，着实费人揣测，让我们姑且由"诗圣"杜甫与剑南节度使严武的题蜀道画诗，来作一例小心求证的个案剖析。

　　杜甫乾元二年（759）自陇右经蜀道剑关南下锦官，严武则随后开府锦城。严、杜交谊既久，此番同在蜀中，自然过从甚密。由杜甫《严中丞枉驾见过》《谢严中丞送青城山道士乳酒一瓶》《严公仲夏枉驾草堂兼携酒馔得寒字》等诗，可知严武经常枉驾草堂造访子美；而杜甫亦曾赴严武公馆谒见晤谈，《严公厅宴同咏蜀道画图》就是一首两人共同观赏蜀道图时的题咏之作。

日临公馆静，画满地图雄。剑阁星桥北，松州雪岭东。华夷山不断，吴蜀水相通。兴与烟霞会，清樽幸不空。

一幅蜀道山水画，究竟是什么原因勾起了诗人和将军的共同兴趣和感慨呢？且让我们先搁置此疑问，从杜甫的蜀道之旅谈起。这位在野的诗翁，人在蜀道，心系社稷，其《五盘》《剑门》二诗，与挚友李白的《蜀道难》意境暗合。无论其旨趣在于感叹功业难求还是言险警告，就创作背景而言，因避乱而入蜀的杜甫较之写作《蜀道难》时的太白，有着截然不同的切身体验和感悟。

再说严武。他一生四入三出过剑门，晚年治蜀颇为劳瘁。作为镇守西蜀的地方大员，他对剑关蜀栈的军事战略地位，较之一介寒儒李白、杜甫自然有着更深刻的体认。尤其是上元二年（761）梓州刺史段子璋的蜀道谋反、次年剑南兵马使徐知道的兵扼剑阁及西诱吐蕃共同起兵等事件，更让严武强烈意识到川西北暨剑阁于军事战略的极端重要性；而杜甫的深谋远虑和前瞻洞察力，尤令他由衷佩服，因为这两起兵变早先已为杜甫的《剑门》诗所言中。

上述历史背景，大抵可作杜甫《严公厅宴同咏蜀道画图》诗的注脚。

此诗看似平淡无奇，实则微言大义、意近旨远，暗含着对蜀中潜在危机的隐忧，可谓无声胜有声。据杜诗编年可知，此诗作于徐知道叛乱暨被平定的消息相继传到锦城的严武北上前夕，故此时此诗同咏蜀道画图，显系杜、严二人心迹的写照。

关于严武府邸的这幅蜀道画的来历，有迹象表明，其可能是王维绘制并赠予严武的。关于此问题的阐述，有必要先追溯严、王二人的过从始末。严、杜、王政治上同属宰相房琯一党，本就交往密切，杜甫的《奉赠王中允维》、王维的《晚春严少尹与诸公见过》和《酬严少尹徐舍人见过不遇》等诗,足见三人之相契。而暮年摩诘多以写意山水画寄托其人生哲学,也因而被奉为"南宗山水"或文人山水画的鼻祖。《题〈辋川图〉》"老来懒赋诗,惟有老相随。宿世谬词客,前身应画师。不能舍余习,偶被世人知。名字本皆是,此心还不知"的自白,俨然以画家自况。且说上元二年春严武三顾辋川,王维有《河南严尹弟见宿弊庐访别人赋十韵》诗;尽管严何以谒王并留宿草庐难知其详,但据"为学轻先辈,何能访老翁"一句推测,严武此行或是来向王讨教为官之道的。因为当时严武已由蜀道巴州刺史调任河南尹,此后往来于长水(东都洛阳为史朝义盗踞后,河南府治寄理长水,后亦沦陷)、长安间,因慕王维老成持重,遂特地轻车简从抵达辋川拜谒讨教。

至于王维对严武的态度如何,诗题实已昭示。揣想他以过来人身份将自己宦海浮沉,乃至曾身陷贼营的坎坷和教训,结合严武亦曾遭贬蜀道以及迁河南尹后治所曾为贼所陷等经历,与对方进行感同身受的交流,因而不免惺惺相惜,故临别赠以寓含"言险著戒"之旨的蜀道画诫勖对方。这番联床夜话的情形,据二人经历及相关诗文和历史背景,不难想见。试想,与严武同时除王维之外,还有哪位画家曾创作过可观的蜀道画并最有可能赠与严武以相勖勉呢?似乎别无他人。

综上所述,我们有理由相信严武锦城公馆壁间的蜀道画,正是他北上就任河南尹后专程谒见王维时,由王维相赠。

李白的《蜀道难》诗与王维、杜甫的蜀道诗画,差不多创作于大唐帝国由盛转衰前后的同一时期,显非巧合或偶然。李白以蜀人特有的敏感预测山雨欲来、蜀将生乱而发出盛世危言;王维曾遭国变、身陷贼营,遂以蜀道画表达对幸蜀明皇的牵挂、对政治前途的近忧和对藩镇割据的远虑;

而杜甫、严武既经蜀道苦旅，又遭蜀道兵变，对李、王的蜀道诗画更有切身之体悟，并且"好武通文墨"的严武这位西蜀大员，与王、杜在政治上属同一阵营，每多契合，因而在他们的相互交往中，免不了与蜀道相关的诗画因缘，真可谓"李杜王右丞，蜀道诗画稠"啊！

至于川北蜀道支线米仓道上的重镇巴中，也即严武为巴州刺史的治所，清末据传曾发现杜甫书写的严武摩崖题诗，其实大概是利用了人们了解杜甫跟严武的那重密切关系，才对石刻款识作了改头换面的"包装"。至于本章涉及的另一首蜀道摩崖题诗，传为北宋墨竹画家文同作品，则是因为落款中南宋抗金名臣安丙的别号不为人知、且拓本漫漶而为后世误会，遂致张冠李戴。

第一节　一首所谓的"诗圣"蜀道摩崖题诗

一、弁言

　　与李白齐名并称"李杜"的唐代诗人杜甫，7岁习诗，9岁习字，除享有"诗圣"的美名之外，在书法方面亦颇具功力。"九龄书大字，有作成一囊"——从这首《壮游》诗的自陈[1]，足见其幼年执管临池之勤奋。天宝年间（三年到七年，744—748）的中青年时期，他曾相继与书法家李邕、张旭、郑虔、顾诫奢等相过从[2]。至于暮年诗《得房公池鹅》的"凤凰池上应回首，为报笼随王右军"句[3]，更见其对自己书法成就的自负。

　　然而无论是书名为诗名所掩，还是书法成就较诸同时代书家本就逊色一些，总之，杜甫在书法方面似乎从未得到后世重视，其书迹向无只字存世，因此当一个世纪前四川巴中南龛壁间发现相传为杜甫乾元二年（759）所书严武摩崖题诗时，其轰动和影响可想而知了。（图3-2）此摩崖题诗共10行，行18字，释文云：

　　　　判府人中严公九日南山诗
　　　　南山何峨峨群峰秀色聚朝晖与夕霭无□□
　　　　去住徘徊九折险萦曲一川注悬崖置屋少□
　　　　穴亦可度苍然老楠木几阅风霜敻孙枝长□
　　　　许老干未肯仆昔年重九日来者必三顾题诗
　　　　刻峭壁皆欲寄□□念我独何人今日追故步
　　　　凌晨出南门风雨怯行路不惮登陟难恐失此

图 3-2　四川巴中南龛的改款伪作杜甫摩崖题诗暨署款

日故造物亦随人晴云送日暮徐行两柏间杯
盘供草具宾僚不鄙我笑语露情愫它时倘再
来莫指桃源误乾元二年杜甫书

　　前已述及，杜甫虽以东晋大书法家王羲之自比，但据说他其实是以学习唐初书法家虞世南为主[4]。另据元陶宗仪《书史会要》卷五载：工部"世号'诗史'，于楷隶行，无不工者"。而清仇兆鳌《杜诗详注》注《赠卫八处士》则曰："近世胡俨曰，常于内阁见子美亲书此诗，字甚怪伟。'惊呼热中肠'作'呜呼热中肠'。"

　　从这些记载可知，杜甫书迹至迟于明初尚在内府有收藏；而上述有关杜甫书法之文字，显系记录者经眼鉴赏后之品评，只是拾遗墨迹久已无从"拾遗"，故其巴中南龛手迹重见天日，虽仅片石，然却属绝无仅有，因此十分引人瞩目；而关于其真实性之考证、辨析，自发现之日起即被提上议事日程。只是长期以来其真伪问题一直悬而未决，故本节拟在前人研究基础上作一系统探讨，尝试拨开笼罩在杜甫书严武摩崖题诗之上整整一个世纪的迷雾，以还原其真实面目。

二、考证

（一）历史纪录

杜甫书严武摩崖题诗最早见于清末金石学家叶昌炽的《语石》。该书卷五"题名八则"曰："巴州之佛龛记、楠木歌、西龛石壁诗，皆乾元中严武所刻。余新得杜甫书严武诗，浣花遗迹，海内只此一通，可以傲燕庭（刘喜海）矣。"卷七"严武一则"曰："巴州严武摩崖共五通。九日南山诗，杜甫书也。笔法虽清隽，而不免寒瘦，有饭颗山头气象（自注：此刻或是宋时好事者依托）。"卷八"诗人一则"曰："'李杜'并称，李有安期生诗、隐静寺诗，而子美无片刻。今年夏（笔者按：即光绪二十七年，1901）[5]，从故家得巴州石拓，有严武东岩诗，杜拾遗所书也，为之一喜。……杜诗韩笔愁来读，似倩麻姑痒处搔。此二刻亦正搔着痒处。"同卷柯昌泗《〈语石〉异同评》则曰："四川有少陵诗刻，安徽有李白、汪伦题字。元次山刻石甚多，皆非自书，皆不足信也。"

叶昌炽道及杜甫书严武摩崖题诗虽系首例，但仅见记述而未录全文。民国二十三年（1934），河北第一博物院借刘云孙所获该摩崖拓本以展出，并刊其图版于该院画报第 57 期，世人遂得一睹杜甫书迹风采。（图 3-3）

继叶、刘之后，1961 年启功先生在所作《碑帖中的古代文学资料》中亦论及该摩崖题诗："唐人诗歌方面的材料也很多，像巴州摩崖所刻严武和杜甫的诗，相传是杜甫所写（杜诗一首下有杜甫的名字），也有人疑为宋人所刻，至少也是一个宋本。"[6] 此外，香港《书谱》杂志 1976 年第 8 期梅萼华《杜甫与书法》曰："大抵人们对于仰慕的诗人的墨迹，总是渴望得见，于是有人投其所好，伪托或者制造一些碑刻出来是免不了的。叶昌炽指的这个碑刻如何（笔者按：即谓巴中杜甫书严武摩崖题诗），我

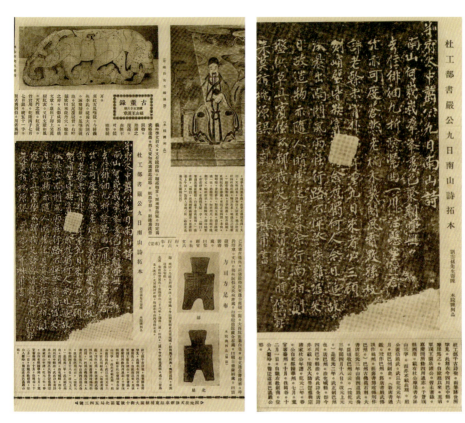

图 3-3 《河北第一博物院画报》第 57 期书影暨所刊杜甫书严武摩崖题诗图版

们看不到,只能看到四川省射洪县杜甫的《野望》《冬到金华山观因得故拾遗陈公学堂遗迹》二诗的题刻拓本。"

完全肯定该摩崖题诗为杜甫所书者,主要见于 20 世纪 80 年代以来出版的两种图书。一是国家文物事业管理局主编、上海辞书出版社 1981 年出版的《中国名胜词典》,该书于四川巴中县"南龛造像"条曰:"在四川巴中县城南 1 公里化成山上。……南龛以雕刻取胜,化成山风景著名。今岩壁上还保存唐代诗人杜甫于乾元二年(公元 759 年)游历时题刻的《判府太中严公九日南山诗》。自古以来就是骚人墨客游宴之地。"二是高文、高成刚编,四川大学出版社 1990 年出版的《四川历代碑刻》,其第 76《杜甫书南山诗》著录全诗,诗后注曰:"此诗刻于四川巴中县南龛,杜甫撰并书。"

（二）考据辨误

由以上所引资料不难发现，在约一个世纪里，人们对于杜甫书严武摩崖题诗，或深信不疑，或疑信参半，或坚决否定，众说纷纭，莫衷一是。而既有歧见，即值得深究廓清。

考巴中石刻、造像肇于汉唐，尤盛于唐乾元元年（758）六月崇奉佛教的严武被贬为巴州刺史奏请肃宗开凿佛龛、兴建光福寺后。（图 3-4）以巴中现存的 156 窟 2100 余身造像，68 则碑碣、题记、造像记，130 余条诗文石刻为例[7]，即多造于唐宋时期。又云屏山壁间乾元三年（760）《唐巴州佛龛记》一名《严武奏表碑》，（图 3-5）其他严武与时人相互唱和的题诗摩崖尚多（见叶昌炽《语石》列目），足见严武对巴州石刻的贡献之巨。

两宋以降，著录四川或巴中石刻之志乘、金石碑目等著作层见迭出，诸如北宋赵明诚《金石录》（卷十），南宋王象之《舆地碑记目》（卷四《巴州碑记》）、陈思《宝刻丛编》（卷第十八），明曹学佺《蜀中名胜记》（卷二十五《川北道保宁府二》），清杨芳《四川金石志》等皆是。这些志乘、碑目对于严武及其同侪唱和题刻多有颇详之著录，倘若巴中南龛确有杜甫书严武摩崖题诗的话，按理应在相关志乘、金石碑目或地方文献中留下痕迹而不至于"不着二字"；然而令人费解的是，20 世纪以前的金石学著作中，无有提及巴中南龛壁间存有杜甫书严武摩崖题诗者，这不能不令人心生疑窦：这样一件堪称艺林佳话的名家摩崖题刻何以会湮没千年，直至清末方突然"面世"？

众所周知，清嘉庆、道光时期，因金石学尤其"碑学"大盛，各地碑版椎拓极夥，许多金石学家致力于金石拓本的鉴藏与研究，这其中卓有影

图 3-4　四川巴中南龛佛龛暨唐人严武为父亲严挺之所塑造像　　　图 3-5　四川巴中南龛唐代《严武奏表》摩崖

响者，于道光二十五年（1845）出任四川按察使的刘喜海乃之一。（图 3-6）在蜀期间，刘氏对蜀地石刻十分关注，他四出访求碑刻拓本并加以记录，《燕庭金石丛稿》《三巴金石苑》即系著录研究蜀中汉唐两宋石刻之作；特别是后者，据所藏拓本照原样摹绘，保存了诸多蜀地石刻的原始面貌。诚如时人所赞："蜀碑流传极鲜，自燕庭先生命工搜拓，始显于世"；"是志先图画，后释文，间加考跋。缩丰碑于尺幅，大小真行，各极其态，钩摹之精，镌刻之细，得未曾有。"[8]"蜀碑初不显于世，自刘燕庭方伯命工椎拓，始稍稍出。今见于《三巴耇古志》者皆是也。"[9]

值得一提的是，叶昌炽在新获南龛杜甫书严武摩崖题诗拓本后喜不自禁，认为杜甫墨宝海内只此一通，足以傲视搜集三巴石刻最丰富的刘喜海。而检索《燕庭金石丛稿》，于巴州"已见""待访"石刻存目中，确未

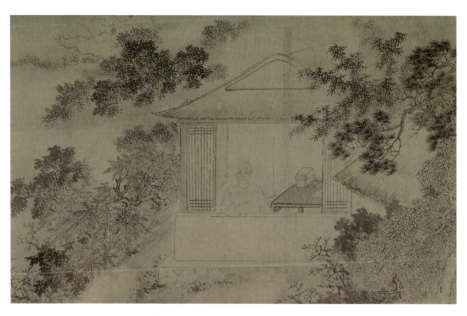

图1-6 清画家费丹旭绘刘喜海画像,上海博物馆藏

见《杜甫书严武九日南山诗》。查《金石苑》第五卷所摹绘的"宋南北龛题名题诗题字三十四种",亦未见杜甫书严武摩崖诗目;但同卷标题"判府太中万公九日南山诗"者,内容则与前录《判府太中严公九日南山诗》释文完全一致,唯并无"乾元二年杜甫书"字样。至此,"杜甫手迹"之讹显出端倪。另检民国十六年(1927)张仲孝等修《巴中县志》第四编,"古迹"部分著录南龛历代摩崖题诗,其一宋人题刻内容亦与前录《判府太中严公九日南山诗》释文相合,诗题却作"宋万阙名九日南山诗",同样没有"乾元二年杜甫书"款识[10]。通过以上考辨,可见所谓"杜甫书严武摩崖题诗"纯属无中生有、以讹传讹,诗题及杜甫落款的捏造痕迹昭然若揭,毋庸置疑。

(三)鉴定辨伪

所谓杜甫墨迹石刻系清末碑估或好事之徒添改宋人摩崖题诗以哗众取宠、炫奇牟利而惑世既明,鉴于其蒙蔽世人长达一个世纪,甚至不少饱学之士亦被误导而入其彀中,笔者认为有必要对此世纪讹误再予详析、彻底廓清;读者幸勿以小题大作见责,是所深祷。

1、添改款识

对照今拓自南龛壁间的题诗拓本与刘喜海《金石苑》所摹绘，谛审刻工笔迹不难发现，该摩崖题诗之题款与落款均有伪造痕迹，"乾元二年杜甫书"7字落款之书体与题诗正文之书体迥异。两者虽同为楷书，但题诗正文行楷笔势潇洒连贯，而落款之正楷则运笔拘谨、滞钝呆板，造作斧凿痕迹明显，分明系后来添加凿刻可知；当初刘喜海摹绘时即无此款识。而"判府太中严公九日南山诗"11字题款中之"严"字，刘喜海摹绘时原本作"万"字，后显系别有用心者移花接木改为"严"字，改刻痕迹显而易见。而作伪者之所以敢于偷梁换柱，盖有严武、杜甫二人交谊深厚之背景为其张本。

2、利用严、杜诗谊

考严武、杜甫交游在至德二年（757）春，时杜甫被宰相房琯荐为左拾遗，严武受荐为给事中，两人同在肃宗凤翔行在为官，严、杜分别有《酬别杜二》《寄岳州贾司马六丈巴州严八使君两阁老五十韵》诗追忆当初情谊。因严武官秩高于杜甫，故杜甫赠严武诗较多，如《八哀诗·赠左仆射郑国公严公武》《奉赠严八阁老》《留别贾严二阁老两院补阙》等。

自乾元二年至宝应元年（762），杜甫入蜀依任剑南节度使的严武之后，其赠严武诗更为频密，迭有《奉送严公入朝十韵》《送严侍郎到绵州同登杜使君江楼宴》《奉济驿重送严公四韵》《严中丞枉驾见过》《奉和严中丞晚眺十韵》《奉酬严公寄题野亭之作》《中丞严公雨中垂寄见忆一绝奉答二绝》《谢严中丞送青城山道士乳酒一瓶》《严公仲夏枉驾草堂兼携酒馔得寒字》《严公厅宴同咏蜀道画图》《遭田父泥饮美严中丞》等，此外还有看似与前引所谓《判府太中严公九日南山诗》相关之《九日登梓州城》《九日奉寄严大夫》诸诗；严武则有《寄题杜二锦江野亭》等诗回赠。总之，据上述诗作，足见严、杜私交非同一般，故改摩崖诗题为"判府太中严公九日南山诗"以系之严武似乎合情合理而无破绽。

3、混淆时地

如前所述，乾元二年恰值杜甫经邻近巴州的利州南下，并有《寄岳州贾司马六丈巴州严八使君两阁老五十韵》诗。"巴州鸟道边……谪宦两悠悠"，可知严、杜当年虽近在咫尺却失之交臂。但因严武《巴岭答杜二见忆》《酬别杜二》诗分别有"卧向巴山落月时，两乡千里梦相思"和"最怅巴山里，清猿恼梦思"句，后诗有自注曰："昔会秦关，今别巴岭。"故作伪者捕风捉影，想当然地猜测杜甫可能顺道赶赴巴州拜会严武并接受安排入蜀，同时相互唱和之际，杜甫濡墨于壁间书严武题诗；乍看时地俱符。其实，杜甫自陇右发剑南时在冬天，而《九日南山诗》所写乃重九时节景致，与杜甫入蜀时段矛盾。

（四）献疑举证

对于这一近乎齐东野语的讹传，学界对其质疑由来已久，今概括如次。

1、书体之疑

关于书法风格，有学者认为杜甫主张笔力"瘦硬通神"，而此摩崖题诗之书体虽稍"寒瘦"但并不"怪伟"，相反却显得浑厚遒劲，与杜甫的审美主张大相径庭，因此怀疑该摩崖题诗系后人因仰慕"诗圣"而假托其名添改而成[11]。启功先生对此摩崖题诗的辨析，即着眼于唐宋不同书法风格，认为未必系少陵真迹[12]而疑为宋人手笔。

2、过境之疑

至于杜甫书严武摩崖题诗与当初两人交往之时地不符，20世纪30年代初叶刘云孙于《河北第一博物院画报》第57期识语中即已指出："杜工部千古诗圣，而笔迹世所罕见。此刻在今四川巴中县，摩崖为之。自欧、赵以来，至翁覃溪、王兰泉诸公，皆未著录。嘉庆间所修《四川通志》，于苍溪县西崖，载有杜公摩崖书'少屏山'三字，而亦不载此刻。严公盖指严武，武以乾元元年六月，贬巴州刺使。巴州古佛龛石刻，大书'唐乾元三年山南西道严武奏，臣顷牧巴州'云云。是乾元二年，武正刺巴州也。……按吕大防鲁訔蔡兴宗（笔者按：此处原文有误，"蔡兴宗"应为"蔡梦弼"）诸家杜公年谱，乾元二年，春，公自东都归华州。七月，弃官客秦州。十月，往同谷。十二月一日，自陇右赴剑南。岂公入蜀时，尝迂道至巴过严公邪？"杜甫绝无折而东向迂回赴巴州造访严武并应邀挥毫题壁之事，且此诗亦断非严武所作。

3、职官之疑

此摩崖之署款"判府太中严公"亦存在明显纰谬，分明不合唐代官制而系宋代职官。南宋洪迈《容斋三笔》卷十四"判府知府"曰："国朝著令，仆射、宣徽使、使相知州府者为判，其后改仆射为特进，官称如昔时。唯章子厚罢相守越，制词结尾云：'依前特进知越州。'虽曰黜典，亦学士院之误。同时执政蒋颖叔以手简与之，犹呼云判府，而章质夫只云知府，盖从其实，予所藏名公法书册有之。……今世蕞尔小垒，区区一朝官承乏作守，吏民称为判府，彼固偃然居之不疑。风俗淳浇之异，一至于此！"

另检《金石苑》卷五"宋南北龛题名题诗题字三十四种"，有失载年代之《判府太中先生冯公诗什》。（图3-7）据刘喜海考证，此冯氏乃南宋淳熙十六年（1189）于南龛题名及绍熙元年（1190）题字之西岷冯伯规；也就是说，"判府"实乃南宋常署官衔。由此足见，所谓"判府太中严公九日南山诗"，一望而知不符唐代职官常识，势为托名伪作。

而事实也的确如此，"判府太中严公九日南山诗"之"严公"，本作"万公"。此万氏佚名，系南宋庆元间人，除四川巴中南龛崖间有其《九日南山诗》

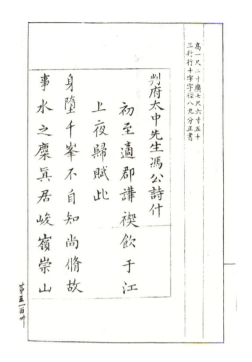

图 3-7 《金石苑》摹绘的四川巴中南龛南宋《判府太中先生冯公诗什》

外,相邻壁上尚有庆元五年(1199)九月其所作次前太守之韵的《水调歌头》词摩崖,(图 3-8)《金石苑》卷五摹绘有此摩崖,内容如下:

　　判府太中万公次韵
　　　九日修故事访南山崖间有前太守所□
　　　水调歌头率尔次韵
　　卷尽风和雨晴日照清秋南山高□□
　　首潇洒一偏州且向飞霞淪茗□□
　　间书院何幸有从游随分了公事同□
　　与同忧　少年事湖海气百尺楼萧□
　　华发归兴只念故山幽今日聊修故□□
　　　岁大江东去应念我穷愁不但莼□□
　　　杜若访芳洲

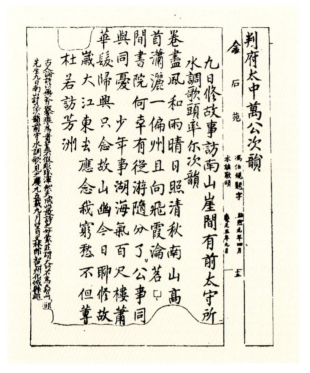

图 3-8 《金石苑》摹绘的四川巴中南龛南宋万氏《水调歌头》词摩崖

　　古人论诗以无斧凿痕为贵盖不假雕琢浑然天成此最诗之妙蒙庄谓大巧不写大智此非□□□□□先生《九日南山诗》及次韵前守《水调歌》见之庆元五载九月望日文林郎知巴州化城县郭□□□□□

三、结论

　　由刘喜海摹绘的《水调歌头》词摩崖，及文林郎知巴州化城县郭某之题识，可知《判府太中万公九日南山诗》与《判府太中万公次韵》，（图 3-9）一诗一词，均系庆元五年重阳节万氏游南龛后即兴题壁之作，证据确凿，与杜甫全然无关。

　　需要特别强调的是，叶昌炽《语石》卷二"四川三则"本提及严武刻石三种："严武巴州摩崖凡三刻：一为佛龛记，一为龙日寺西龛诗，一为光福寺楠木歌。笔力如崩云坠石，运腕于虚，劲不露骨。"至卷七"严武

图 3-9 《金石苑》摹绘的四川巴中南龛南宋万氏《九日南山诗》摩崖

一则",则谓"巴州严武摩崖共五通"(包括所谓"杜甫书严武摩崖题诗")。关于万氏摩崖诗词,卷四"诗文一则"间接提及:"诗余滥觞于唐,而盛于南宋,故唐以前无石刻。巴州有《水调歌头》词,刻于崖壁,无撰人年月,行书跌宕,宋人书之至佳者。"同卷柯昌泗《语石异同评》曰:"诗余以《水调歌头》独为常见,此书仅举其行书。在巴州南北龛摩崖者,尚有正书一首,乃庆元五年郭□作,亦在同地。"但于《语石》卷五、卷六、卷七,叶昌炽又迭谓"《九日南山诗》,杜甫书也""严武东岩诗,杜拾遗所书也"。可见其对于刘喜海《金石苑》所摹绘之摩崖图样并未给予足够重视和仔细研究,以致立论轻率而前后矛盾。

同样,《中国名胜词典》1981年版"南龛造像"条、《四川历代碑刻》1990年版第76《杜甫书南山诗》,亦因轻信前人著录而未作深究,以致以讹传讹、谬误相沿。事实上,道光、民国巴中志乘均明确著录该诗作者为万氏。值得注意的是,《中国名胜词典》1997年第3版于"南龛造像"条,显然注意到了这一问题并作了相应修改,删去了杜甫书写的字眼。这种严谨态度值得肯定。

第二节　一首张冠李戴的文湖州蜀道摩崖题诗

古代不少书画家往往同时兼擅诗词创作，北宋蜀籍书画名家文同（1018—1079，字与可），就是这样一位相当有意思的诗人。文同不仅擅长篆、隶、行、草、飞白各体书法，而且尤以画竹著称；美术史上就曾以其墨竹为代表，确立起文人画题材。（图3-10）而成语"胸有成竹"或"成竹在胸"出典，说的即是熙宁五年（1072）与八年（1075）文同先后出任陕南汉中知府和洋州（今汉中洋县）知州期间，公余细心观察洋州篔簹谷中生长的偃竹造型姿态，从而在墨竹绘画方面获得解悟而能得心应手，开一代"墨竹画派"，时人以"与可画竹时，胸中有成竹"誉之。

文同应该是元丰元年（1078）岁末以尚书司封员外郎充秘阁校理衔，准备去浙北湖州走马上任的；可是他刚启程不久，就于次年正月病故于汴京以南不远的今河南淮阳境内。因此，不要说文同根本没有踏入湖州半步，甚至连长江乃至淮河都不曾跨越过。可奇怪的是，历史上人们却习惯于称他"文湖州"；这或许是后人对文同最后一程的纪念吧，因为有道是：人生只合住湖州啊！

值得注意的是，在汉中古今不少乡土文献中，都记录有文同在蜀道干线褒斜道南口褒谷崖壁间留有摩崖题诗的轶事；尽管该诗并未出现在其文集《丹渊集》中，但目前出版的不少文同作品包括新编文同全集，依然将该诗当作其佚作予以收录。譬如巴蜀书社1999年6月出版的《文同全集编年校注》卷十六《梁洋诗》，就把这首本不见于文同《丹渊集》卷第十三至十七《汉中诗》和《梁洋诗》而辑自清顺治《汉中府志》卷六的题为文同《玉盆》的诗收入，诗云："临晨打马过花村，先玩玉盆到石门。缅想张良烧断处，岩间伫立欲消魂。"追溯源头，最早将这方摩崖题诗指

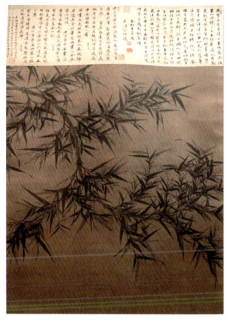

图 3-10　台北故宫博物院藏北宋文同《墨竹图》轴

认为文同之作的,系明代嘉靖二十三年(1544)汉中郡丞张良知纂修的《汉中府志》。该志卷三十《丛记·古迹·褒城县》载:"玉盆,北八里褒水中,乃石天成,不费斧凿,光洁如玉,上有'玉盆'二大字。宋文同诗:临晨走马过花村,先玩玉盆到石门。细想张良烧断处,崖前伫立欲销魂。"

如所周知,文同曾游宦汉中,并且十分欣赏汉中的山川风物,曾创作过包括蜀道诗在内的众多诗文,如《丹渊集》卷十三旧集《汉中诗·送潘司理秘校》之二云:"曲栈绕斜谷,钩栏天际分。"卷十七旧集《梁洋诗·嘉川》云:"嘉川之西过新栈,几里朱栏绕青壁。"甚至他还受汉中略阳地方官爱好金石的影响,曾于《丹渊集》卷十七《拙诗六韵奉寄兴州分判诚之蒲兄》中,留下对略阳东汉蜀道摩崖《郙阁颂》的题咏。他到汉中以后,曾赴褒谷石门一带游览,从而在《丹渊集》卷十三《汉中诗》里留下《自斜谷第一堰溯舟上观石门两岸奇峰最为佳绝》诗;[12] 至于卷十五《梁洋诗》的《寄褒城宰》,尤其反映了他对褒城石门风光美好而深刻的印象,诗云:"滟滟清波泻石门,茂林高巘夹烟昏。何当画舫载明月,共醉江心白玉盆。"自注:"物五斗,诗润滑可爱。故云江中有大白石穴,壳然如

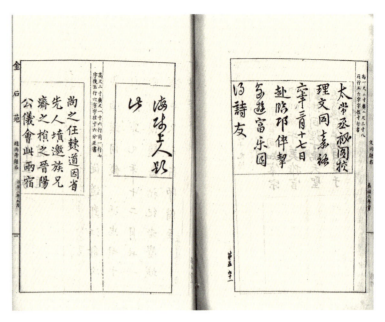

图 3-11 由褒谷石门凿迁至汉中市博物馆陈列的《玉盆》摩崖题刻

图 3-12 《金石苑》摹绘的北宋嘉祐六年（1061）文同所作四川绵阳富乐山摩崖题刻

盆可撼。"这分明指的是今自褒河原址移置汉中市博物馆陈列的"玉盆"摩崖石刻。（图 3-11）

按常理，就诗歌、书画兼擅的文同而言，他当年为官汉中期间，兴之所至，在褒谷崖间留下前述《玉盆》摩崖题诗，是完全可能且合乎情理的，只不过没有被编辑到《丹渊集》中罢了。这样的例子并非孤证，譬如被清代金石学家刘喜海摹绘于《金石苑》卷五的嘉祐六年（1061）三月文同绵州富乐山题刻，（图 3-12）同样也不见于《丹渊集》。因此，自明代以降，当人们将石门以南壁间的这处摩崖题诗，当作文同当初游山玩水时的即兴之作，以致地方志乘陈陈相袭、奉若至宝时，也就不难理解；由罗秀书编、曾亲临石门访碑的著名金石学家吴大澂题签的《褒谷古迹辑略》，也持此观点："宋文同游石门诗，石刻在岩壁。凌晨走马过花村，先玩玉盆到石门。细想张良烧断处，岩前伫立欲销魂。"（图 3-13、图 3-14）

然而晚清金石学家陆增祥（1816—1882）在其所著《八琼室金石补正》卷一百一十《石门题刻廿七段》著录这方摩崖题诗时，对于作者名号及时代，却提出了迥然不同的全新看法：

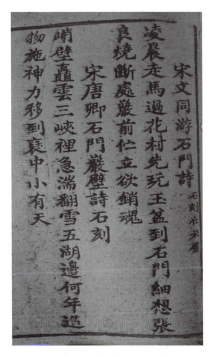

图 3-13 《褒谷古迹辑略》著录《宋文同游石门诗》

图 3-14 今褒谷石门景区壁间犹存署文同的《游石门》诗摩崖

安丙诗，高二尺，广一尺三寸，诗四行，行七字，款半行，字径二寸余，行书。凌晨走马过花后，先玩玉盆到石门，细想张良烧断处，岩间伫立欲销魂。晶然山叟。晶然，安丙自号也，其所著诗名《晶然集》。此诗盖安丙所作，附其题名之后。

另据1964年《文物》第11期载陕西省考古研究所《褒斜道石门附近栈道遗迹及其题刻的调查》，著录这方摩崖题诗云："凌晨走马过花村，先玩玉盆到石门。细想张良烧断处，岩间伫立欲销□。楷书四行，左行。字径5、通高70、通宽45厘米。款识为"山之"，径4—8厘米。"另外有著录款识为"岩然""崖然"者[13]，时代及作者不明。

按照晚清陆增祥《八琼室金石补正》的著录以及20世纪60年代陕西省考古部门的调查，对比两者涉及的摩崖题诗内容以及石刻的高宽大小、字径尺寸不难发现，两者针对的其实是同一方摩崖题诗。那么，对于该诗真正的作者，到底应当认可几乎属于"一家之言"的安丙呢，还是应遵从

图 3-15　上海博物馆藏汉中褒谷石门南宋安丙摩崖题诗拓本

自明以还地方文献陈陈相因、并且看似有高度合理性的文同，抑或应暂时存疑，对"山之""岩然""崖然"等款识持开放态度并努力稽考呢？考虑到该摩崖题诗因 20 世纪 60 年代末建造石门水库时已没于褒河中，考辨工作只能主要以早期的善拓录文为依据了。

可以肯定的是，前述陆增祥的见解持之有据，言之成理。

理由是陆增祥著录援引的拓本显系椎拓时间较早而能辨认落款字迹的版本；而 20 世纪 60 年代中期陕西省考古研究所调查所见摩崖，岩面风化益剧，款识部位残阙严重，识别自然模糊失真。这一差别，在 1988 年春于汉中市召开的"第三届中日褒斜石门学术讨论会"上获得了证实。当时，"日本汉中学术研究访中团"名誉团长种谷扇舟先生展示了其珍藏的近 20 种褒斜石门摩崖石刻旧拓，其中就包括这方摩崖题诗拓本。审视种谷氏所藏拓本的落款位置，"皛然山叟"四字隐约可辨；复检上海博物馆藏本，情况亦然。（图 3-15）事实上，清道光十一年（1831）修《褒城县志》卷八《文物志》，已记录了该摩崖题诗的署款："石门南有手扒崖，崖南为一点油石，石壁刻宋皛然山叟诗，最险峭。"只是后人以讹传讹，将署款中的"皛然山叟"误作文同罢了。可殊不知文同表字与可，自号笑笑先生、

图 3-16　北京故宫博物院藏北宋范仲淹《道服赞》卷后文同观款

图 3-17　四川华蓥安丙墓室内安丙坐像

笑笑居士，别号石室先生（北京故宫博物院藏北宋范仲淹《道服赞》卷后文同观款即作"石室文同与可"），（图 3-16）根本没有"皛然山叟"之号；"皛然山叟"的真正主人，实乃南宋蜀籍抗金名臣安丙（？—1221）。（图 3-17）

关于安丙所处的时代背景及其个人事迹，见《宋史》卷四百二《安丙传》，这里择其与该摩崖题诗相关者稍作介绍。

安丙表字子文，皛然山叟系其别号，四川广安人。南宋开禧三年（1207）任兴州（今陕西汉中略阳）安抚使兼四川宣抚副使时，表面尊奉四川宣抚副使兼陕西河东招抚使、南宋著名抗金将领吴璘之孙吴曦（1162—1207）之命，接受其"丞相长史"的封赠；暗中却与杨巨源、李好义、李贵等密结义士，设计诛杀吴曦，粉碎了他准备出卖关外四州土地以降金的阴谋。安丙因功加端明殿学士，知兴州兼四川宣抚副使，后再度升迁四川制置大使兼知兴元府、四川宣抚使。安丙文武兼擅，著有《皛然集》，今佚。1996年，包括安丙本人墓葬、墓志、雕像以及众多陪葬品在内的家族墓葬在四川省华蓥市出土，被评为当年全国十大考古发掘之一；2001年，安丙墓被列为第五批全国重点文物保护单位之一。（图 3-18）

图 3-18　四川华蓥安丙墓发掘报告书影

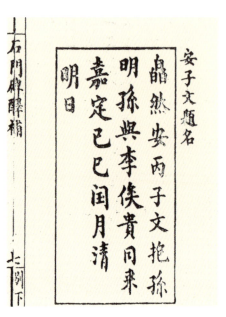

图 3-19　清嘉庆王森文《石门碑醳》摹绘的南宋嘉定二年（1209）汉中褒谷石门安丙摩崖留题

　　因为安丙阻击金兵南下的军事活动主要集中在以汉中为大本营的秦岭南麓嘉陵江上游蜀道沿线，因此当年他经常往来汉中和略阳两地完全在情理之中。有石门石刻表明：平定吴曦叛变之后，安丙曾于知兴州时，于嘉定二年（1209）至少曾与共同参与平吴曦之叛的李贵等部属到过一次褒谷石门游玩，并在石门附近山崖间留下两段摩崖题名，其中一处位于褒河中流汉隶石刻"玉盆"大字旁的山崖间。清王昶《金石萃编》卷一百四十三《玉盆题名十二段》第九段著录："皛然安丙子文抱孙明，孙与李□贵同来，嘉定己巳闰月清明日。"（图 3-19）这段摩崖石刻原高一尺八寸八分，广一尺五寸三分，四行，行七字至八字不等，正书，今佚。嘉定己巳当是嘉定二年，王昶误为三年。李□贵即李贵，"□"实际上是为避石痕而阙。另一处也位于石门附近山崖间，《八琼室金石补正》卷一百十《石门题刻廿七段》著录："嘉定闰月既望，太守安丙同李侯贵来。孙明、孙庆、侯之二子侍。"（图 3-20）此石原高一尺一寸，广四寸五分，三行，行八字，字径寸许，正书。今均淹没于石门水库。

　　根据《金石萃编》及《八琼室金石补正》所著录摩崖题名与摩崖题诗，

图 3-20 上海博物馆藏南宋嘉定二年
(1209) 汉中褒谷石门安丙摩崖留题

以及诗中"先玩玉盆到石门"等句综合考察,褒谷石门以南手扒崖一点油石壁间的这首摩崖题诗,诚如清金石学家陆增祥所分析,当是安丙于嘉定二年清明游览褒水、观赏玉盆之石并于附近山崖题名后,再登石门褒谷口段褒斜栈道遗迹凭吊时,顿发思古之幽情,遂即兴题壁。

值得深究的是,既然晚清陆增祥著录该摩崖题诗时其款识尚可辨认,按理明代人当可看到该题诗落款之清晰字迹,何以明嘉靖年间汉中知府张良知编纂《汉中府志》时,会把此诗作者讹为文同呢?笔者认为张良知的讹误或许渊源有自,最早可以追溯到南宋地理学家王象之,其《舆地纪胜》卷一八三《兴元府景物下》载:"白玉盆:在褒水中,大石光白,其中窾然,可实五斗。文与可刻诗其上。"按:褒河中央"玉盆"汉隶石刻之上及河西岸山崖间虽"周遭咸有题名"[14],其中两宋人题名达12段之多,但文献著录并无文同摩崖题诗[15]。王象之不曾涉足褒谷石门,其文同题刻玉盆之石说,恐怕还是因文同有游褒谷石门诗传世而想当然地据以臆测而来。

自王象之臆测文同刻诗于玉盆之石，后世志乘遂沿袭其说，以讹传讹。如成书于明天顺五年（1461）的《大明一统志》卷三十四载："褒水……又有大白石如盆，名曰玉盆，宋文同尝刻诗其上。"到明嘉靖年间，汉中郡丞张良知编纂《汉中府志》，其"玉盆"一条，料见玉盆之石四周并无文同诗刻，而玉盆西北岸山崖间涉及"玉盆"的摩崖题诗，内容则与文同当年行踪颇合；况且南宋庆元元年（1195）五月家诚之《〈丹渊集〉拾遗跋》又有"今但掇拾其（指文同）遗亡数篇以附于后，后有同志者或又能访其遗余，尚可以续编"等语，因而信手将此摩崖题诗视为散佚于《丹渊集》之外的文同作品纳入地方志乘。

其实，玉盆之石在褒水中，而这方摩崖题诗在山崖上；两者虽近在咫尺，但并非同一地点。张良知在王象之的错上再错，几将两处地点混为一谈，此后因循相袭、以讹传讹，愈加混乱。如清滕天绶修、和盐鼎纂康熙二十八年（1689）《汉南郡志》及严如煜纂修嘉庆十九年（1814）《汉南续修府志》均因袭此说，将该摩崖题诗作者断为文同。光朝魁纂修道光十一年（1831）《褒城县志》卷八《文物志》、罗秀书编同治十三年（1874）《褒谷古迹辑略》既分别说"石壁刻宋皛然山叟诗""在岩壁"，又均列此诗为文同《游石门》。此后由于题诗落款部位的岩石日益剥蚀、漫漶不清，"拓本多半剥泐，风侵雨蚀，日即销亡，亦可见岩壁嶔崎，镌刻本自难精，椎拓亦良不易"[16]。到20世纪60年代末，原石又泯灭不存，仅见拓本，几难识庐山真面目；最根本的原因是人们对陆增祥的著录未给予足够重视，以致张冠李戴，沿误至今。

最后需要提醒的是，明清时期对这方摩崖题诗的几种著录虽然内容大体相同，但间有文字出入，如《汉中府志》把"凌晨"误为"临晨"，把"岩间"讹为"崖前"。《褒城县志》《褒谷古迹辑略》均将"岩间"误为"岩前"等。《八琼室金石补正》对这方摩崖题诗的落款著录准确无误，但所录诗句的个别字眼亦偶有讹误，如首句"过花后"应为"过花村"，花村即褒谷南褒河东岸河东店；次句"次石门"应为"到石门"。现依这方摩崖题诗的本来面目完整迻录如下，以便与有关拓本对照研究。

    凌晨走马过花村
    先玩月盆到石门
    细想张良烧断处
    岩间伫立欲销魂
      晶然山叟

  《游石门》（即《文同全集编年校注》所收《玉盆》）诗虽非文同题刻，但清代金石学家刘喜海《金石苑》第五卷所摹绘文同绵州富乐山题名："太常丞秘阁校理文同，嘉祐六年三月十七日赴临邛倅，挈家游富乐，因得诗，友海师上人题此。"则确系文氏之作。考《丹渊集》援引《石室先生年谱》及墓志，本年文氏通判邛州。又，安丙其他摩崖题刻，笔者曾撰文钩沉[17]，今再增补《金石苑》第六卷所摹绘嘉定元年（1208）为其歌功颂德、树碑立传的绵州富乐山《蜀颂》一种。

  前已论及，迄今人们还习惯于将错就错，把曾赴任却不曾到任、就任的文同称为"文湖州"。就本摩崖题诗而言，其看似与文同行止相关，实际上却跟他毫无瓜葛——虽然他和该诗真正的作者南宋安丙一样，先后到过略阳和汉中褒谷石门访古。就安丙而言，他曾施反间计智斩叛首吴曦，之后居功自傲，陷害他人以专功。这样贪功近名的人，似乎由他窃取文同的知识产权更显得合理，可真实的情况是，安丙的摩崖题诗长期以来被归到文同名下，淆乱不清，委实令人兴嗟增慨。现在是拨乱反正、以正视听的时候了。

注释：

〔1〕 （南宋）赵次公《杜诗赵次公先后解辑校》戊帙卷十，上海古籍出版社1994年。

〔2〕 郭沫若《李白杜甫年表》，见《李白与杜甫》，人民文学出版社1971年；梅莳华《杜甫与书法》，载《书谱》（香港）1976年第8期。

〔3〕 《杜诗赵次公先后解辑校》丙帙卷十。

〔4〕 梅莳华《杜甫与书法》。

〔5〕 （清）叶昌炽《语石》脱稿于光绪二十七年（1901），宣统元年（1909）改定。此条内容系作于光绪二十七年。参看叶昌炽撰、柯昌泗评《语石 语石异同评》，中华书局1994年，第351—353页、第484—485页。

〔6〕〔13〕 《启功丛稿·论文卷》，中华书局1999年，第215页。

〔7〕 巴中县文物管理所、吴朝均《浅谈巴中文物》，未刊稿。

〔8〕 林钧《石庐金石书志》，引自胡昌健《刘喜海年谱》，《文献》2000年第2期，第146页。

〔9〕 《语石》卷二"四川三则"。

〔10〕 《中国地方志集成·四川府县志辑62》，巴蜀书社1992年。

〔11〕 梅莳华《杜甫与书法》；叶昌炽《语石》卷七"严武一则"。

〔12〕 诗云：北风吹云落寒水，逆波刺船行五里。层峦夹空抱丛石，万剑侧脊翠烟起。草木枝叶自殊别，禽虫羽毛亦奇诡。安得鸡冠数棱田，便可诛茅此居止。

〔13〕 参看郭荣章《石门摩崖刻石研究》，陕西人民美术出版社，1985年；陕西省汉中市褒斜石门研究会、陕西省汉中市博物馆《石门汉魏十三品》附图，陕西人民美术出版社，1988年。

〔14〕 （清）滕天绶修、和盐鼎纂《汉南郡志》卷之三。

〔15〕 陶喻之《南宋褒斜石门题名蜀人事迹考》，《四川文物》1990年第1期。

〔16〕 （清）陆增详《八琼室金石补正》卷一百十《石门题刻廿七段》，文物出版社，1985年。

〔17〕 陶喻之《南宋安丙有关石刻索隐》，《四川文物》1998年第3期。

第四章

如猱升木辨文字：
访碑椎拓的金石蜀道

丁酉（2017）岁末，随着西成（西安到成都）高铁的开通，与蜀道相关的话题明显多了起来。就金石学暨书法艺术而言，蜀道堪称摩崖石刻书法之路；像汉中的《大开通》、"汉三颂"等，即记录着古代蜀道辟路架桥的沧桑历史。而两宋金石学的兴起与清代金石学的复兴，都与当时学人的古文字考据和书法传习取向有关。

笔者不敏，也曾涉足蜀道石刻探讨。近年曾策划由上海书店出版社推出原色彩印碑学书家曾熙跋何绍基临《石门颂》、（图4-1）组织三地联袂在苏州碑刻博物馆举办晚清金石学家吴大澂陕甘访碑拓片展，（图4-2）还曾偕吴大澂五世孙吴元京先生等金石爱好者重走吴大澂访碑之路。（图4-3）几件事情做下来，问题来了：清代毕沅、王昶、刘喜海乃至何绍基、张之洞等众多曾踏上过蜀道的金石学人，何以唯有吴大澂实现了石门访碑，他人均与石门失之交臂呢？带着这个疑问，笔者在赴汉中出席蜀道历史文化暨申遗研讨会后，造访了资深蜀道石刻研究专家、汉中市

图4-1　曾熙跋何绍基临《石门颂》书影

吴 大澂 1835-1902 原名大淳 因避穆宗讳改名大澂 字清卿 又字
止敬 号恒轩、白云山樵 晚号愙斋。江苏
吴县 今江苏苏州 人。吴大澂像、书影 清同治七年 1868 进士 授翰林院
庶士 历任陕甘学政、广东巡抚、河东河道总督、湖南巡抚等职。吴大澂是晚清著
名的金石学家、书画家 精鉴别 喜收藏 尤能审释古文奇字。著《说文古籀补》、
《古字说》、《恒轩吉金录》、《愙斋集古录》等。

大吴大澂一生酷好收藏文物古董 即使公务繁忙 戎马倥偬亦 从未间断。同治
十二年 1873 八月 三十九岁的吴大澂出任陕甘学政 先生按学之余 不遗余力
搜拓鉴藏秦陇金石古器 所获颇丰。清同治十三年 1874 秋 吴大澂视学陕南汉
中 今陕西汉中市 道出褒城 亲访石门汉魏刻石 著《石门访碑记》手校《石门
铭》摩崖。次年岁末 补试阶州 今甘肃陇南市 途经成 县鱼窍峡 亲访《西狭颂》、《五瑞图》石刻。

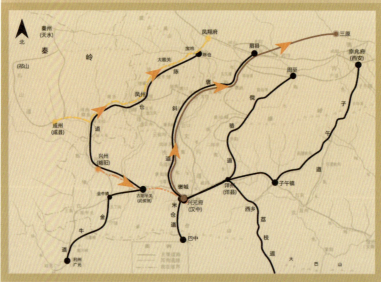

栈道分布与吴大澂访碑示意图

同治年行旅
同治十二年 1873 八月初一接旨 十月到任。赴乾州、凤翔二属 岁暮回署。
十三年二月按试同州 回三原。秋 接考西安本棚。
四月 按试北山延安、榆林、绥德各属 岁科并考。红石峡有摩崖。
八月十三日启程 赴汉中、兴安二府 接考商州 岁科并考。十二月廿四日返回途中 皇帝笃崩。

光绪元年行旅
正月廿六日 出棚赴甘 先考庆阳 次泾州、平凉、固原各属 有岐嵎山、三关口石刻
三月十八日从平凉赴宁夏 再至凉州、甘州、肃州、安西州各属 有安西颂。
五月 则赴考西宁 回兰州 六月考毕。
七月初三 由兰州返回西安。
十月 补试甘肃巩、秦、阶三属 岁科并考 考察成县石刻。

光绪二年行旅
二月 赴同州按试科试生童各场。
三月初三 接考本棚。
四月初四 按考凤翔 次及乾、邠二州。
冬月 启程南下 腊月至汉阳。

图 例
—— 同治年
—— 光绪元年
—— 光绪二年
—— 古栈道

吴大澂秦陇访古的相关细节 多见于吴大澂与
山东潍县陈介祺 1813-1884 字寿卿 号簠斋
"甲骨文之父"王懿荣 1845-1900 字正孺 一
字廉生 三人间的书札尺牍中。谢国桢《吴陈两
家尺牍编年表·序》云 "愙斋同治戊辰通籍自癸酉
视学三秦后即与簠斋通函 辟递往还 或一月而散
发 或半岁而始达 长篇累牍至数万言而不休 凡
平生历耳经目验之事、金石文字之学 无不与尺牍
中见之。"

图 4-2 苏州碑刻博物馆"金石为开：吴大澂陕甘访碑拓片特展"展版

图 4-3　笔者于汉中蜀道石刻艺术博物馆向吴大澂五世孙吴元京先生赠送复刻吴大澂《石门访碑记》拓片

图 4-4　汉中市博物馆副馆长、汉台区书法家协会主席王景元《半耕堂文辑》书影

博物馆郭荣章老馆长和汉中市汉台区书协王景元主席,二位正是《中国书法》杂志"褒斜道石门十三品摩崖特辑"特邀作者和上海博物馆教育部组织拍摄的"碑帖远程教育"专题片讲解专家,他们不约而同建议我踏勘向往已久而迄未成行的褒城故址,以及蜀道干线——褒斜道石门隧道上方鸡头关七盘岭古道和业已整修开发的新石门景区,必定会有所收获。

关于新石门,其实我并不陌生。记得 10 多年前,为落实 20 世纪 30 年代曾主持修建宝鸡至汉中公路而保护古石门及其内外摩崖的公路建设先驱张佐周先生安葬石门的遗愿,我曾为之奔走略尽绵薄;可当初位于石门水库坝前泄洪孔下的新石门第一洞尚属游人禁区,其现状的确有待考察。同行三位均乃当今汉中书坛名家,汉台区书协王景元主席与我神交最久,其《半耕堂文辑》即由我作序;(图 4-4)汉中市博物馆原副馆长王大中老师早年曾求学褒城,熟悉当地风土人情;汉台区文联马俊惠主席驾车,载着我们北出汉中 30 里,驶过褒河大桥,抵达河西原褒城县南门位置,适才一路驶过的沃野平川汉中盆地,至此变换为连城山脚。

褒城是那个春秋时一笑亡国的冷美人褒姒的故里,亦古往今来往返秦蜀的必经之地,素有"天下第一大驿"之誉,也见证过无数南来北往的蜀道风云人物。远者如"独游千里外……褒城闻曙鸡"的唐代诗人沈佺期,近者如抗战时期撰有入蜀游记《锦帆集》的散文名家黄裳;而我则慕循先贤足迹,来褒城仿古踏勘。

图 4-5 汉中褒城北门城楼墙，张佐周先生拍摄于 20 世纪 30 年代中期

图 4-6 褒城以北鸡头关黄石宫

褒城这座当地人口中"县太爷打板子，一城皆惊"的蕞尔古县，是京剧《奇双会》（即《贩马记》，又名《褒城狱》）、《萧何月下追韩信》《夕照祁山》及《曹操与杨修》等原型故事的发生地；如此多戏曲取材于此，自然令我对此"有戏的地方"刮目相看。尽管眼下早已没了黄裳曾登临过的 80 多年前公路建设先驱张佐周所摄老照片中的北城楼了，（图 4-5）可寻常巷陌、斜阳草树的旧时气息依稀可辨；如若精准规划复原，是不难打造成积淀深厚、富有故事的特色小镇的。（图 4-6）

大中老师引我等出北街徒步上坡，沿着两山夹峙的连城山东侧褒河谷口深入，就是史上开凿最早、里程最长、沿用最久、名气最大的蜀道干线——褒斜道了。鉴于古道遇崖接以栈阁、临河架桥飞渡的营造规律，脚下的土石碥路大抵古今无别；（图 4-7）但唐宋道路大幅抬升，有路高入云之势，故明清褒斜道俗称"连云栈"，似乎就取画坛"明四家"之一唐寅的题蜀道画诗"栈道连云势欲倾"之意境。而汉代栈道和民国所修公路的路面基本持平，反倒位于山脚褒河水线以上位置。这样的道路落差，若是明清人行旅，更易产生太白《送友人入蜀》诗"山从人面起，云傍马头生"的惊险感。著有《汉石存目》，与吴大澂、徐郙等金石学家交游密切的"甲骨之父"王懿荣（1845—1900）于光绪四年（1878）入蜀省亲时（其父王祖源时任川北龙安知府）曾过此，在致近代藏书家、版本目录学家和金石学家缪荃孙（1844—1919）的书札中，他对当时的经历有刻骨铭心的记忆："所

图 4-7　上：褒城北褒谷口鸡头关连云栈石碥路
　　　　中：鸡头关黄石宫甬道两侧清代行旅祈求旅途平安的碑刻
　　　　下：鸡头关东侧山下褒河暨石门水库大坝，古石门位于坝西水下

图 4-8　吴大澂拓工张懋功后人张金城椎拓石门南口外山崖间南宋《山河堰落成记》摩崖场景。张佐周先生拍摄于 20 世纪 30 年代

历山川,大非北人所耐,孩辈过鸡头关,恐惧叫号,弟亦求死不得。褒斜一带,古刻虽近,无心走访,甚为扫兴!"清代金石学家几乎全无缘造访石门,均因一到此处,发现"居高临下"而"走投无路",无奈只得裹足不前。之前大中老师由鸡头关顶降至石门开展文物普查,就一路披荆斩棘、大费周章。当年身为陕甘学政的吴大澂因得熟稔山川环境的地方官罗秀书和独享石门金石资源的拓工张懋功之接应,走捷径渡河而西,才登门入洞,终于遂了古今绝大多数金石学家不克与石门内外摩崖原址零距离接触的夙愿。吴大澂《石门访碑记》提及的渡河前曾于雪夜留宿的拓工张氏的茅屋,位于今石门水库大坝河东位置,现已为水所淹;幸有张佐老早年拍摄的新石门首洞老照片,从中可窥见一斑。张老并留下了那张令人难忘的张懋功传人登高椎拓南宋《山河堰落成记》摩崖的工匠背影。(图 4-8)

图 4-9　2016 年 4 月下旬，笔者在汉中新石门向张佐周先生墓地敬献瓣香

相比攀登河西鸡头关古道，始建于抗战前夕的川陕公路暨新石门自然好走多了。后者是以赵祖康、张佐周为首的有识先贤，为保护我国乃至世界上最早的人工开凿双车道隧洞——古石门及其内外摩崖和栈道遗迹，不惜增加工程成本，将原选线河西公路改道架设鸡头关铁桥迁回河东，在石虎峰下新开 3 孔公路隧洞，终于使石门古迹得以完好保存，这才有了 20 世纪 60 年代其名列首批国家重点保护文物之幸。然而让人扼腕的是，"文革"中石门遗址仍未能幸免当头筑坝蓄水、仅抢救出 13 方石刻的毁灭性灾难。为此，我曾在《蜀道文化遗产保护纪实》开篇，将石门故址喻为文物保护功德碑、警世牌与破坏耻辱柱并存的现场；并倡议此地应当成为开展文物保护教育的遗址公园。

此番再度来到陕西省作家协会副主席王蓬先生报告文学《功在千秋》的主人公、曾致力于保护蜀道石门文物的先贤张佐老墓前敬献瓣香，（图 4-9）目睹由他打造的曾庇佑过民族文明，包括故宫文物南迁和无数抗战物资及仁人志士通过过的川陕公路新石门连环三洞已整修如旧，成为有历史温度和纪念意义的文化景点；（图 4-10）以及叶恭绰、于右任、赵祖康等晚近名流的摩崖留题重见天日，（图 4-11）自然为之高兴不已！鉴于新石门首洞长度近于古石门，所以我相当赞同有识之士在此仿造古石门内外摩崖石刻的动议，这也是金石书法学界不忘初心的应有之举。

以下言归正传，重点探讨自唐以降古今金石学家关于蜀道摩崖石刻的论述，也即蜀道访碑、传拓和研究的历史。

图 4-10　2016 年修缮开放中的西安（宝鸡）至汉中公路汉中石门景区东部民国年间所凿新石门隧道段

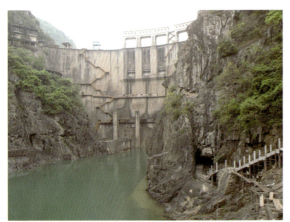

图 4-11　汉中石门景区民国年间开凿的新石门隧道暨洞口上方赵祖康 1936 年所书新石门摩崖题刻

第一节　唐代杂文家孙樵的蜀道之旅与金石学之滥觞

中国古代的金石学究竟出现于什么时候，学术界尚无定论。有学者主张始于东汉著名文学、书法家，官至左中郎将而人称"蔡中郎"的蔡邕（133—192），因其曾上奏请求校订六经，得到汉灵帝诏许，于熹平四年（175）到至和六年（183）的9年间，在东都洛阳太学门前树立46方石经碑，刊刻文字近20万，引得四方学子蜂拥而至观摩抄写，车辆日集千辆以上，交通为之阻塞。在此竞相传抄的队伍当中，应该不排除有对石经碑刻予以取拓学习其文本乃至书法的特殊阶层；古代众多书法名家，包括三国蜀汉丞相诸葛亮（181—234）的隶书《玄莫帖》，均取法《熹平石经》，或即得益于学人之间有传拓本流传、足供临摹传习。况且从金石学入门必备的传拓工具而言，笔墨纸砚等文房用品到东汉中后期时，业已发明并普及应用，只不过公元2世纪取拓的拓本资料，目前尚未见传世实物罢了。

一般来说，北宋欧阳修《集古录》和赵明诚《金石录》的问世，才是金石学形成的重要标志；而稍后涌现的一系列金石学著作，如洪适《隶释》《隶续》和娄机《汉隶字源》等，则是金石学迈向成熟和兴盛的象征。不过，蜀道沿线记录蜀道开通建设的相关石刻资料，其中作为蜀道金石学的滥觞，似乎要略微领先一步。在这方面，以杂文著称、多次往返蜀道的唐末文学家孙樵，堪称蜀道金石学探索研究的先行者。

在褒谷石门的褒河上游、陕西省留坝县江口镇以北15里柘栗园乡锅厂村附近红岩河一侧依山傍水的山腰处，有原汉晋时期修造褒斜栈道凿留的48个栈孔，当地因之俗称此处为"四十八窟窿"。在这些栈孔山崖上方，早先有汉中地区唯一一方西晋关于修褒斜栈道的摩崖石刻；这方摩崖石刻于 1971 年当地筑路时被湮没。或云被炸成数段，但字未受损，只是被埋入河滩卵石堆中而已；或云摩崖位置较公路低，被掩在路基之下了[3]。

由于这方摩崖石刻位于秦岭腹地自唐以后长期被废弃的汉晋褒斜道旁，一直鲜为人知，唯偶涉此地者方能得窥一斑；关于其最早的著录，见于唐末曾涉足这段蜀道的孙樵的《兴元新路记》。孙记唐碑旧在褒城汉隐士郑子真祠内，后亦佚。[4] 宋蜀刻本《孙可之文集》卷四《兴元新路记》略曰："（自鸣崖）又行十五里，至二十四孔阁（自注：古阁名也）。阁上岩甚奇，有石刻，其刻云：褒中典阁主簿王颥、汉中郡道阁县掾马甫、汉中郡比部督邮迥通、都匠中郎将王胡、典知二县匠卫绩教、蒲池石佐张梓等百二十人，匠张羌教、褒中石佐泉彊等百四十人，阁道教习常民学川石等三人（自注：一本作川五人），凡七十字，其侧则曰：太康元年正月二十九日。案其刻乃晋武平吴时，盖晋由此路耳。"

自孙樵之后，南宋王象之《舆地碑记目》卷四《兴元府碑记》及清罗秀书、万方田《褒谷古迹辑略》，虽然对这方摩崖石刻亦有记录，但他们既未寓目该摩崖拓本，又未赴实地考察，因此引录孙樵《兴元新路记》不尽完备，多有舛错。如王象之既冠碑目为《兴元新路记》，自注又引用这方摩崖石刻纪年文字及孙樵案语，几乎把晋刻、唐碑误合一体。罗秀书等虽然怀疑这方摩崖石刻"在西江口北白云驿南，问之，无人知者"，遂罢；并且他们引用孙樵所记颇为粗率，文字既有阙略，又颇多讹误，如将太康修栈道摩崖误为泰康修栈道碑等。

1964 年，《文物》第 11 期载陕西省文物管理委员会、陕西省博物馆陕南工作组《褒斜道连云栈南段调查简报》，首次将在陕西省城固县政协所见 1932 年椎拓的这方摩崖石刻拓本公之于世，人们方得一睹其庐山真面目。（图 4-12）

图4-12 原位于陕西留坝县东北褒斜谷口的西晋太康元年（280）《修褒斜栈道记》摩崖石刻，今已毁，拓片原存陕西省文物管理委员会

这方西晋太康元年《修褒斜栈道记》摩崖石刻系隶书，尺寸不详。据作者著录释文为：

> 汉褒中典阁主簿王颙字休谐
> 汉褒中典阁主簿周都字令业
> 汉中郡道阁府掾马肯字叔郡
> 汉中郡比部督邮迥通字叔达
> 都匠中郎将王胡字仲良典知二县
> 匠卫续教蒲池石佐张择等百廿人
> 匠张羌教褒中石佐泉疆等百卅人
> 治余谷阁道教习常学川□□□□
> 等三人诣汉中郡受节（下阙）
> 征西府遣匠（下阙）

因为有这方摩崖石刻的拓本照片公布，使人们既有幸领略石刻的面貌，而且还可以与孙樵《兴元新路记》的记录相校雠。

首先，由于后世著录者没有亲履其地不知其详，故均以孙樵所记为依据。但对照拓本文字可知，孙樵《兴元新路记》的记录并不完整，他也只是依照当时所见的两种记载加以转录而已。[5]根据今存拓本照片统计，这方摩崖石刻共计114字，而孙樵仅记录了79字，但称"凡七十字"，少录了35字。如人物表字悉数省略未录；第二行"褒中典阁主簿周都字令业"只字未录；第三行"府掾"误为"县掾"；第六行"匠卫续"的"续"字误为"绩"字、"张择"之"择"误为"梓"字；第八行"治余谷阁道教习常学川"等约14字中的11字清晰可辨，而孙樵却作"阁道教习常民学川石"9字，前阙"治斜谷"3字，后漏约两个字；第九行仅录"等三人"3字，"诣汉中郡受节"诸字阙漏；第十行"征西府遣匠"等只字未录。另外还需要说明的是，对照拓本照片不难发现，《文物》1964年第11期《褒斜道连云栈南段调查简报》对该拓本的释文也有个别错误，如第一、第二行第一个字原本模糊不清，均被加上"汉"字；第三行"甫"字被添上三点水成"浦"字；第八行"治余谷阁道教习常学川"阙漏"民"字。

其次，孙樵《兴元新路记》记录这方摩崖石刻时用左行文，而拓本照片显示为右行文。按：1912年耶稣会司铎、上海人张璜用法文撰著的《梁代陵墓考》提到东汉、萧梁及北宋等几个历史时期，确有极为罕见的碣文、墓碑使用左行文写法。[6]但就这方摩崖石刻的内容而言，显然自右而左行文通畅连贯。因为依据各行文字字数推考，这方摩崖石刻第七、八两行满行全为12个字；前六行中，虽然第一、二、三行因岩石受损而字数不详，但依照第四、五、六行均是14字分析，前三行应当也都是满行14字。而第一行"征西府遣匠"后面恰好阙佚9个字，料系3名工匠的姓名，这样第二行"等三人诣汉中郡受节"文理方通。另外，从等级森严的封建职官制度上考察，当时品秩在汉中郡之下的褒城县吏，也不可能违反体制而名列郡长之前。

关于这一问题，该拓本原收藏者、民国二十七年（1938）汉中城固县志委员会主任张叔亮先生（1890—1967）其实已注意到了，他于拓本右侧因摩崖岩面受损而导致的空白处跋曰：《孙可之文集》"中载此摩崖，文字错讹不能句读，得此拓片，可订"其谬。张先生的分析是正确的，其跋语应系针对孙樵所录文序有误而言。

至于孙樵何以会有颠倒文序之误，迄今还是个不解之谜。汉中市博物馆郭荣章先生曾经认为，孙樵虽系唐末博学之士，但作为封建社会的士大夫，他未必会躬亲涉险前往蜀道仿古；这方摩崖石刻的拓制或录文，恐怕是其遣人所为，被遣者敷衍以交差，遂致出现诸多舛误。[7] 笔者赞同郭先生的推断。根据孙樵《兴元新路记》记录这方摩崖石刻"阁道教习常民学川石等三人"一句的自注"一本作川五人"分析，当时对这方摩崖石刻曾有两种录文；也就是说，孙樵当时可能嘱咐两位随从分别对这方摩崖石刻加以抄录，[8] 但从《兴元新路记》来看，显然他没有对差役的录文与原石进行细致的校勘，因此既有文字阙漏，又使文序失次。而后世著录者或鲜有一睹原石与拓本，无法比较考订，始终未察其谬；或盲目信古，因袭《兴元新路记》里的左文记录，《褒斜道连云栈南段调查简报》即属这种情况。幸而拓本照片尚在，可资校订勘误。现依这方摩崖石刻的本来面目迻录如下：

  征西府遣将（下阙）
  等三人诣汉中郡受节（下阙）
  治余谷阁道教习常民学川（下阙）
  匠张羌教褒中石佐泉彊等百卅人
  匠卫续教蒲池石佐张择等百廿人

都匠中郎将王胡字仲良典知二县
汉中郡比部督邮迥通字叔达
汉中郡道阁府掾马甫字叔郡
□褒中典阁主簿周都字令业
□褒□典阁主簿王颐字休谐

值得一提的是，尽管孙樵《兴元新路记》对这方摩崖石刻的大致记录，与今存拓本比较显得不够完整，但还是保留了不见于今存拓本的可资考证这方摩崖石刻题刻时代的关键信息。今拓本中"太康元年正月二十九日"10个纪年文字之所以不存，恐怕是由于岩石风化或苔藓封蚀，以至于无从椎拓的缘故。

再次，孙樵《兴元新路记》记录这方摩崖石刻，有按语说晋武帝平吴时由褒斜道进军、遂有修栈之举云云，学界对此颇不以为然。因为晋武帝伐吴始于太康元年之前的咸宁五年（279）十一月，当时西晋建都洛阳，诸路征伐大军屯驻点分别在今四川省奉节、湖北省襄樊、河南省许昌、安徽省寿县和江苏省徐州等地。不论是从中原还是从关中、川东、河北出兵，都不必舍近求远绕道相距千里的褒斜栈道。况且太康元年（280）二月，伐吴晋兵已分别攻下东吴境内长江中游的宜昌、江陵、武昌，三月间又乘胜迫近东吴国都建业，兵临城下。因此，太康元年正月征西府遣匠督工整修褒斜栈道，显然不是为了引兵东向，而是为了加强西晋首都洛阳与汉中和四川等地的联系、改善蜀道交通状况，以便巩固西晋对这些地区的统治。[9]

我认为孙樵按语过分强调晋兵因取道汉中出击东吴、遂有修栈之举自然不足取，但太康初征西府修理栈道，以自北方运送军用物资或调兵遣将会师川东、浮江东下进攻东吴仍不无可能，而且与史实并不抵牾。按，晋武帝将有灭吴之志，屡与大臣羊祜相筹划。咸宁初年，征益州刺史王濬为大司农，祜知其可任，因上表留濬监梁、益诸军事，加龙骧将军，密令造舟楫，为顺流之计。同时他又上疏，认为"大晋兵众，多于前世；资储器械，盛于往时。……今若引梁、益之兵水陆俱下……巴、汉奇兵出其空虚……军不逾时，克可必矣。"梁、益即梁州（治在今陕西省汉中市）、益州（今四川省成都一带）；巴、汉即梁州的巴东郡、巴郡与汉中地区。根据这些记载，足见西晋灭吴主力集中在川东、陕南，所谓"伐吴必借上流之势"[10]。"太康元年正月，濬发自成都"[11]，恰值此时，征西府派遣工匠修治褒斜栈道，显然是王濬遵羊祜遗嘱，实施引梁、益之兵水陆并下的战略部署，以确保关中、洛阳军需物资经褒科栈顺畅运抵梁、益二州，并加强首都洛阳对临阵待发部队的指挥调遣而采取的一项应急措施。正因为王濬率梁、益之师灭吴有功，所以同年二月晋武帝下诏继续任命他"都督益、梁二州诸军事"[12]。

总之，孙樵《兴元新路记》虽然是以蜀道旅行者的身份、凭兴趣对途中偶然发现的西晋蜀道摩崖石刻予以关注并记录在案，并非刻意为之，但却在无意之中成了早期金石学的拓荒者，并且开启了后世特别是两宋蜀道金石学的踏勘、传拓与考鉴；这个结果，恐怕是身为杂文家的孙樵所不曾料及的。

第二节　仿刻与补刻：宋、明对蜀道石刻不同方式的保护传承及其效果

弁言

东汉建宁四年（171）的《西狭颂》（额作"惠安西表"）、建宁五年（172）的《郙阁颂》（图4-13）以及稍前的建和二年（148）的《石门颂》（额作"故司隶校尉楗为杨君颂"），（图4-14）系时代相近、地域相邻（同处陇南、陕南秦岭山区）、内容相关（共同记述、颂扬蜀道交通工程的主持者及维修者）的蜀道摩崖石刻，世称"汉三颂"。其中《西狭颂》《郙阁颂》歌颂的主人公均为武都郡太守李翕；《郙阁颂》谓"嘉念高帝（笔者按：指汉高祖刘邦）之开石门"，与《石门颂》之"高祖受命，兴于汉中；道由子午，出散入秦"意思关联。

在此三颂当中，对《郙阁颂》的关注与研究，自两宋起即领先于其他两颂。既迭见文人墨客题咏、金石学家记录；且南宋和明代后期还有异地仿刻及增补之举，此视其他两颂均属特例。如果说《郙阁颂》原拓在两宋时期流传甚广，乃得益于其位于蜀道捷径的地利优势；那么其后的续刻之举，则实出于无奈。因该摩崖遭受自然、人为双重破坏由来已久，属于汉三颂中受损最严重者。职此之故，早在南宋绍定三年（1230），《郙阁颂》所在地沔州（今陕西略阳）知州田克仁，即以得自江苏镇江的《郙阁颂》旧拓本，重新勒诸略阳城南灵岩寺之崖间，以祈传之后世。明万历后期，略阳知县申如埙又有重刻举措。

值得一提的是，上述宋、明地方官的续刻，其价值取向迥异。宋人好古，

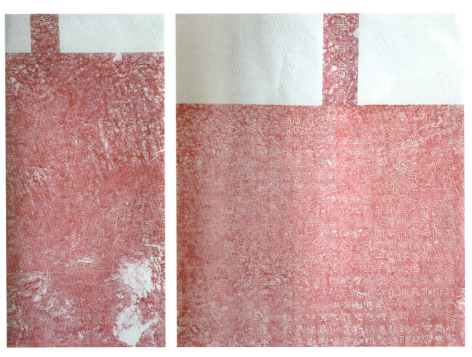

图 4-13　甘肃成县东汉建宁四年（171）《西狭颂》摩崖拓片

图 4-14　陕西汉中褒谷石门东汉建和二年（148）《石门颂》摩崖

旨在留存古迹，薪火传人；而明人则好事悬猜、添足掠美，所谓"重刻"，即非尽然忠于原石。由此体现了古人对待原刻截然不同的态度。

一、《郙阁颂》原、仿、补刻之厘定

（一）东汉《郙阁颂》原刻

东汉《郙阁颂》原刻，位于陕西略阳县城西北 20 余里嘉陵江西岸距江面高约 8 米的山崖间，坐西面江，上下舟楫尽收眼底，就此可见东汉树碑立传者选址之用意，显然是出于昭示南来北往之蜀栈行旅，勿忘前人架桥铺路功德。此举用心虽苦，但就石刻保护而言，此处却非摩崖之最佳位置。因石刻突兀岸崖拐角，既遭日晒雨淋之蚀，更长期为逆水行舟之纤索勒绊磨损。

据《后汉书》卷五十八《虞诩传》记载，早在《郙阁颂》原刻落成逾半世纪前，摩崖所颂之主人公——武都太守李翕的前任虞诩，即"案行川谷，自沮（笔者按：即今陕西略阳）至下辩（笔者按：即今甘肃成县），数十里中，皆烧石翦木，开漕船道，以人僦直雇借佣者，于是水运通利"，嘉陵江航运为之畅通。自东汉迄宋约 800 年间，原刻受上水船只之纤索磨泐毋庸置疑，故北宋欧阳修《集古录跋尾》卷三《后汉析里桥郙阁颂》摘录其文字时已有局部残缺，如"减西□□高阁"自注："阙二字。"至于《集古录跋尾》谓《郙阁颂》"乃作颂曰，颂后有诗，皆磨灭不完"云云，更是北宋中期此摩崖原刻左上角文字斑驳不全的佐证。

迨宋室南渡，嘉陵江上游又成为宋金对峙的战略要地。为防金兵突破秦岭防线入蜀南下、保证前方军需物资储备供应，当年嘉陵江上粮船樯橹如林。时四川宣抚副使郑刚中在其《北山文集》卷十三《思耕亭记》中即曰：

图 4-15　东汉《郙阁颂》摩崖左上部受嘉陵江逆水行舟之纤绳勒损的崖面　　图 4-16　由原址凿迁略阳灵岩寺的东汉《郙阁颂》摩崖原刻

"回视渔关（笔者按：即原刻原址上游），不知其高几里，皆终岁漕饷之所浮，水既不得平流，皆因地而浅深，自滟滪逆数至渔关之药水，号名滩者六百有奇，石之虎伏兽奔者，又崎岖杂乱于诸滩之间。米舟相衔，且尽犯险，率破大竹为百丈之篾缆，有力者十百为群，皆负而进，滩怒水激，号呼相应。"[13]

不难想象，牵挽源源不断溯江输送军械、粮饷的漕运的纤索，使《郙阁颂》原刻日复一日遭受磨蚀，崖面于原有受损坏基础上进一步恶化。故南宋洪适《隶释》著录时又现大量缺损，尤其隶额"析里桥郙阁颂"两行6字和崖面左上角刻字已剥落大半[14]，损毁较北宋更甚。

类似的自然与人为破坏，自南宋以降一直持续到20世纪中叶宝成（宝鸡至成都）铁路开通、嘉陵江航运彻底衰落之后。在这800多年间，南宋洪适著录及稍后田克仁仿刻时尚见存字的原刻右下部分崖面也陆续遭受蚀创，出现大片不规则的圆形剥蚀；左侧及上部纤索泐痕达7道之多。（图4-15）20世纪70年代后期，因原址修筑公路，原刻遭人为爆破严重受损,自崖间剥离仆地,几"粉身碎骨","残"不忍睹。幸为地方有识之士搜集抢救,伤痕累累之原刻残石,始被异地安置于略阳城南 7 里嘉陵江东岸的灵岩寺,复原粘接镶嵌于前洞崖间,与南宋及明代续刻于灵岩寺壁间的《郙阁颂》摩崖近在咫尺。（图 4-16）

（二）南宋《郙阁颂》仿刻

关于南宋绍定三年续刻《郙阁颂》的原因,在此摩崖近旁一侧,有一方田克仁记述相关动议始末的楷书题刻交待甚明:

> 汉武都太守李翕修析里\郙阁碑,在今沔州西二十\里之金堂阁。岁久昏蚀,殆不可读。克仁开禧间得旧\墨本于京口,勘之欧阳公\《集古录》、洪氏《隶释》及郡志\所载,亡缺差少。来守斯邦\,因勒诸灵岩寺之石壁,以\永其传。绍定三年五月既\望,临沂田克仁书。（图4-17）

由田氏所记原刻"岁久昏蚀,殆不可读"可知,南宋后期,《郙阁颂》摩崖原刻剥落愈演愈烈,岌岌可危;就连《隶释》著录时尚残存的左上角 12 字,和正文后 5 行东汉纪年、撰书者落款也均丧失殆尽[15]。有鉴于此,为尽可能保存在两宋金石学界极有影响的这方汉代摩崖的旧貌,有金石癖好且曾于开禧年间（1205—1207）得旧拓本于京口的田氏,因绍定年间（1228—1233）恰司职于《郙阁颂》原刻所在地沔州,遂以旧拓本为据异地勒石于沔州城南名胜灵岩寺壁间,以广其传。（图 4-18）其时,原刻与续刻北南、西东（隔嘉陵江）方位相距约 30 里之遥。

对于南宋后期异地续刻的摩崖,后世金石学论著多冠以"重刻"之名。其实,除明代万历年间申氏所刻确有"知县申如埙重刻"7 字题款外,田

图 4-17　陕西略阳灵岩寺南宋田克仁复刻东汉《郙阁颂》缘起摩崖　　　图 4-18　陕西略阳灵岩寺南宋田克仁仿刻东汉《郙阁颂》摩崖拓本

氏本人并无类似自陈。今原刻已因受损严重而自原址南迁，与灵岩寺壁间的南宋续刻摩崖几同地而立，相距仅一箭之遥，可以就近比照校勘；而田氏之续刻，似宜有更为精当的定名。

　　按：所谓"重刻"（重新刻石）者，仔细推敲有如下情形：其一是原刻、原拓均毁，遂不囿于原刻大小形制，甚至不再严格按照原先书体，仅依文本记录重新上石者；其二是原刻尚存而据旧拓或初拓原貌，重新照旧（尺寸、书法乃至石花）刻石、力求纤毫不爽的"翻刻"；第三种是以原拓为参考并尽量按其书法、样式重新模刻，以求相仿佛的"仿刻"。以此标准衡量田氏所刻，似乎不能简单定为"重刻"，当按具体情况区别审视。

　　田氏题记已说明，其所刻以得之京口的"旧墨本"并"勘之欧阳公《集古录》、洪氏《隶释》及郡志所载"为据；而《隶释》之著录系目前所知最接近原刻完整内容者。田氏续刻文本存字既与《隶释》著录大体一致（《隶释》著录左上角 12 字及正文后 5 行款识为田刻所无），田氏题记亦谓经校勘发觉"亡缺差少"，说明其所据开禧年间得之京口的"旧墨本"，并非存字完整无缺，亦非较《隶释》存字更多的"初拓本"或"绝旧拓本"。故谛审续刻动机、形式、内容及其书法，结论是其既非反映原刻全貌与原貌的重新刻石，亦非原刻已完全湮没而以拓本为据的重新刻石，更非翻刻以取代原刻的重新刻石。

结合题记深忧原刻消亡而希望以续刻保存其当时面貌的"立此存照"意图，以及与原刻基本接近的摩崖形制、尺寸[16]，取法原刻的篇章布局，两者书法、刻工区别显著诸特征综合分析，此南宋绍定年间的续刻，当定义为据南宋开禧年间所得原刻旧拓本重新模刻的仿刻。尤为明显者，田氏仿效原刻左上角崖面磨泐崩塌而斑驳的特征，在模刻时也将此泾渭分明的标志性斜向裂痕石花及残缺崖面予以一并仿造，因此使绍定年间的仿刻愈加接近稍前于开禧年间的原刻面目。但值得提醒和注意的是，今见仿刻摩崖左上角崖面微凹处，另有逐字填补现象；考其书体字迹，显非田氏手笔，当系明万历年间申氏笔迹，因"知县申如埙重刻"7字款识显而易见。

（三）明代《郙阁颂》补刻

《郙阁颂》明代续刻因有题款，故不明真相者有"申如埙重刻"[17]、"翻刻"[18]之说。其实，此皆因未亲临现场踏勘而仅据拓本，致为申氏所误导，事实并非如申氏所标榜。田氏仿刻与所谓申氏"重刻"实系同一摩崖。谛审崖面两者书迹，仿刻占绝大部分，而所谓"重刻"者，仅为崖面左上角本属田氏遵重原刻残缺之实而保留的空白部分，故申氏所谓"重刻"，无非填空"补刻"而已。关于这一点，清陈奕禧《金石遗文录》所言极是："申如埙补刻其缺处，非重刻也。笔画妍媸，所不待言，若然自题'重刻'者，下字冒昧之失也。余恐世人不辨，以为近代翻摹，是诚有害旧迹，故特为详著之。"[19]

另外，雅好碑版的申氏后任、清嘉庆二十年（1815）略阳县令王森文于其所著《石门碑醳·郙阁铭摩岩碑考》中所见略同，（图4-19）因其曾

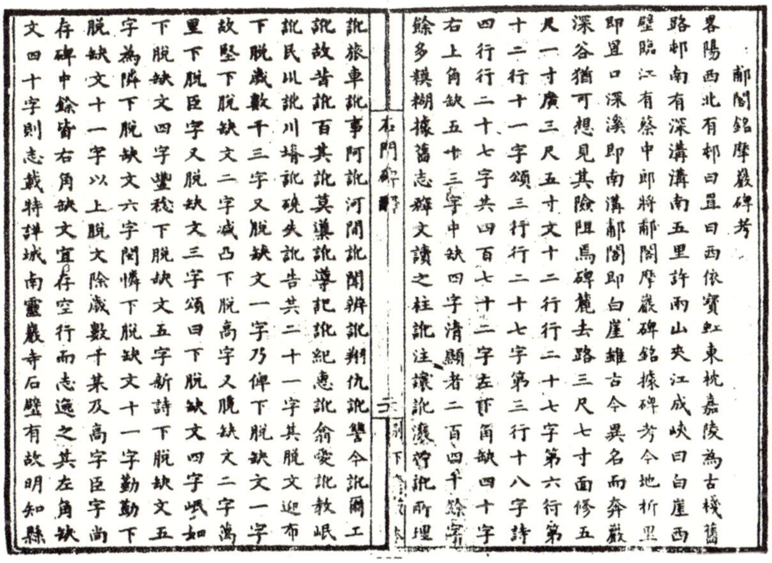
郙閣銘摩巖碑考
畧陽西北有郙曰畳曰西依寶虹東枕嘉陵為古棧舊
路郙南有深溝溝南五里許兩山夾江成峽曰白崖西
壁臨江有蔡中郎將郙閣摩巖碑銘據碑考今地析里
即畳口深溪即南溝郙閣即白崖雖古今異名而奔巖
深谷猶可想見其險阻馬碑麓去路三尺七寸面修五
尺一寸廣三尺五寸文十二行行二十七字第六行第
十二行十一字頌三行行二十七字第三行十八字詩
四行行二十七字共四百七十二字左下角缺四十字
右上角缺五十三字中缺四字清顯者二百四十餘字
餘多模糊據舊志辨文讀之柱訛注壞訛瀤[illegible]訛所理
訛旅車訛事阿訛河閣訛閣辨訛判仇訛讐今訛爾工
訛故皆訛百其訛莫漢訛導把訛紀惠訛俞愛訛教岷
訛民川訛川堵訛硤失訛告共二十一字其脫文迎布
下脫歲數千三字又脫缺文一字乃俾下脫缺文一字
故堅下脫缺文二字減凸下脫高字又脫缺文二字蕩
里下脫臣字又脫缺文三字頌曰下脫缺文四字岷如
下脫缺文四字豐稔下脫缺文五字新詩下脫缺文五
字為隣下脫缺文六字閻憐下脫缺文十一字勤勤下
脫缺文十一字以上脫文除歲數千某及高字臣字尚
存碑中餘皆右角缺文宜存空行而志逸之其左角缺
文四十字則志載特詳城南靈巖寺石壁有故明知縣

图 4-19　清王森文《石门碑醳·郙阁铭摩岩碑考》书影

亲赴实地调查，故其说更为可靠权威：

> 今石壁所刻末行，书“知县申如埙重刻”，存田记文，而不言所以重刻之故。一碑二名，益滋疑异。今夏偶过灵岩，摩挲石壁，察其形状。田碑毗连大碑，左角石面，粗加修治，尚存凸凹旧形。大碑凿治，视田碑深，七八分及三四分不等。磨荡极平，间有残缺，亦有意雕刻，非剥蚀自然之形。揆度事理，盖田刻残缺，申君磨去旧迹，复就原碑刻石，以存旧文而未记明其故，以致易滋后人之惑也。[20]

按理申氏补刻既旨在留存旧文，本当严格遵循原刻书体，至少应与仿刻书体近似，补壁刻文字亦应有所据。然而通览申氏补刻，非但整体书法丑陋、字迹庸俗为人所訾议[21]；且内容看似煞有介事、言之凿凿，实则无所依据而为后世金石学家质疑。前文转引的清王昶《金石萃编》卷十四《李翕析里桥郙阁颂》所引录当时金石学论著，即对其多所匡谬。

前以论及，仿刻左上角第十二行首字本付阙如，但申氏于此妄加“蔡”字。此字既出，众说纷纭，致有误以为原刻系东汉书家蔡邕书丹者，地方志乘则攀附蔡邕盛名，因袭其谬谓《郙阁颂》乃“汉中郎将蔡邕作铭”。又因为蔡邕自古即被搬上戏曲舞台，南宋时陆游诗有“负鼓盲翁正作场……

满村听说蔡中郎"记其形象深入民间的盛况；[22]南戏《琵琶记》又赋予蔡邕以"状元"角色，其形象更加为民众喜闻乐道而妇孺皆晓。由此讹传"蔡邕撰书《郙阁颂》摩崖"被民间俗称为"状元碑"而愈加播于人口，几家喻户晓。

很显然，申氏的"蔡邕说"不明所出，料无确据。想申氏身为一地知县，熟悉历史自不待言，对蔡邕作为东汉书家、与《郙阁颂》书刻时代相近的史实自然了然于胸。或见原刻第 11 行文末"臣"字后恰有残缺，竟不计原刻款识分明作"从史位□□□字汉德为此颂，故吏下辨□□□子长书此颂"，乃自作主张补刻一"蔡"字，遂使金石学界为其所惑。幸为有识之士勘破，故此说仅昙花一现，未致谬种流传。明赵崡《石墨镌华》卷一《汉李翕析里桥郙阁铭》即曰："此碑在略阳，相传为蔡邕书，马伯循信之，固未必然。"[23]清康有为《广艺舟双楫·本汉第七》亦曰："后人以中郎能书，凡桓、灵间碑必归之。……《郙阁》明明有书人仇绋……其非邕书尤显，益以见说者之妄也！"[24]当代学者施蛰存《北山谈艺录·汉碑六题·汉郙阁颂》进一步曰："'臣'字下泐失三字，适在次行之首，石皮全脱，殊不见有'蔡'字笔道；而申刻本乃于行首刻作'蔡'字，此乃从后人妄说，以此刻为蔡邕所书，因而增入。此字必非田氏原模所有，不可据也。"[25]

宋田克仁、明申如埍先后任职于原刻所在地略阳，且其仿刻、补刻同壁，本应珠联璧合、嘉惠后世；讵料考察上述背景，两者价值取向悬殊。田氏有克己复礼、保存古迹之心（田氏于仿刻《郙阁颂》之前两月，还以旧拓本仿刻北宋哲宗元祐三年为司马光墓碑御书"忠清粹德之碑"篆书碑额于略阳灵岩寺，今存）；而申氏既从齐东野语、荒诞不经，又有贪功掠美之嫌。其见田氏所刻左上角空缺，竟向壁虚造、率意补刻。如第 18 行起首 5

图 4-20　《清代学者像传》中的陕西巡抚毕沅画像

字、第 19 行起首起 7 字,洪适《隶释》本有著录,而田氏所据拓本已不见,遂据实付缺不刻;但申氏却不据洪适所著录予以补刻,乃擅自率补。更为恶劣者,其题款"重刻"几掩田氏仿刻之义举,沽名钓誉一至于此!难怪清乾隆年间陕西巡抚毕沅在《关中金石记》(图 4-20)卷一《造郙阁颂》中驳斥曰:"明申如埙翻本,恶劣不堪,兼多增改,好古者为所惑乱。……岂有洪氏不能见其全,而今反明晰且显、与洪氏两异者?于以知明时人之诬妄若此。"

由此可见,申氏补刻虽字数寥寥,但态度极不严肃,引致后代学者纷纷非之。《金石萃编》卷十四《李翕析里桥郙阁颂》引录陈奕禧《金石遗文录》曰:"至其所补字,或如埙得旧拓而录其原文,或摹拟前后语义而窃取私纂,均不得而知也。"王昶按语则曰:"《郙阁颂》近代著录家所见,皆明申如埙重刻本。……申本字迹庸俗,文中阙蚀者,大率凭臆增改……不敢以申本为据也。"

申氏之草率粗疏,与古之严谨治学者关于《郙阁颂》摩崖损蚀导致的李翕名字辨析之一丝不苟形成鲜明对比。《石墨镌华》卷一《汉李翕析里桥郙阁铭》曰："碑中太守李君讳翕字伯都，今板本皆作'李会'，或传写之误。唯郑樵《略》（《金石略》）曰李翕与碑合。"其实，就此"翕"字之辨误，早见诸北宋曾巩《元丰类稿》卷五十《汉武都太守汉阳阿阳李翕西狭颂》：

> 盖嘉祐之间，晁仲约质夫为兴州，还京师，得《郙阁颂》以遗余。称析里桥郙阁，汉武都太守阿阳李翕字伯都之所建，以去沉没之患。而"翕"字残缺不可辨得，欧阳永叔《集古录目跋尾》以为"李会"，余亦意其然。及熙宁十年，马瑊中玉为转运判官于江西，出成州所得此颂以示余，始知其为"李翕"也。永叔于学博矣，其于是正文字尤审，然一以其意质之，遂不能无失，则古之人所以阙疑，其可忽欤！[26]

博学严谨如欧阳修，千虑尚有一失，古文献校勘之不易可见一斑！因此对于历尽沧桑的《郙阁颂》石刻文字，笔者以为宜以北宋以降原拓校勘结论为据。

二、《郙阁颂》拓本梳理

（一）北宋原拓

《郙阁颂》原拓有记载可查者，当上溯至北宋欧阳修《集古录跋尾》卷三，其作于治平元年（1064）六月十日的《后汉析里桥郙阁颂》跋自注："右真迹"，当是得自原拓佐证。至于此本来源，似由大中祥符年间（1008—1016）出任下辖兴州（今略阳）的兴元（今汉中）知府许逖[27]奉送，因《欧阳文忠公集》卷三十八有《司封员外郎许公行状》道及许氏在当地政绩。

而许逖将陕南汉魏蜀道摩崖石刻加以椎拓分赠友好,尤其因修堰(汉中《石门颂》摩崖下游山河堰)功成升迁入京,遂将诸拓赠送亦有碑版同好的欧阳氏不难想见,故《石门颂》《郙阁颂》《石门铭》等拓本因此被欧阳氏选入《集古录》亦渊源有自。据《集古录跋尾》所摘录原拓内容判断,《郙阁颂》原刻北宋拓本左下角文字显然已见缺佚,如"减山□□高阁"可证;而正文后5行纪年、题名似尚残存,故欧阳修摘录有立石年代和隶书者姓名。但此拓本似以擦拓技艺为之,因"翕"字笔画繁复,纸墨皆粗,擦拓效果欠佳而难以尽显精微笔触,遂致释读有误。

继欧阳修获得北宋初年《郙阁颂》原拓之后,与其并列"唐宋八大家"之一的曾巩,也于嘉祐年间(1056—1063)自兴州知州晁仲约处获得原拓,[28]并且当时欧、曾所得擦拓本之"翕"字均笔画模糊,不易辨识。幸曾巩于熙宁十年(1077)又得同样颂扬武都太守李翕的《西狭颂》原拓,经校勘始恍然省悟前获《郙阁颂》原拓漫漶处本系"翕"字。至于大抵同时代之著名画家文同《拙诗六韵奉寄兴州分判诚之蒲兄》所谓"乳柱石窟寺,不辨文字古(自注:'郙阁汉铭')",[29]似乎既就当时原拓所见文字已形古老昏蚀而言,或亦就摩崖所颂主人公李翕之"翕"字模糊不辨,遂有感而发[30]。而文同所获《郙阁颂》原拓来源,当同样系其于熙宁六至八年(1073-1075)知兴元府、洋州期间得自兴州晁知州。文同《丹渊集》卷三《东谷诗·余过兴州,太守晁侯延之于东池晴碧亭,且道其所以为此亭之意,使余赋诗》,为其与晁仲约交游证据之一。

(二)南宋原拓暨宋刻宋拓

《郙阁颂》南宋原拓有案可查者,应数洪适《隶释》之记录,其《李翕析里桥郙阁颂》当据拓本照录无疑。洪适所据之原拓,似由当年投笔从戎到兴州抗金前线的蜀人员兴宗提供,员氏《九华集》卷十二《答洪丞相问隶碑书》关于洪适"咨以川蜀两汉碑墨之所从出及古文奇字"答复甚详。其中涉及《武都太守李翕析里桥郙阁铭》部分曰:"析里桥郙阁铭,在利州西路兴州趋武道上。武都,汉白马氏之地,今阶州即武都也。碑立于波夷江对,至今犹俨然。"[31]故洪适所得原拓,料来自员兴宗奉赠,至少此乃其得原拓途径之一。

继洪适之后《郙阁颂》原拓见诸记载者,即开禧年间田克仁于京口所得旧拓本,此本已不如洪适所得原拓完整,因《隶释》著录时尚残存的左角12字暨后5行题款已尽佚。

上述《郙阁颂》原刻两宋时期之原拓,迄今均已无存,即便田氏仿刻之宋拓本亦渺不可寻。但因仿刻摩崖自南宋绍定之后一直保存至今,未见大的破坏,大体保留了南宋开禧之前的原刻面貌;而《郙阁颂》原刻于南宋之后屡遭损坏,故仿刻成为研究和考证原刻情况的重要参考。相传清何绍基弄藏有原刻宋拓本[32],推测似应为仿刻拓本。至于该拓本是否为今亦罕见的宋刻宋拓本,因原物向未公之于世,已无从判定其善伪优劣,姑存疑待考。

(三)明代原拓

如前所述,南宋田氏仿刻《郙阁颂》于略阳城南灵岩寺,而当初东汉原刻尚在州治以北的原址,两者相距达30里之遥。因灵岩寺系略阳名胜,故自南宋以后,仿刻的影响一直大于几乎被人遗忘的原刻。就明代来说,关于原刻崖面损蚀及拓本情况的记载极少;相反,关于灵岩寺壁间的仿刻倒多所记载。如明正统年间(1436—1449)陕西按察使、提督学政伍福《次日游灵岩纪事》诗云:"驻节来寻《郙阁铭》,扪萝历磴扣禅扃。万年古

图 4-21　上海博物馆清顾蔼吉旧藏明拓《郙阁颂》册

洞神踪异，一脉寒泉药水灵。"[33]汉中郡丞张良知《游寺记》也仅道及南宋仿刻："嘉靖辛丑，余丞佐天汉，爰省志牒，久怀灵岩名刹，冀一登眺。……抵罗汉洞洞之巅，观郙阁汉铭，字画奇古，宋太守田克仁虑其漫灭，摹刻于兹。存古之雅，不可泯也。"[34]

关于现存《郙阁颂》原刻明拓本，目前鉴定标尺尚以目验存字多寡为准，其中以第9行"校致攻坚"完好者为明拓本。关于此，国家图书馆藏清末梁启超跋原拓多所记述[35]，兹不赘录；谨将上海博物馆藏清代金石学家沈树镛跋明拓原刻迻录于下：

　　此为顾南原旧藏本，后归长洲彭氏。题签字乃尺木先生手迹也。碑第九行"校致攻坚"之"校"字完好，下三字亦未泐。当是前明拓本。同治己巳正月郑斋记。（图4-21）

前已论及，自南宋仿刻刊立以后数百年，《郙阁颂》原刻不断遭受破坏，右下方崖面又见蚀毁，呈现不规则圆形缺损，文字不存。这部分崖面究竟于何时崩塌，文献未见记载，而弄清这些文字的存亡时代，对于南宋至明代原拓的鉴定极具参考意义。检李遇春纂修、嘉靖三十一年（1552）刻本《略阳县志》卷五可得线索。

李遇春乃嘉靖二十八年（1549）略阳知县，其著录《郙阁铭碑》为"蔡邕撰"，显系因袭申如埍之"蔡邕说"。另通过文字校勘可知，其志著录《郙阁颂》既非依据南宋洪适《隶释》，亦非依据田氏仿刻，似依当年原刻拓本，而当初原刻右下方崖面似乎正处于即将崩塌之际。因濒临崩塌的崖面文字，与洪适和田氏所见者相较，其面目已非、漫漶不清可知；倘再以擦拓为之，释读有误自属情理中事，故著录时或存疑，或付缺如，或与前人稍异。如《隶释》"沮县士民"，李志作"沮县甚久"；《隶释》"缘崖"，李志作"凭崖"；《隶释》"过者慄慄"，李志作"过者愕啼"。其他如"李翕"犹误作"李会"，等等，不一而足。凡此，当是直接依照当年所得原拓释读。故清嘉庆十五年（1810）略阳知县王森文《石门碑醳》继摹绘原刻崖面存字情况后，又作《郙阁铭摩崖碑考》曰："右角缺文宜存空行，而志（笔者按：即嘉靖本《略阳县志》）逸之；其左角缺文四十字，则志载特详。"[36] 换言之，倘若嘉靖时左角已无存字，李氏不按《隶释》及仿刻著录，自无从"记载特详"。总之，李遇春著录所据乃明嘉靖三十年左右之《郙阁颂》原拓，可以推定；同时，当初右下角崖面虽泐残但未脱落，应犹可隐约辨识其字，此部分崖面濒临毁灭边缘亦足以肯定。

至于原刻前8行右下角（左右方位有异，盖因以崖面为主，与面崖而立恰好相反）崖面剥蚀之时间下限，似在李遇春之后逾半世纪明万历中后期申如埙到任前后。想来申氏因见原刻左上、右下角刻字均泐毁无存,而前任略阳知县李遇春所修《略阳县志》明确记载"蔡邕撰",遂在李志《郙阁铭碑》误释第11、12行文字为"巨石不浚"的基础上再擅加发挥,误将两行合而为一作"臣蔡囗囗勒石示后",另臆断其他文字补刻于田氏仿刻之左上角。故其"重刻"题款既标榜自己对仿刻补遗的"贡献",同时也暗示着对于仿刻右下角尚保留了原刻同一部位已泐或正在剥蚀的文字的默认。对于申氏此举,除籍贯陕西的万历后期金石学家赵崡很不以为然外,略阳当地则误传甚久,如其后任施有光《蔡中郎郙阁铭碑》诗[37]、嘉庆间县令王森文《石门碑醳·郙阁铭摩岩碑考》等均信以为真。尤其作为略阳地方官的施氏,竟视原刻而不见,其诗自注甚至认为:"真迹久无一字,今所传者临摹副本耳!"

通过以上考述可知,申如埙根本不可能拥有文字完整的原刻绝旧拓本,其补刻文字俱出于凭臆增改。另外,据上述推考,凡第9行"校致攻坚"完好者,当属明万历时期拓本。迨清嘉庆十年前后,"校"字又残,有王森文摹绘样为证。(图4-22)

1982年台北故宫博物院举办的院藏碑帖特展上展示的茶陵谭氏所捐《郙阁颂》原拓,举办方谓"属明以前的旧拓本"。(图4-23)经初步目鉴影印图版,此"明拓本"应系清乾嘉时期拓本,由此亦可知原刻明拓本迄今已甚为罕见。至于原刻明拓本之所以传世不多,既跟长期以来人们多关注灵岩寺壁间的仿刻而忽略了野外原刻有关,更与申氏补刻本随意妄补、惑乱视听有关。

(四)明清仿刻、补刻、翻刻拓本

申如埙以补刻替代原刻,引致不明真相者椎拓推广,由此造成的恶劣

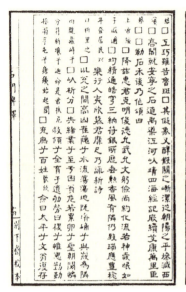 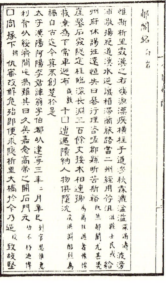 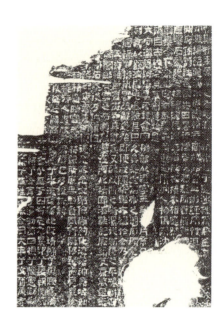

图 4-22　清嘉庆十年（1805）王森文《石门碑醳》根据当时拓本所摹绘之东汉《郙阁颂》面貌

图 4-23　台北故宫博物院藏清拓《郙阁颂》

影响是，因原刻漫漶不及补刻存字几满，兼以申氏补刻以地方行政长官身份署款，而碑贾隐瞒真相冒充"旧拓本"居奇射利，使得原刻明拓本渐为申氏补刻拓本所取代。如清初金石学家朱彝尊《曝书亭金石文字跋尾》、翁方纲《两汉金石记》等征引、著录《郙阁颂》，竟然俱以申氏补刻拓本为据；尽管此或亦系明代拓本，但价值远在明拓原刻本之下可知。而南宋田氏仿刻未经明万历申氏涂壁补刻之稍前旧拓本，仅见于陈奕禧《金石遗文录》之中。

如前所述，《隶释》著录原刻尚存之后 5 行题款，到田氏以开禧拓本仿刻时已佚，故今所见崖面无论是原刻还是仿刻抑或是补刻，后均无此 5 行款识。但据《金石萃编》引录清顾蔼吉《隶辨》卷七曰："余家有旧拓本无此数行，重刻本有之。"按：顾氏所藏明拓本今藏上海博物馆，正文后确无此 5 行落款。关于其提及附带后 5 行之重刻本，见诸清冯云鹏编著《金石索》卷二，（图 4-24）据称系参照《隶释》及《天井山记》（略阳邻境陇南成县东汉建宁间《李翕修道记》）落款而来，由此推知清代曾有拼凑

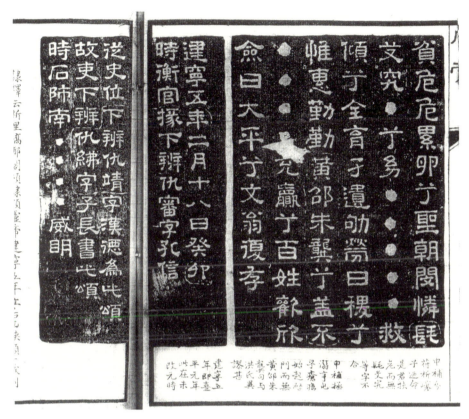

图 4-24　清冯云鹏《金石索》中的《郙阁颂》款识

款识的翻刻本。另据马子云、施安昌著《碑帖鉴定》载,明申如埙与北京、西安碑贾各有刻本[38]。杜白珣《〈郙阁颂摩崖石刻〉补正》亦谓其所藏缩临旧拓片除右上角有大片剥蚀外,左下角仅蚀一小处,右上角正文外尚有 5 短行[39],疑似即此翻刻本。

第三节　川陕蜀道东汉金石的南宋初现与清中期再现

　　南宋绍兴二十一年（1151）与绍熙五年（1194），先后发现于四川雅安和陕西汉中的东汉光武帝建武中元二年（57）的《尊楗阁》摩崖石刻（一称《蜀郡太守何君阁道碑》），（图 4-25）与东汉明帝永平十二年（69）的《大开通》摩崖石刻（又称《开通褒斜道碑》或《鄐君开通褒斜道刻石》），二者时代接近、主题一致、隶书风格相仿佛，均为传世东汉早期比较重要的蜀道石刻。

　　这两种汉代摩崖被发现于南宋时期，当时的金石学者娄机《汉隶字源》分别记载曰："《何君阁道碑》，建武中元二年立，在雅州。《墨宝》云：见于荣经县（笔者按：即今四川荥经县），以适印莋之路也。出于绍兴辛未。《隶释》云：东汉隶书，斯为之首。""《开通褒斜道碑》，永平九年立，在兴元府（笔者按：即今陕西汉中）。绍熙甲寅，帅章德茂（笔者按：章森，表字德茂）得之于褒斜谷中。"

　　由是可知，《尊楗阁》不仅刊刻时代比《大开通》早，而且其被发现和被记录在案的研究史，也比《大开通》来得早。《尊楗阁》的最先著录者，为南宋著名金石学家、《隶释》《隶续》的作者洪适；而《大开通》的最先著录者，为稍后的浙江嘉兴籍金石学者娄机。鉴于洪适卒于淳熙十一年（1184），因而其《隶释》《隶续》对于10年之后才被发现的《大开通》未予记录是合乎情理的；之后问世的娄机的《汉隶字源》，于庆元三年（1197）请洪适的二弟，同样学识博洽、著述宏富而尤熟于掌故的洪迈作序以借重也就不难理解了。

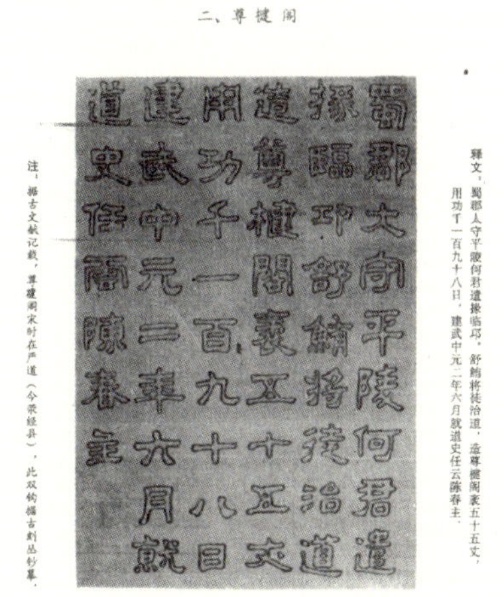

图 4-25　根据元陶宗仪《古刻丛钞》摹绘的四川
荥经县东汉建武中元二年（57）《尊楗阁》摩崖

　　《尊楗阁》到底为南宋何人发现，又如何几度湮没无闻而长期不知所在，娄机和之前的洪适在其各自著作中都没有交代。洪适只是介绍说："此碑蜀中近出。毗陵胡世将承公好藏金石刻，绍兴己未年帅蜀，尚未见之。"按：以枢密直学士为四川安抚制置使兼知成都府的胡世将，生于1085年，卒于1142年。[40]

　　按照娄机《汉隶字源》的记载，[41]《尊楗阁》被发现于绍兴二十一年（1151）；那么，死于1142年的胡世将生前虽雅好金石文字，[42]显然亦无缘见到《尊楗阁》拓本。而从洪适的口吻辨析，他本人虽然没有亲临《尊楗阁》所在地四川雅安踏勘，却似乎得到过《尊楗阁》拓本；所以，他在对《尊楗阁》进行著录时与胡世将作了两相对比，口气似不无自得。

　　必须指出的是，洪适当年编著《隶释》《隶续》，对于川陕地区存世汉魏金石信息、资料的了解和掌握，很大程度上来源于表字显道、自号九华子的四川仁寿籍进士，孝宗初太学教授员兴宗（？—1170）的函告。这在员氏《九华集》卷十二《答洪丞相问隶碑书》中有详尽记述。因该函涉及本书重点探讨的《尊楗阁》《大开通》和雅安《樊敏碑》《高颐阙碑》等南宋川陕两地众多东汉石刻，兹择要迻录于下：

　　　　某斋沐再拜判府丞相大观文先生：迩者伏奉钧教，忘其不肖，咨以川蜀两汉碑墨之所从出及古文奇字,至于种种,旨意谆复。被教之初,伏念旬时,至于今兹,既月乃日矣!非不能答,惧不能详也。不详则遂虚大君子之诲,是以临发辄已,发则不敢不谨也,敬再拜以对。恭惟丞相,于时为通儒,于名位为独绝,于经谊则闳而深,于史学则博以严,于笺传、集类、兵家、历法、农工、国记、星官、医药之书,与夫释老、异家之所传授,经目则无所不考,考则无所不详。今则拥百城、坐大镇,自公之暇,尚恐日月之易穷,念讹刻谬书之病耳目,且欲一而新之也。则又取周秦以来圣贤英烈、魁雄之士名世者,彝章嵒画、鼎篆分隶之文,荒林远野、祠镫冢刻之实,约其义而黜其邪,剖其原而博其趋,题端跋后,解蔽彻疑,丞相卫道博古,可谓笃也已矣,近世所无有也。然丞相所以下询数十条者,文有主,字有体,意各有出,谨先具其知者,略其不知者,盖不敢以不知为知,是不欺于门下也。窃观广汉、巴郡、蜀郡、汉中、益州、犍为,皆汉故郡也;郡所发之碑,皆汉故物也。自巴郡太守张纳功德叙,故在巴郡,巴,今利州路也,然汉之巴郡,则在夔之忠州。张飞客严颜,尝为巴郡太守,乃夔之巴郡尔,似与张纳少异也。今当以汉之巴郡为正。自《广汉蜀国李翊碑》,在今渠州属郡,《属国李夫人碑》,亦在今渠州;观此二碑,疑若夫妇也,然一云广汉属国,又一云蜀国都尉夫人,其名位俱不同矣。近得《广汉属国侯夫人碑》,"侯"音"候",字从侯,汉有卫侯,北军中候是也,从省文耳。此真翊妻耳,但不知丞相所收,所谓都尉李夫人者,与此少异乎?若其无异,则为翊妻明矣。自《司隶校尉杨厥开石门碑》《武都太守李翕析里桥郙阁铭》,石门者,兴元旱山之东也,今厥碑在褒城斜谷,前人亦谓之褒谷,蜀使五丁开道是谷矣。《析里桥郙阁铭》,在利州西路兴州趋武道上;武都,汉白马氏之地,今阶州即武都也。碑立于波,夷江对,至今犹俨然。汉之巴郡,乃今忠峡之地,而《巴郡太守樊敏碑》，乃在西路雅之石马。益州乃今犍为、泸、叙之地，而《益州刺史高颐碑》，乃在雅之严道。《永元磨崖碑》，虽在嘉之夹江，有字无志，犹《唐蒙入蜀碑》，虽亦嘉之龙渡，今有额无碑也。如此可憾者甚众，斯不可以笔舌尽矣。丞相所询之碑，凡二十有五，今所知者凡十有六，大都见于别录；不知者几九，丞相所未收询者又有五焉。《东汉为将军碑》，在宕渠，碑字为众隶之冠，蜀之先达，皆咨其法焉。《建武何君碑》，近世锄墓者得之，比众碑为最，在雅之严道。又得大夫碑，大夫者，褒也，在今资州资阳县，闻好事者窃去矣。《黄龙甘露碑》，隶法可观，碑亦称之，眉州故石也，一二大家能有之，去而不出，是必不凡矣。剑州梓潼道上有双阙，或云孝廉阙，或云使君阙，高二十尺有咫，比《王稚子表》者为壮，大夫士过则必式，信其古也。此五者，丞相宜有以咨焉，不得则有以求焉可也，今先以数种呈纳。昔王回深父常集故迹遗文，曰物莫寿于金石；金石诚寿矣，然犹不足以保其外。予尝阅古钟鼎旧家碑碣之文，以证诸史及他传记，褒颂功德，虽不可尽信，而于年月名氏山川风俗，与其一时文采雅度，有得其详；而史传追述，乃其概耳。曩所闻者，磨灭殆尽；今所闻者，后数百年，又磨灭者几何也。故采其备者，首尾以编之。彼深父劫劫有意于古，至于拂性苦形，收拾乱隧，守之以勇而求之以不止，自金石而诠为信书，宜其学之充博也。是以欧阳子咨之以《集古》之半、访之以娑罗鼓之异事、质之以汝阴颜氏之遗迹，苏子容叩之以表三老之故碑，而宋次道、吕缙叔、原父子、原叔之徒，望风屏气，直不敢与之抗也。稽古之功，其可泯乎？

据此员兴宗答复洪适函询川陕地区存世东汉隶碑之信札，我们不难发现，洪适原本并不知晓的有关《尊楗阁》之信息，乃至稍后入手并录入《隶释》

的南宋拓东汉《尊楗阁》拓本，恐怕均出于员兴宗的无私提供和慷慨奉送。当时《隶释》涉及的汉中地区著名东汉摩崖石刻，尚只有褒谷《石门颂》和嘉陵江河谷《郙阁颂》，《大开通》的发现显然在此之后，因而不曾提及。而员兴宗关于《尊楗阁》"近世锄墓者得之"的说法，大抵系当前所知关于该石刻出土方式的最原始记载。只可惜《尊楗阁》所在地古今地僻人稀，椎拓不易，因而被发现后不久即再次湮没，尤其自南宋、明代以降，诸记录均语焉不详，莫知所在。

值得庆幸的是，2004年春，《尊楗阁》偶然又被发现，从而再度揭开关于东汉早期蜀道摩崖隶书研究的新篇章。南宋时意外发现东汉《大开通》的汉中南郑县令晏袤曾感叹曰："鄐君（笔者按：即《大开通》记述的主人公、东汉汉中太守鄐君）、杨君（笔者按：即《大开通》摩崖附近东汉所凿石门隧洞内《石门颂》摩崖歌颂的主人公，东汉司隶校尉、四川犍为杨涣孟文），为民兴此阁道（笔者按：即褒斜栈道），三年而后成。曾不讳劳，而史逸其名。非苔藓封护至今，必为风雨所剥，此名随亦磨灭矣。"《尊楗阁》之重见天日，亦如晏袤所感叹的："物之显晦，盖有定数如此！"

说到晏袤其人，这里还有一个问题需要梳理澄清，那就是《大开通》究竟是晏袤最早发现的，还是如娄机《汉隶字源》所记述的，为"绍熙甲寅，帅章德茂得之于褒斜谷中"？其实严格追究起来，晏袤、章森两人应该都是《大开通》的发现者。晏袤在《大开通》下方作的释文题记，述及发现《大开通》的本末原委："绍熙甲寅三月甲子，南郑令晏袤以堰□□□褒谷，获此刻于石门西南险侧断崖中。先是，癸丑夏秋积雨，苔藓剥落，至是字画始见。□法奇劲，古意有余，与光武中元二年《蜀郡太守何君阁道碑》体势相若。建武、永平去西汉未远，故字画简古严正，观之使人起敬不暇。"这段题记言简意赅，咀嚼玩味其词意，至少向我们传递了这么几条相关信息：

首先，是作为负责地方水利、保障屯田和抗金军粮供应并"实董其事"的晏袤，[43] 于绍熙五年在视察褒谷口山河堰水利设施之余，赴山河堰以北东汉石门隧道遗址踏勘访古时，才偶然发现因雨后苔藓剥落而汉隶字迹显露的《大开通》的。所以，其慧眼如炬的发覆之，功，不可泯没。

其次，晏袤将《大开通》与《尊楗阁》两个拓本作了隶书字体对比的初步研究，说明当时作为汉隶书法爱好者的晏袤，像之前的金石学家洪适一样，曾经得到过《尊楗阁》拓本，因而才有对两者书法进行比较、评判的发言权。由此也证明《尊楗阁》拓本在南宋可能与汉隶《郙阁颂》拓本一样，[44] 一度成为古玩市肆间奇货可居的碑帖珍品。

再次，晏袤作《大开通》释文题记摩崖并加以书丹时，使用了既效法汉隶风格又独具个人面貌的隶书字体，体现出他极见功力的书法艺术造诣。

而几乎是在作《大开通》释文题记的同时，晏袤还在附近山崖岩壁之间，另作有一方体量极大并且基本效仿《大开通》规模布局的矩形隶书摩崖题刻《山河堰落成记》，开宗明义指出："绍熙五年，山河堰落成，郡太守章森、常平使者范中艺、戍帅王宗廉，以二月丙辰徕劳工徒。"

根据晏袤亲笔《大开通》释文和《山河堰落成记》这两方摩崖题刻的内容，我们大致可知晏袤陪同汉中郡太守章森视察山河堰水利工程并慰问工徒在当年二月；而事后晏袤不敢懈怠，再度亲赴山河堰抽查复检堰务和施工质量，稍息才去石门访碑，其时是在一个月以后的三月甲子。很显然，晏袤较之章森发现东汉《大开通》的可能性更大。

而另外一方有关南宋庆元元年（1195）中秋日，晏袤书丹作通篇隶书的《魏潘宗伯韩仲元李孝章通褒斜阁道碑阴》摩崖石刻，更加反映了晏袤访碑屡有出人意料之收获，其文曰："潘宗伯、韩仲元记造桥阁十九字，绍熙甲寅始见于石门之南崖。"由此说明绍熙五年，晏袤抑或还有章森等雅好金石碑帖之同道，曾经对石门遗址周边汉魏摩崖石刻进行过一次或数次全面访查，东汉永平年间（63—69）的《大开通》和疑似隋唐时人复刻的三国曹魏景元四年（263）《李苞通阁道题名》，以及西晋泰始六年（270）的《潘宗伯韩仲元通阁道题名》等摩崖的发现，[45]应是这次石门摩崖石刻实地访查的收获。

当然，鉴于章森和晏袤同样都是喜好汉隶的书法爱好者，且章森官衔明显高于晏袤，所以，晏袤完全可能将自己率先发现的这一访碑成果——初拓《大开通》拓本，呈送给与自己有共同兴趣爱好的顶头上司章森，并通过章森后来范围更广的宦游经历传播开去，最终体现在了娄机《汉隶字源》的研究成果当中，应该是大体符合晏袤与章森当年各自的人生经历的。因此，章森对于《大开通》的发现与传播，同样功不可没。

这里顺带介绍一下章森跟汉中石门摩崖石刻的因缘。章森字德茂，四川绵竹人。他事实上并不像人们先前误解的那样，是一位弄权贪功、掠人之美、窃取晏袤关于《大开通》最先发现权的等闲之辈。章森曾经几度到汉中作官。乾道八年（1172），爱国诗人陆游奔赴汉中抗金前线时，章森既是陆游在四川宣抚使司的幕友，同时又是交情深厚的诗友。陆游《剑南诗稿》卷三作于汉中的《简章德茂》，有"殊方邂逅岂无缘，世事多乖复怅然。……个里约君同著句，不应输与灞桥边"等句，似乎入四川幕以前彼此就已相识。绍熙五年，章森又知汉中，从而与晏袤有了一段关于《大开通》的发现、传播的金石学因缘。两年后的庆元二年（1196），当章森因为军屯有功而再作汉中知府、第三次来到汉中并赴石门山河堰视察水利工程之时，在褒谷名胜——"汉魏石门十三品"之一的汉隶摩崖大字"玉盆"下方，留下一段传至今日的摩崖题记："闾丘资深、田德夫、章德楙，庆元二年一月壬申日，视堰徕。"

单从两宋访碑留题之夥这一视角考察，人们便不难发现：《大开通》所在地汉中的金石学术与艺术氛围，委实远远领先于《尊楗阁》所在地的蜀中地区，这有以两宋题刻为主的"石门题名十八段"和"玉盆题名十二段"为证。[46] 因此，清褒城县令倪学洙的《石门道记》碑、清潘矩墉的《石门游记》碑，分别有"题名几满，皆宋人手笔"和"汉魏颂铭（笔者按：即东汉《石门颂》和北魏《石门铭》摩崖石刻）左右列，独无唐人遗迹，南宋题名甚夥"等记载。而这些摩崖题刻不乏以访碑和金石学研究为目的者，譬如："庆元丙辰暮春止余三日，赵公茂、宋□志、张寿卿……同来观汉刻，三酹于此。"（图 4-26）"成都宋积之摄褒中令，广汉章以初、彭城贾公肃……从公所约访之，为石门之游。……摩挲石门汉刻，酹酒修禊，于此尽醉而返……庆元丁巳夏四月……"（图 4-27）"纪国赵彦呐敏若视堰修禊事，阆中龙隆之景南、普慈刘炳光远……同徕。……登石门，拂古翰，从容瀹茗而去。宝庆丙戌前熟食五日。"等等，不一而足。

两宋时期，汉中之所以能够聚集这么多的金石学人气，既与汉中石门地处作为交通大动脉的秦蜀主干道的地理位置有关，更大程度上恐怕也与南宋时汉中作为西北抗金大本营的政治与军事地位有关。

南宋北伐时期，驻扎在秦岭南麓汉中抗金基地的军队中多军旅文人和文职军人，由此也促进了汉魏蜀道石刻的研究。特别是地处汉水支流褒水河谷的东汉《石门颂》、北魏《石门铭》等摩崖，因受人工开凿的穿山隧洞——石门的天然庇护，兼以自古为蜀道干线——褒斜栈道的必经之处，景致壮丽，向为人们泛舟游览之胜地。正是由于上述原因，追宋金弭兵休战时期，往褒谷石门访碑游览的文士络绎不绝，石门隧洞及玉盆周围山崖因此遍布留题，晏袤就曾隶书题刻"玉盆"二字。与此同时，汉隶书法的研习和普及推广也形成热潮，晏袤就是这样一位身体力行的佼佼者。

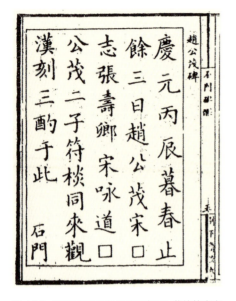 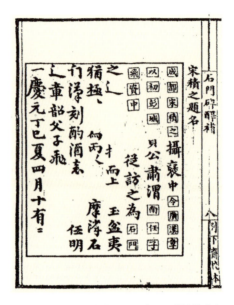

图 4-26 清嘉庆王森文《石门碑醳》摹绘的南宋庆元二年时人访碑题刻，原石已湮没于褒谷石门水库

图 4-27 清嘉庆王森文《石门碑醳》摹绘的南宋庆元三年时人访碑题刻，原石已湮没于褒谷石门水库

可以说，在南宋金石学的兴盛时期，以《尊楗阁》和《大开通》这两方东汉蜀道摩崖石刻被发现为契机，川、陕金石学研究达到了空前高潮。以曾历两地的爱国诗人陆游为例，他的金石爱好就与川陕同侪友好的影响以及个人经历有关。譬如洪适《隶续》卷十四著录的《修官二铁盆款识》，就得益于宦游蜀中的陆游提供拓本："右修官铁盆二，乾道中，陆务观监汉嘉郡得之。"陆游《老学庵笔记》卷四载："汉隶岁久，风雨剥蚀，故其字无复锋芒。近者杜仲微乃故用秃笔作隶，自谓得汉刻遗法，岂其然乎！"结合陆游平生行止，这很可能是指包括《石门颂》等在内的众多褒谷石门汉隶摩崖石刻亦未可知。[47]

自南宋以降，《尊楗阁》因重新湮没，所以尽管员兴宗、洪适等雅好金石之士悉心搜拓，但当年宋拓本并无流传至今者。此后历代亦只见文字记载，更无原拓收藏之记录；这种因摩崖原石缺位而原拓乏人著录的现象，一直持续到该摩崖重新被发现的 2004 年。

同样，《大开通》自南宋绍熙年间被发现以后，也由于始终处于野外环境而重新为苔藓泥土掩埋，再度陷于长期湮没无闻状态。清钱大昕（1728—1804）于乾隆五十二年（1787）编著的《潜研堂金石文跋尾》

卷一《汉中太守鄐君开褒余道碑》中曰:"右汉中太守鄐君开褒余道碑,欧、赵、洪三家俱未著录。宋绍熙末,南郑令临淄晏袤始得之,为文记其事。然其地崖壁斗峻,苔藓阻深,自晏令作记后六百余年,罕有津逮而摹拓者。今巡抚毕公撰《关中金石记》,乃搜访而录之。"

乾隆三十七年(1772),金石学家王昶(1724—1806)因入川,过雅安时作《荥经道中阅杨笠湖刺史潮观所贻〈吟风阁杂曲〉偶题七绝》诗[48]和《雅州道中小记》[49]。30年多年后的嘉庆十年(1805),他在《金石萃编》卷五《开通褒斜道石刻》按语中曰:"是刻,昶官陕西时所拓,从前著录家皆未见之。摩崖后有宋晏袤释文并题记。晏所释全义可读,知今本后尚有三十余字,为工人遗拓。……据县令倪学洙云:自褒城而西南,凡三百余里,悬崖绝壁,汉唐题字,隐见于丛莽间,连绵不绝。盖宋以前,路通兴元,栈道俱在山半,故汉唐遗迹最多。今栈道移而渐下,遂不可摹拓矣。……又族弟启昆云:嘉陵江南北山壁上,题字亦数百处,然此种石壁,古苔杂树,斫伐为难,必须长梯巨架,所费不支,并恐工人颠坠,多伤民力,皆未能罗致也。并书于此,以告后之访碑者。"

曾于乾隆四十五年(1780)至五十三年(1788)间任褒城县令的浙江海宁人倪学洙在所撰《石门道记》曰:"晏袤释文、释字,附刻其(笔者按:指东汉《人开通》摩崖)卜。按释字较原碑多数十字,今观鄐君之碑,崖石已尽,不知所多之字,镌于何所,或者山石倾圮所致。盖时历二千余年,陵谷之变,诚有不可考者。……壬寅之春,毕中丞采入《关中金石记》。癸卯仲夏,三通馆檄取,入《金石略》。残碑段碣,久经湮没;一旦拂拭出之,比于剑气珠光,自能焜耀千古。物之显晦,洵有时哉?"

综上所述,《大开通》自南宋绍熙五年(1194)晏袤、章森发现并椎拓、收藏、释文、研究、记录和传播之后,直到金石学复兴时期的清乾隆中后期，[50]历时近600年，再为雅好金石的汉中褒城地方官倪学洙等访得，呈送陕西巡抚毕沅和金石学家王昶等，遂重新有拓本流传。与保存于地面的四川雅安东汉《樊敏碑》《高颐阙》以及得古石门隧道庇护的汉中褒谷东汉《石门颂》、北魏《石门铭》等其他汉魏摩崖石刻之椎拓、收藏和研究代不乏人相比，《尊楗阁》《大开通》的情况稍有不同，[51]这与后两者长期为大自然所封掩有关。

根据清代金石学家、考据学家和汉中本地学者等的众多记录，可知《大开通》被再发现和再椎拓的时间均在乾隆时期，这与张彦生《善本碑帖录》有关"该刻石在清乾隆前很少见著录，乾隆间毕秋帆访出，始有拓本"的记载大致吻合。[52]据此，则目前可见的所谓《大开通》明拓本，仍有再研究断代的必要。[53]同样，日本东京台东区立书道博物馆所藏清末外务部右丞，民初外交总长、驻日公使胡维德旧藏，近代海派书画领袖吴昌硕题跋，著录作"宋拓"的《开通褒斜道刻石》，其确切时代更有进一步鉴定的必要。（图4-28）

此碑本纵38.3厘米，横56厘米，文字始于"永平六年"，终于"瓦卅六万九千八百"，卷首钤"鹏壔所藏金石"白文方印，末钤"盐官张氏"白文方印。题跋起首亦钤"鹏壔所藏金石"白文方印。跋曰：

> 《开通褒斜阁道摩崖》，字界篆隶之间，方整古朴而长短广狭不一。东京分隶传于今者，以此为最先。石横广一丈三尺，分三段。前段三尺二寸，中段四尺五寸，后段五尺五寸。十六行，凡百二十四字。宋绍熙末南郑令临淄晏袤始得之，勒释文于后，并为文记其事于碑阴。然其地崖壁斗峻，苔藓阻深，自晏令作记后六百余年，罕有津逮而摹拓者；如欧、赵、洪三家，俱未经眼。乾隆间，镇洋秋帆毕公巡抚陕

图 4-28　日本东京台东区立书道博物馆藏传为宋拓的东汉《大开通》

西，撰《关中金石记》，搜访而录之。后浦江王司寇述庵，亦官陕西；适吾邑倪公学洙为褒城县令，采访摹拓，得数十本，而好事者始得鉴赏焉。今之拓本较晏令释文，少三十余字，为工人遗拓。碑中褒"斜"作"余"；桥"阁"作"格"，并古字通用。郙君不知何名，按《广韵》，汉有东海太守郙熙，《古今姓氏书辩证》云"因官居焉，望出东海"者也。王述庵作是碑跋云："自褒城而西南，凡三百余里，悬崖绝壁，汉唐题字，隐见于丛莽间，连绵不绝。盖宋以前，路通兴元，栈道俱在山半，故汉唐遗迹最多；今栈道移而渐下，遂不可摹拓矣。又韩城、朝邑、河东山壁上，石刻亦多，而石淙南北，摩崖尤不可胜纪。""然此种石刻，古苔藤蔓，杂树蟠结，斫伐为难，必须长梯巨架，所费不赀，并恐工人颠坠，多伤民力，皆未能罗致也。因书此以告后之访碑者"云云。则是刻购致极难，自倪令摩拓，至今数十年来，不闻搜拓者。有陕人自碑洞来，验之佥云：石壁危险，势不能拓，将世无传本矣。余以草茅下士，率而获东汉第一奇书，且又得晏袤释文装本，楷法精峭，后有张解元叔未手跋。今岁秋仲，又得晏令碑阴题记全文，分书古艳端劲，可与原刻互相发明。欧阳文忠公云：物常聚于所好，亶其然乎？后之人其宝藏勿替。道光癸未子月望前二日鹏墀张申书于碧芸仙馆。（图 4-29）

钤印："张申私印"白文方印、"朋壖"朱文方印、"碧芸仙馆"白文方印。
吴昌硕跋曰：

> 褒斜道石刻，字界篆[隶]之间，宋绍熙南郑令晏袤尝跋此刻。笔法奇劲，古意有余，盖当时开通工竟记其事者，命工人泐诸厓石，信手刻凿，故无所谓分隶古篆也。是拓精旧，乃康、雍时毡蜡；近时碑贾所拓者，类皆漫漶残阙，字画几不可辨。伊汀州书法，实基于此。馨吾先生鉴家属题，草率应教。壬壬小除夕吴昌硕老缶。[54]

钤"昌硕"白文方印。

按：张申字鹏壖，事迹不详，仅知与金石学家张廷济同时稍后，与清褒城县令倪学洙同为浙江海宁人。鉴于毕沅《关中金石记》卷一《汉中太守鄐君开石门道碑》、翁方纲《两汉金石记》卷十三《鄐君开石门刻字》、王昶《金石萃编》卷五《开通褒斜道石刻》所见《大开通》拓本均作124字，最后到"瓦卅六……百"字止，[55] 前述日本东京书道博物馆藏本亦然，并无晏袤释文提及的"四器，用钱百四十九万九千四百余斛粟，九年四月成就，益州东至京师，去就安稳"等南宋尚存刻字。[56] 因而首先可以断定，该本很明显已不可能是与晏袤所见一样的南宋时期拓本。其次，该拓本所见文字同样到"瓦卅六万九千八百"为止，并未出现清乾隆之后拓本始见的"四器"的"四"字。综合以上特征，结合相关字眼如第3行"蜀郡""巴郡"之"郡"字、第6行"钜鹿"、末行"卅六万"的"万"字大体完好来判断，严格意义上讲，日本东京书道博物馆藏《大开通》拓本的时代，应属乾隆中后期再出土之初拓系统，[57] 或系倪学洙当年组织椎拓的版本亦未可知。

图 4-29　日本东京台东区立书道博物馆藏传为宋拓的东汉《大开通》后清道光三年（1823）张鹏墌跋和吴昌硕年款笔误跋

至于第 7 行"部掾"下究竟为"治级"还是"冶级",笔者倾向于"治级"。因为张彦生《善本碑帖录》乃至清翁方纲《两汉金石记》、毕沅《关中金石记》、王昶《金石萃编》等皆持"治级"说。最重要的是,南宋晏袤作《大开通》摩崖释文,已相当清晰地释读为"治级"。结合如今切割移藏汉中市博物馆的《大开通》原石该字局部摩崖观察,"治"字中间存在裂隙一道,一般不易椎拓。据此分析,则拓本显示的"冶"字,实属拓工仅着意字画显笔而忽略此石具体细节所致;这大约是椎拓行业多注重技艺而不甚追究椎拓对象之文意的通病。其实"治级"语意明了,文从字顺;而"冶级"不词。

这样关于"部掾治级"本意,结合前后文可解读为:太守钜鹿鄐君部署佐治官吏,按级别依次安排王弘、史荀茂、张宇、韩岑分头主管此项工程;换言之,王弘、史荀茂、张宇、韩岑四人,相当于当今分管建筑施工任务的承包工头。鉴于栈道分段施工、工种不同,故而由各路段负责人分工负责;"第典功作"有次第主持、主管工程项目作业之意,如同今已毁佚的原汉中留坝县境内西晋太康元年(280)《修褒斜栈道记》摩崖所记的"汉中郡道阁府掾""褒中典阁主簿"等造栈职衔。[58] 所以,"部掾治级"不宜释读为"部掾第一人姓治名级",而应从佐治官吏等级角度去理解,如唐裴松之注《三国志·魏书·武帝纪》:"(曹操令曰)自今以后,诸掾属治中、别驾,常以月旦各言其失,吾将览焉。"

现据晏袤释文和高文《汉碑集释》,[59] 结合文意,将日本东京书道博物馆藏《大开通》一段释文"部掾治级王弘、史荀茂、张宇、韩岑等兴功作"校订为:"部掾治级王弘、史荀茂、张宇、韩岑第典功作"。"王弘"的"弘"字,《金石萃编》作"宏",当为避乾隆皇帝"爱新觉罗弘历"名讳,应非误记。

第四节　清代何绍基的蜀道之旅及其蜀道金石搜集与临写

清代名家何绍基（1800—1874），（图4-30）诗义、书法兼擅，并且多产。他不但勤于临池，有众多书法佳作传世；而且还勤于撰著，像《东洲草堂金石跋》和《东洲草堂金石诗钞》等，都是富有真知灼见的金石学著作。本节拟以此二书为线索，考察何绍基与《石门颂》拓本的收藏、鉴赏及书法创作等轨迹。

一

在何绍基《东洲草堂金石诗·借钩杨又云继振所藏〈娄寿碑〉即题碑后》长诗中，有"桂、张二宝倘并到，何惜十指松煤黔"之句，自注曰："桂相国藏梁氏《华山碑》，张松屏藏宋拓《石门颂》，俱欲借钩。"这段充满感情色彩的心理抒写，表达了何绍基期待观摩并钩摹善本《石门颂》的迫切愿望。

另一首《朱时斋、杨旭斋来看〈石门颂〉，因追述癸未、甲申旧游，话及蒋伯生、周通甫、杨徵和、张渌卿、朱季直及仲弟子毅，皆成古人，凄然有作》长诗，诗前小序曰："《石门颂》者，藉书园所藏旧拓共四幅，流落散失。陈晋卿得第四幅，留置吾斋；既而杨旭斋以首、二幅来，李子青以第三幅来，遂成全璧。余于乙酉春，得奚林和尚所藏《石门颂》及《张黑女铭》，忽忽三十五年矣。"诗中追忆"昔年廿四五"时，在齐鲁古城历下（今济南），追随金石学前辈们共同把玩、点评碑帖拓本的情形。诗云：

图 4-30　何绍基画像

《石门颂》出藉书园,当日园名动当宁。……三君有得皆自秘,碎壁断圭谁问取?不图次第来吾斋,剑合珠还神鬼许。卅年前得宋打本,来并南阳张黑女。四幅在壁册在几,尹邢相望矜眉妩。……平生肆力在书律,毡蜡搜寻遍寰宇。……古人精神盖非远,二千年间犹仰俯。因兹片楮栎触多,早岁才流去如雨。

其鉴藏追求及与朋侪联几共赏、探研金石学的乐趣溢于言表。

何绍基于《石门颂》拓本用心甚苦、用功甚勤,其所作金石歌咏影响甚广,因而直到他去世前一年的同治十一年(1872)十月十八日,山东金石学翘楚陈介祺(1813—1884)在致苏州知府、金石学家吴云(1811—1883)函时,还特意寄呈自己收藏的《石门颂》拓本,委托吴氏转请养疴吴门的何绍基题诗。[60] 何绍基辞世仅一年之后,陈介祺又与身为陕西甘学政、曾亲赴陕南汉中访《石门颂》等摩崖石刻的另一位金石学家吴大澂(1835—1902),为石门摩崖拓本事而书信往还达数十通之夥,后人将这些书信分别辑为《吴愙斋尺牍》和《簠斋尺牍》[61]。这尽管属于何绍基身后的石门金石学余绪,但也不能说与何绍基对《石门颂》的阐弘全无关系。

何绍基《东洲草堂金石跋》卷三《跋〈石门颂〉拓本》曰:"咸丰乙卯初秋,余已卸蜀学使事,即为峨眉之游。先至嘉定府,为李云生太守款留署斋者三日;论古谈诗,荷花满眼,至为酣洽。插架书帖甚富,浏览之余,快为题记。见余心赏是拓,临别遂以持赠,遂携至峨眉。逮回洪雅县斋,将游瓦屋,太守令乃郎伯禹冒风雨来,执挚石门,奉手盘桓者两日。余回成都后,旋自蜀入秦,书问不绝。丙辰入都,小住即南游,闻云生作古人,此帖竟成遗念;每一展玩,不胜凄感。拓本甚旧,非百年内毡蜡;余所藏《孟文颂》(笔者按:即《石门颂》),此为第三本。同治癸亥。"跋文回顾了自己中年入蜀宦游,在蜀中乐山知府府邸意外获得引为同道的府台贶赠《石门颂》善本碑拓的金石学交谊过程。从以上几则关于收藏、鉴赏、研究《石门颂》拓本的金石学资料不难发现,[62]何绍基是一位为学勤勉执着、为人重情念旧的学者艺术家。

二

作为一位注重实学、"平生肆力在书律,毡蜡搜寻遍寰宇"的金石学家,在担任四川学政期间,何绍基常常请属下在巴蜀各地搜集、椎拓、呈交当地的石刻拓本,编成《各属寄到碑目》一书。[63]但他当年入蜀赴任和离任出蜀,南来北往至少两度路过陕南汉中,蜀道石门本系其出入秦蜀必经之地,[64]他钟爱的汉隶《石门颂》以及东汉《大开通》《杨淮表》和北魏《石门铭》等众多重要汉魏摩崖石刻,都位于褒斜栈道要冲的石门隧洞内外崖壁间,却何以不见他有顺道踏勘的访碑之举呢?

检清代汉中当地学人记述可以发现,问题恐怕并不在于何绍基不欲亲身访碑,实际上他也苦于无能为力而徒唤无奈。按照乾隆四十五至五十三年（1780—1788）任褒城知县的倪学洙《石门道记》的记述："洞曰石门，夏秋水涨，没溢崖岸，不能问途，唯春冬始可挈舟而入。舟不能径达，则舍舟而步，山径溜滑，乱石纵横，几不能容足。盖登陟之难如此，故斯洞为人迹所罕到。"[65]稍后另一位著名金石学家王昶（1724—1806），在嘉庆十年（1805）编著的《金石萃编》卷五《开通褒斜道石刻》按语中称："是刻，昶官陕西时所拓，从前著录家皆未见之。摩崖后有宋晏袤释文并题记，晏所释全文可读，知今本后尚有三十余字，为工人遗拓。……据县令倪学洙云：自褒城而西南，凡三百余里，悬崖绝壁，汉唐题字，隐见于丛莽间，连绵不绝。盖宋以前，路通兴元，栈道俱在山半，故汉唐遗迹最多。今栈道移而渐下，遂不可摹拓矣。"嘉庆十九年（1814），东汉摩崖《郙阁颂》所在地汉中略阳县令王森文，在应约赴褒城公干之余作《游石门记》亦曰："褒城石门道，创自秦汉，后汉永平、建和间，复事开凿，故摩岩多汉隶。北魏迄宋间加修治，故两朝摩岩亦相继迹，而宋刻尤多。自开鸡头关，其路遂废，游者非舟莫达，由是人迹罕到焉。"甚至直到距此差不多60年后，也即在何绍基往返蜀道近20年后的同治十二年（1873），褒城县教谕罗秀书作《石门道古碑序》还声称："清肃（笔者按：指平息西北太平军）后，问津者绝迹。书屡驾舟寻访，为洪浪所隔，咫尺不能达，每怅怅归。"

正是由于道路艰险，所以嘉庆、道光年间四川按察使、编著有《三巴金石苑》的金石学家刘喜海，于道光二十六年（1846）入蜀"访碑……取道于五丁担侧（笔者按：即汉中金牛道）……持节西川"，[66]以及后来何绍基于咸丰二年和五年两经连云栈往返南北，虽均取道石门所在地山崖上方蜀道而与石门近在咫尺，却无缘降至山脚褒水西侧崖岸间的石门隧洞内外探寻，从而跟汉魏石门原刻失之交臂。直到何绍基去世后一年的同治十三年（1874）深秋，另一位著名金石学家、陕甘学政吴大澂，（图4-31）

图 4-31　清陕甘学政吴大澂像

才利用按试陕南汉中的机会，在当地金石学家罗秀书等的帮助下，备历艰辛，终于实现了访碑的夙愿。吴氏《石门访碑记》卷首备述访碑途中顶风冒雪、爬山涉水的艰险经历。因此，何绍基当初过石门而不入实属事出有因、无可奈何，这是当年蜀道交通的艰险和自然环境的恶劣给这位学者艺术家造成的遗憾。

三

对于《石门颂》摩崖石刻，何绍基虽未能亲赴原址踏勘观摩，但这并不影响他对该石刻拓本的追求和对其书法的爱好。何绍基对《石门颂》善拓的悉心搜罗，已见前述；他搜集此碑拓的目的，既是为了金石学研究，更多的则是为了研习其书法艺术，这有其数量可观的传世临作可证。康有为在《广艺舟双楫》卷一《尊碑》中曾总结道：

> 碑学之兴，乘帖学之坏，亦因金石之大盛也。乾嘉之后，小学最盛，谈者莫不借金石以为考经证史之资。专门搜辑著述之人既多，出土之碑亦盛。于是山岩屋壁、荒野穷郊，或拾从耕父之锄，或搜自官厨之石，洗濯而发其光采，摹拓以广其流传。若平津孙氏、侯官林氏、偃师武氏、青浦王氏，皆辑成巨帙，遍布海内。其余为《金石存》《金石契》《金石图》《金石志》《金石索》《金石聚》《金石续编》《金石补编》等书，

殆难悉数。故今南北诸碑，多嘉道以后新出土者；即吾今所见碑，亦多《金石萃编》所未见者。出土之日，多可证矣。出碑既多，考证亦盛，于是碑学蔚为大国，适乘帖微，入缵大统，亦其宜也。

已知何绍基收藏《石门颂》拓本，始于其二十四五岁壮游齐鲁时期；而他正式开始临习《石门颂》书法，则是在步入花甲、远离仕途以后的事，这由近百年来出版的其一系列临习作品的署款可以考见。[67]譬如民国十三年（1924）十一月中华书局出版，由署名"星池"庋藏、高野侯鉴定的《何子贞临〈石门颂〉真迹》款署："己未（笔者按：即咸丰九年，1859）仲季秋十九日，临第三遍竟。蝯叟。"（图4-32）又譬如民国十四年（1925）三月有正书局出版的《何子贞临〈石门颂〉〈礼器碑〉合册》款署："庚申（笔者按：即咸丰十年，1860）中秋节，晨起对雨书。蝯叟。溧社。"（图4-33）再譬如河北美术出版社1988年6月出版《何绍基临〈石门颂〉残本》款署："辛酉（笔者按：即咸丰十一年，1861）仲夏，作于化龙池無园为少云世兄属。何绍基。"（图4-34）还有像上海新世纪拍卖有限公司第97届艺术品拍卖会第103号拍品——何绍基咸丰十一年秋季隶书《石门颂》册页款署："辛酉八月十一日，詹王宫齐集成服。蝯。"钤"何绍基印"朱文方印、"子贞"白文方印。（图4-35）[68]又，日本高岛氏槐安居旧藏、寄赠东京国立博物馆的何绍基临《石门颂》款署，以《石门颂》体汉隶书作："此等碑，就石刻石字学之，即以石为师可也。辛八十二。爰。"钤"何绍基印"朱文方印、"子贞"白文方印。此"辛八十二"，疑即辛酉八月十二日之省称；[69]换言之，此亦咸丰十一年所临写，较前列作品仅迟一日，足见何绍基临习《石门颂》之勤。民国十五年（1926）十二月商务印书馆出版的《何道州临汉碑十册》之一《蝯叟临〈石

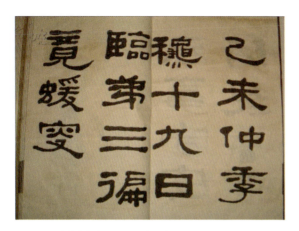
图 4-32　清咸丰九年（1859）何绍基临本

图 4-33　清咸丰十年（1860）何绍基临本

图 4-34　清咸丰十一年（1861）何绍基临本

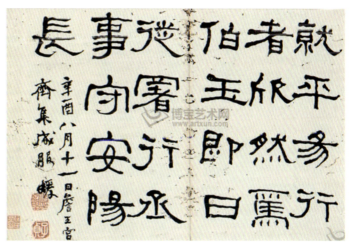
图 4-35　清咸丰十一年（1861）何绍基临本

门颂〉》款署为："壬戌（笔者按：即同治元年，1862）九月廿二日，蝯叟。"这本方格界栏临习册，近几十年来为沪、湘多家出版机构多次翻印出版。[70] 此外，坊间还有两本何绍基同治二年仲冬临本，款署分别为："癸亥（笔者按：即同治二年，1863）仲冬月十七、八、九日临。天气雪后大寒，望再得雪也。昨略晴，今大晴，吾儿庆涵十七日从京师归。蝯叟记。"[71]"癸亥仲冬，德畬老弟属，绍基书于海山仙馆。"

上海书店出版社新近推出的何绍基临《石门颂》书法集，是一部旧藏家秘不示人、150 余年来从未面世的同治元年十一月二十七日何绍基临于湖南长沙的本子。封面木夹板有清末民初湖湘大儒、寓居沪上的著名书画家曾熙（1861—1930）题签："何道州临《石门颂》墨迹。丙寅（笔者按：即民国十五年，1926）立秋后农髯为冠群弟署此检。"（图4-36）而何绍基自己的楷书15字款署也清晰明了，完全符合他习书落款的行文惯例："壬戌十一月廿七日，阴，不雨，时有日暖。"（图4-37）此何氏临本之后，另有1926年5月12日曾熙和近代湖湘书法家谭泽闿（1889—1947）的各一段题跋（图4-38、图4-39），记述该本流传本末甚详，兹不赘录；从中可知本册何绍基临《石门颂》书法集，系何绍基嫡孙何维朴（1844—1925）去世后，由其世兄星叔处散出，初为曾熙门人、沪上实业家许冠群（1899—1972）[72]觅得，曾献于乃师鉴赏，为曾熙称赏不置。之后许氏遵师嘱视若秘宝什袭珍藏，以致本册久不为世人所晓；不过，其来龙去脉，传承有绪，历历可考，毋庸置疑。再后此本由许冠群转赠曾熙嫡孙曾庆壬先生（1922—2010）奉藏。

想当初，曾熙老夫子见此宝帖而奉为至宝，再三关照弟子："古人学书重墨本，其秘守之，勿轻示人也。"今曾氏后人辗转获此宝而不自秘私享，慨然提供出版机构印行，使之化身千万，供广大书法爱好者研习临摹，共同分享道州书法艺术。此等高谊素心，堪称有德藏家，其卓识、风范与襟怀，当更在乃祖之上矣。

四

前已述及，何绍基搜集《石门颂》拓本起步很早，青年时期即涉足此领域。步入仕途后虽然宦海沉浮，但仍留心搜集各地碑版拓本，潜心研习，为日后成为书法大家打下了良好基础。因而当他在华甲之年彻底远离官场之后，[73]

 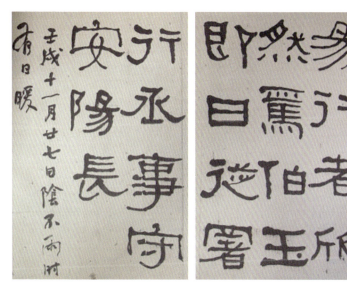

图 4-36　民国十五年（1926）曾熙为何绍基临《石门颂》题签

图 4-37　清同治元年（1862）何绍基临本

　　有了比较充裕的时间和闲适的心态，就更加肆志致力于书法临习。已知除了临习《石门颂》之外，何绍基还曾临习过其他不同风格的多种汉碑，如《张迁碑》《礼器碑》《曹全碑》《乙瑛碑》《史晨碑》《衡方碑》《武荣碑》《西狭颂》以及与《石门颂》并称石门东汉摩崖石刻"双宝"的《大开通》等，而《石门颂》实际上还不是他用功最勤者。据其嫡孙何维朴撰于光绪二十六年（1900）的题跋回忆：何绍基60岁后专注于隶书临摹，尤其喜爱《张迁碑》和《礼器碑》，每日临习不缀，两碑曾各临百余遍之夥，而临《石门颂》的次数显然要少得多。

　　即便这样，何绍基一生临习《石门颂》的次数也相当可观；其中既有应酬性质的节临，也有从头至尾一丝不苟的通篇全临。从传世临本不难发现，何绍基的临习《石门颂》，恐怕早已超越了"依样画葫芦"的"入帖"阶段，而是达到了胸有成竹、"我笔写我心"的"出帖"境界。这等本事，显然与他广泛搜集《石门颂》拓本，并且长期赏玩、潜心揣摩，以至烂熟于胸有关。

　　值得注意的是，何绍基的几件传世临本，在摩崖石刻出现石花或崩裂

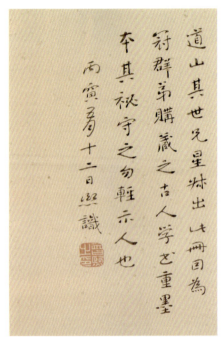
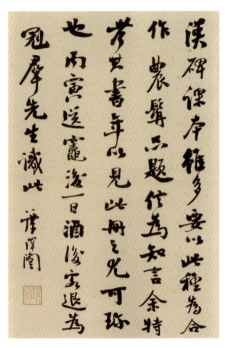

图4-38 民国十五年（1926）曾熙跋何绍基临《石门颂》

图4-39 民国十五年（1926）谭泽闿跋何绍基临《石门颂》

以及拓本的漫漶之处，其所临写的文字各有不同。除了像河北美术出版社出版的《何绍基临〈石门颂〉残本》仅隶书《石门颂》颂文、之后则缀合了两则楷书《文心雕龙》卷六《神思》和《通变》文字以外，对于像沈尹默先生20世纪40年代在重庆观摩何维朴所藏临本时提及的诸如石刻文字"王府君冈谷道危难"的"危"字，临本的处理就各自有别：有作"之"的，也有参考前文内容"后以子午，途路涩难"作"涩"的，或者索性空缺不书的。另如石刻"或解高格，下就平易"的"高"字，每一临本亦各有不同，或作"高"，或作"其"，或者因为生怕释读误会而不予书写。出现这种情况，可能是因为何绍基珍藏有3个不同的拓本，而每次临习选取的拓本不同；也可能是他根据自己对拓本内容的理解所作的调整。鉴于何绍基收藏的几种《石门颂》拓本并不像其临习作品那样广为流播，对于这几种拓本原件的真实面貌我们无从一窥，因此对于其诸临本文字各不相同的原因也就无法确知了。

传世何绍基临书《石门颂》信息一览表

题名及临书内容	署款及临书年岁	临书地点	备注
《何子贞临〈石门颂〉真迹》临书全文	己未仲季秋十九日，临第三遍竟。蝯叟。61岁	山东济南	署名"星池"藏本 上海中华书局 1924 年版 有光绪四年（1878）湖湘李辅耀、陈锺英、赵子密、费袭，民国九年（1920）谭延闿，民国十三年（1924）六月曾熙，同年秋章大炎等 10 人题跋
《何子贞临〈石门颂〉〈礼器碑〉合册》临书全文	庚申中秋节，晨起对雨书。蝯叟。溧社。62岁	济南溧社	有正书局 1925 年版
《何绍基临〈石门颂〉残本》，题签者：王颂余 隶书节临"君德明明"至"君其继从"；此后楷书"物以貌求"至"萌芽比兴"	辛酉仲夏，作于化龙池无闷斋为少云世兄属。何绍基。63岁	湖南长沙	沉北美术出版社 1988 年版 隶书节临《石门颂》"君其继从"之后，楷书"物以貌求，心以理应；神用象通，情变所孕；变则其久，通则不乏，文律运周，日新其业；刻镂声律，萌芽比兴"。"赞曰：神用象通，情变所孕；物以貌求，心以理应。刻镂声律，萌芽比兴；结虑司契，垂帷制胜。"《通变》："赞曰：文律运周，日新其业；变则其久，通则不乏；趋时必果，乘机无法；望今制奇，参古定法。"
何绍基隶书《石门颂》册页节临"惟坤灵定位"至"复通堂光"二十五开临书全文	辛酉八月十一日，詹王宫齐集成服。蝯。63岁	湖南长沙	上海新世纪拍卖有限公司第 97 届艺术品拍卖会第 103 号拍品 西泠印社出版社 2011 年版《何蝯叟临〈石门铭〉真迹》以此为底本，封签宝熙误题为"石门铭" 有光绪二十六年（1900）国八月何绍基孙何维朴，民国二十九年（1940）四月沈尹默题跋
何绍基临《石门颂》节临"此等碑，就石刻石字之，即以石为师可也。辛八十二。爰"之蝯叟临书全文	此等碑，就石刻石字之，即以石为师可也。辛八十二。爰。63岁	湖南长沙	日本高岛氏槐安居旧藏本，寄赠东京国立博物馆 《书道艺术》第 10 卷《何绍基》，中央公论社昭和 52 年（1977）版，第 120—121 页，214 页 有光绪二年（1876）秦树业，三年蒋节题跋
《何绍基临汉碑十册》之蝯叟临《石门颂》》临书全文	壬戌九月廿三日，蝯叟。64岁	湖南长沙	谭泽闿旧藏本 商务印书馆 1926 年版 上海书店 1989 年版《何子贞临〈石门颂〉》，湖南美术出版社 1996 年版《何绍基〈石门颂〉》，上海辞书出版社 2009 年版《何绍基临〈石门颂〉》均以此为底本
何道州临《石门颂》墨迹，题签者：曾熙 临书全文	壬戌十一月廿七日，阴不雨，时有日暖。64岁	湖南长沙	上海曾庆氏王藏本。何绍基题刻：《石门颂》墨迹。丙寅立秋后衣耷为冠群弟署周跋 封面夹板题刻：1926 年 5 月 12 日跋及谭泽闿跋

续表

题名及临书内容	署款及临书年岁	临书地点	备注
何绍基节临《石门颂》节临"惟坤灵定位"到"荣名休丽"止	癸亥仲冬月十七、八、九、望日临。天气雪后大寒，再得雪也。昨略晴，今大晴，吾儿庆涵十七日从京师归。蝯叟记。65 岁	广州潘仕成海山仙馆	晚清泰州宫本昂旧藏本鉴藏印：泰州宫氏珍藏，延蝶仙馆，宫子行同弟王父宝之，等等吴民贵《从何绍基临写〈石门颂〉谈起》，载《历史教学问题》1999 年第 2 期，第 29 页
何绍基节临《石门颂》节临"则悬峻"到"匮馁之患"止	癸亥仲冬，德畲老弟属，绍基书于海山仙馆。65 岁	广州	见网络显示藏本临书起"危桥旸"至"弗前恶"，接"则悬峻"至"输渊平"，再接"由憨狩"至"天残终"，最后接"年不登"到"匮馁之患"止。疑装池拼接有误

第五节　清末后党徐郙与新党梁启超的蜀道金石拓本鉴藏及其他

随着清代碑学书法的兴起，自然带动了包括蜀道汉魏摩崖在内的拓本的收藏与研究，《郙阁颂》自不例外，许多知名学者都对其作过探讨，如清末康有为（1858—1927）《广艺舟双楫》卷二的《体变》《分变》《说分》《本汉》等篇。值得注意的是，与康有为同为"新党"的梁启超（1873—1929）不仅珍藏有《郙阁颂》拓本，（图4-40）而且撰有专门题跋心得，惜乎学界对其知之甚少。鉴于此，这里谨对国家图书馆藏两段梁任公《郙阁颂》跋略作介绍。

其一：剪裱本，30开，高25厘米，宽13厘米。梁启超题签。钤"梁启超""饮冰室""启超""饮冰室藏金石图书""新会梁启超""帖祖楼""超""启超私印""饮冰室藏""梁""寿如金石""梁启超印""任公""富贵吉祥""双涛阁藏""新会梁氏"等印鉴。系"校致"存半之清乾隆、嘉庆年间拓本。梁氏跋云：

吾新得端匋斋所藏一本，"校致攻坚"四字未损，校此固胜。然此本椎拓极精，纸墨黝然，亦乾隆初年物也。丁巳十二月启超题藏。（图4-41）

其二：拓片，高174厘米，宽114厘米。钤"饮冰室藏金石图书""梁启超""千石功侯寿贵""任公""寿如金石"等印鉴。此系"校致"未损之明末清初拓本。梁氏跋云：

图 4-40　国家图书馆梁启超旧藏《郙阁颂》拓本书影　　图 4-41　国家图书馆藏梁启超《郙阁颂》题跋

　　吾家今藏此碑精拓三本，以此为最。续得端匋斋旧藏本，海内名流题跋殆遍，然墨色拓工均逊此也。"校致"二字完好无损，为明拓。"确据惟坚"字失拓，不知何故。第一行裱工裁损，亦可惋也。丁巳腊半，启超记。

　　梁启超是戊戌变法时期与康有为齐名的维新人物，人称"康梁"。学术界一般将他1920年旅欧回国，作为其一生问政与治学的分水岭。梁跋《郙阁颂》在"丁巳"，即民国六年（1917）。据其《裴岑纪功碑跋》"丙辰秋，余在广州，得旧拓汉碑十数种"和《文殊般若经碑跋》"兹拓余以丁巳年得诸广州"等记载分析，梁启超得端方旧藏《郙阁颂》拓本也在1916、1917年于岭南羊城时。当时他正由从政改良向著述立说转变，康有为对《郙阁颂》的推崇，料对他染濡不浅，这从康有为《广艺舟双楫》高度评价《石门铭》，和梁启超晚年（民国十四年，1925）的《石门铭》跋中可见一斑。梁氏跋云：

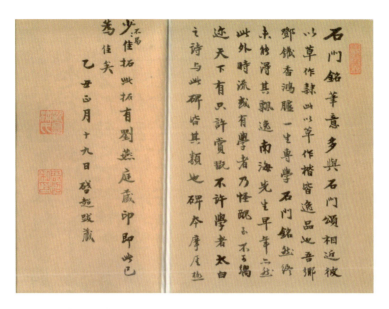

图 4-42　国家图书馆藏梁启超《石门铭》颙跋

《石门铭》笔意多与《石门颂》相近，彼以草作隶，此以草作楷，皆逸品也。吾乡邓铁香鸿胪，一生专学《石门铭》，然终未能得其飘逸，南海先生早年亦然。此外时流或有学者，乃怪丑至不可向迩。天下有只许赏玩不许学者，太白之诗与此碑皆其类也。碑本摩崖，极不易佳拓。此拓有刘燕庭藏印，即此已为佳矣。乙丑正月十九日，启超跋藏。（图 4-42）

据此不难想见，梁启超自宣统元年（1909）前后始留心碑刻拓本以来，一直悉心收藏《郙阁颂》等拓本，到民国六年，他已累计蓄藏《郙阁颂》精拓本达 4 本之多，其中明末清初本流传至今者，当属善本无疑。而他着意于《郙阁颂》拓本之收藏，受康有为关于《郙阁颂》评价的影响是显而易见的。

当然，《郙阁颂》自两宋以降之所以影响广泛，除历代文人士大夫的大力推崇和互相介绍之外，其本身在语言文字、书法艺术等方面的魅力，才是为后世楷法的主要原因。而且这种"楷法"的作用，不仅局限于一般意义上的临摹与研习；有意思的是，《郙阁颂》这一名称，竟然也出现在了时人名字当中，如清咸丰间（1851—1861）举人、翰林院修撰，光绪元年（1875）充甘肃乡试主考的徐郙即表字颂阁。（图 4-43）

图 4-43　徐郙影像　　　　　　　　图 4-44　徐郙书法作品

在晚近上海嘉定籍知名书画家名单中，徐郙堪称中国历史上最后一位颇为出色的宫廷书画家，其传世作品数量众多，洵为一位勤奋多产的书画家。清末窦镇辑、宣统三年（1911）石印的《国朝书画家笔录》卷四对他是这么记载的："徐郙，字颂阁，嘉定人。同治元年壬戌一甲第一名及第，授修撰，官至太子少保、都察院左都御史，工画山水。"

另据民国十九年（1930）《嘉定县续志》卷十一《人物志·宦迹》记载，徐郙精于书法，秀雅近似赵松雪，更擅长山水画。从入词馆后，就被召直南书房，孝钦显皇后作的画，都由徐郙题字；（图4-44）慈禧太后晚年，常谕其字有福气。[74] 按：徐郙是徐阁经次子，其名字当然非他本人自取，而应该出自其尊人或家族其他前辈长者的精心构思。尽管我们尚不清楚徐阁经或徐氏家族其他长辈为徐郙取名的真正用意，但单从取名者将《郙阁颂》作为徐郙名与表字的用字来看，其对于《郙阁颂》的喜好与沉醉程度就可想而知了。或许与徐郙降生的同时，徐阁经或其父（徐郙祖父）正好喜获精拓善本《郙阁颂》，遂以此为徐郙取名以为纪念；或许是徐郙孩提时抓周取名，因抓得《郙阁颂》拓本，遂以此取名。总之不管是出于什么原因，徐郙名字的由来显然并非偶然，其与《郙阁颂》有关联当毋庸置疑；而徐郙后来也果然在书法方面极有建树，这与名字对他的激励、鞭策，或许不无关系。

1999年10月，在东汉《郙阁颂》摩崖石刻所在地、秦岭深处陕西略阳县举行的"首届《郙阁颂》学术研讨会"上，笔者曾以"《郙阁颂》文化逸事漫谈"为题，就徐郙名郙字颂阁的可能由来作了一些推测和分析，文载《汉中师范学院学报》2000年增刊。

此后，时任略阳县文化局长田孟礼撰著、陕西旅游出版社2005年出版的散文集《读书远行》中的《风雨摩崖书》一篇也赞同鄙说。稍前的2002年7月，由略阳县文化旅游局主持、田孟礼编著的《灵岩流光》一书中，《灵岩胜景与名人轶闻趣事·徐郙取名〈郙阁颂〉》一篇，作者灵岩寺博物馆范雪梅女史充分发挥文学想象，在笔者原先的推理基础上作了丰富生动的演绎，似乎将笔者最初有关徐郙名郙字颂阁与其家族长辈获得《郙阁颂》善本的有关分析推测坐实了。然而当初笔者实在无实据可征，只是根据一般常识作些合乎情理的推测罢了。

2005年6月，笔者赴内蒙古呼和浩特市参加全国首届碑帖学术研讨会期间，参观了著名金石文物鉴藏家杨鲁安先生珍藏的善本碑帖，同时获赠《杨鲁安藏珍馆藏品菁华》（文物出版社2002年版）一书。闲来披览杨老林林总总的珍藏，其书《碑帖拓本》一章，著名的"汉三颂"即在列，其中《西狭颂》为"建"字上损、"宁"字完好本。而最出乎笔者意料并令人叹为观止的，是第528号藏品《郙阁颂》拓本。该拓本不仅关键的"挍致攻坚"4字大体完好，（图4-45）而且在"官橡下辨"前一行破损的石

图 4-45　明拓《郙阁颂》鉴定关键，以"挍致攻坚"4字存损为依据　　图 4-46　《杨鲁安藏珍馆藏品菁华》收录的《郙阁颂》钤"徐郙寓目"印鉴

花位置，清晰地钤有徐郙两方鉴藏印鉴——朱文方印"颂阁"和白文方印"嘉定徐郙"，（图 4-46）由此愈加增强了徐郙名字与《郙阁颂》善本之间存在某种微妙关系的可能性。如若这一推断成立的话，则杨鲁安先生庋藏的此册善本《郙阁颂》，应当正是徐郙感念自己名字由来而刻意收藏怀旧的物证。有此物证，大体可以认定：应当存在过笔者曾经推测的徐郙父祖辈喜获《郙阁颂》善本之际，适逢徐郙诞生，因而以《郙阁颂》为其命名这样一段乾嘉金石学佳话的。

《郙阁颂》与《石门颂》《西狭颂》并称"汉三颂"，是东汉时期记载、歌颂主持入蜀栈道干线修筑工程功臣的纪功摩崖石刻。其中建和二年（148）的《石门颂》全称《故司隶校尉楗为杨君颂》；建宁四年（171）的《西狭颂》碑额为《惠安西表》；建宁五年（172）的《郙阁颂》今不见碑额，据著录原额为《汉李翕析里桥郙阁颂》，主要记载汉武都太守李翕建造蜀道嘉陵江析里大桥的功绩；"郙阁"即阁道栈桥名称，其地今属陕西略阳县徐家坪镇。

徐郙以书画见长，传世书法多行楷书。相传慈禧太后相当欣赏其书法，常称赞他的字有福气，因而举凡自己的绘画作品，辄嘱徐郙题字甚至代笔。同时，徐郙也有其乡先贤钱大昕的金石碑版之好，曾收藏过包括《郙阁颂》在内的多种汉碑和宋拓东汉《乙瑛碑》、南宋《绍兴米帖》《兰亭续帖》、明拓东汉《张迁碑》《史晨碑》等善本碑帖，甚至还有为当今"红学"界津津乐道的脂砚斋旧钞80回本《红楼梦》（又称"庚辰本"）。"甲骨之父"王懿荣曾有《为徐颂阁尚书题所藏宋拓虞书〈庙堂碑〉长安本》诗。[75]晚年的徐郙曾以老眼昏花为辞，不再作画和写篆书而专攻隶书，但其传世隶书作品并不多见。期待今后能够发现他临习《郙阁颂》或以《郙阁颂》体书写的隶书作品，那将成为与他名字本事相关的又一桩故实。

类似的例子还有明末清初书法家郑簠（1622—1693）。簠表字汝器，别号谷口。由于其姓氏、别号与汉代隐居陕南汉中褒谷口且相传擅汉隶（图4-47）的隐士郑子真姓氏、行止完全一致，操守、技艺也与郑子真相仿佛。清兵入关，他正值血气方刚的青年时代，即无意于仕途功名，以"遗民"自守，靠行医习字为业。毕生专攻隶书，购求汉隶不遗余力，家藏古碑拓本积有4橱之夥。他深谙汉碑，精熟汉隶笔法，自谓沉酣汉碑30年，溯源穷流，至晚年醇而后肆，成为清初扬州书坛一位重要人物，被公认为清代富有创造性精神的隶书大家。而他绝意仕进、以悬壶习书自娱的秉性，当与其姓氏、别号以及追慕郑子真的品节有关。徐郙颂阁和郑簠谷口的姓名、字号，以及其各自在书法、特别是在汉隶方面所取得的成就，成为《郙阁颂》等汉隶书法史上一种有趣的文化现象。

另据康熙时苏州昆山叶奕苞《金石录补》卷五载，康熙二十年（1681），收藏古书画金石县富的关中学界领袖王弘撰（1620—1697后）离陕南游，到南京曾会郑簠，旋过吴门会叶，出示所得汉残碑13字。按：古代文人虽多有游山玩水、访古寻幽的览胜之好，但限于交通条件，除非作官、省亲，似乎多惮于远行；尤其西北、西南之蜀道（栈道）"难于上青天"，往往令人望而却步。像陆放翁那样"远游无处不消魂"的豪放派诗人恐怕只是少数，大多数人并没有这般潇洒，而是常有"侧身西望长咨嗟"的无奈。所以，像郑簠这样的寒儒隐士，是绝对没有可能亲赴各地踏访碑刻摩崖的；

图 4-47　汉中褒谷石门传为郑子真题刻的"石虎"摩崖石刻，今凿迁至汉中市博物馆

其所获汉碑拓本，大约一方面靠好友故旧提供，另一方面可能来自坊肆。

基于上述原因，清代从事金石学研究而颇见成就者，多是为官一方的饱学之士。因为他们亲身踏访、实地考察的机会比较多。譬如陕西巡抚、陕甘总督毕沅在陕西得碑 797 通，得以编成《关中金石记》；又如历任浙、赣、豫巡抚和湖广、两广、云贵总督等职的阮元在山东得碑 1700 余通，遂编就《山左金石志》；再如曾为鲁、浙、湘、豫乡试考官，又任广东学政、著有《潜研堂金石文跋尾》的"乾嘉学派"开拓者钱大昕，"至身所经历，山崖水畔、黉宫梵宇，有断碑残刻，必刬藓拂尘、摩挲审读，或手自椎拓，积三十余年，遂成巨富"。

就"汉三颂"而言，情况亦同。像按试汉中的清末学者吴大澂，在访碑之余就地培养拓工以椎拓石门石刻，并西上陇南拓制《西狭颂》《耿勋表》等摩崖。著有《长安获古编》《陕西得碑目》的陕西按察使、延榆道刘喜海庋藏的多本《石门颂》《郙阁颂》《石门铭》拓本，系购自入蜀旅次西安时。至于著有《蜀道驿程记》的清初学者、诗人王士禛，因入蜀过路而不识《郙阁颂》，懊悔之情溢于言表："汉《郙阁铭》在宁羌州，州陋甚，在五丁峡西南。予尝过之,不知有此古物,未及访碑刻所在,殊以为憾。"[76]

应当予以纠正的是,王渔洋关于《郙阁颂》在陕南宁强的说法显然有误。这其实也怪不得他,因为当初他入蜀时并未沿嘉陵江从故道必经之地、即《郙阁颂》所在地略阳南下蜀中,而是取道连云栈(唐宋时期褒斜道)到汉中盆地,然后从与略阳毗的邻宁强经金牛道穿五丁峡逾七盘岭入蜀,因而与《郙阁颂》失之交臂,且在笔记中出现地理学失误。但无论如何,《郙阁颂》在当时文人心目中的地位以及影响之深刻,由此亦可见一斑。

第六节 一段因吴大澂蜀道访碑而绵延至今的金石学因缘

　　海上著名古书画碑帖鉴藏家吴湖帆先生（1894—1968）的金石碑版学收藏与研究，很大程度上是受了其祖吴大澂与外祖沈韵初这两位金石学名家的影响，这在他的日记、鉴藏笔记以及众多碑帖拓本题跋中都有所反映。值得关注的是，吴大澂当年流连陕南汉中石门的访碑经历，对于同样雅好金石碑版之学的其孙吴湖帆，究竟有着什么样的影响？这是一个很值得探讨的学术话题。

　　经初步爬梳，笔者认为：吴大澂、吴湖帆祖孙在金石学研究方面最大的差别，在于前者注重实地探访，追求目验实物；后者注重博览群籍，潜心购藏。所以，目前几乎没有发现有关吴湖帆野外访碑的文字记录。这样的碑版研究方式，难免道听途说，甚至酿成失误，如他关于《唐拓化度寺碑》以及《东汉刘平国摩崖》的观点，即为人腹诽。当然，这类失误丝毫无损于吴湖帆作为一位杰出的金石学大师的声誉。

　　有证据表明，对于其祖父曾经亲身踏访过的汉中石门摩崖石刻，吴湖帆也具有相当的兴趣，如2014年在澳门艺术博物馆举办的"梅景秘色——故宫上博珍藏吴湖帆书画鉴赏精品展"陈列的北京故宫博物院藏明拓"此"字不损本《石门铭》，为吴湖帆应约填词题跋，可视为这方面的相关物证。（图4-48）

　　　　秦塞褒斜道，此路号崎岖。石门天险犹是，一线锁通衢。汉室永平题凿（此门汉永平中所穿），魏代永平铭刻（此铭刻魏永平二年），千

图 1　北京故宫博物院藏明拓开篇"此"字未损《石门铭》

图 2　吴大澂孙吴湖帆先生为"此"字不损本《石门铭》填词《水调歌头》

古二难俱（一碑两永平年号，一汉一魏，是金石刻中绝无者，自亦奇事也）。陵谷感迁变，常绕帝王都。弟一字，还未损，墨华腴，行空天马，不似锋露郑羲书（碑文第一字"此"字未损者为明代拓本，铜梁王孝玉观察云，魏书体多尚方整，即《郑文公碑》于绵密中亦露锋棱，独是铭运用超妙，如天马行空云）。羊祉之功安在（为龙骧将军秦梁二州刺史泰山羊祉纪功）？王远之名可识（王远之名不见他书），欧、赵憾何如（《集古录》《金石录》俱不载此铭）？宝华盦成梦（此册旧藏端忠敏公宝华盦），相对只欷歔。雪盦先生出示旧拓魏《石门铭》属题，为调《水调歌头》一阕，以当跋语，即请正拍。庚午八月，吴湖帆书于四欧堂。（图 4-49）

的确，在交通落后、兵荒马乱的年代，作为金石学研究重要一环的野外踏勘访碑，并不是一件如当今旅游般想走就走的容易事情。不光要解决川资、交通、安全、椎拓工具等问题，对于高悬绝壁、可望而难以靠近的摩崖石刻，更非体弱胆虚者有勇气攀登抵近观摩；必须仰仗熟悉山区环境的当地拓工，甚至还需花费重金搭建脚手架，才能勉强近前观摩、艰难椎拓，还未必能保证拓本的艺术效果完全符合理想、满足需求。并且褒谷山风凛冽，民谚有所谓"宝鸡的葱大，褒城的风大"的说法，如果没有登高操作的胆量和驾轻就熟的椎拓手艺，对于大尺幅的摩崖石刻，上纸定位都难以完成，更遑论拭墨椎拓。

正是鉴于上述各项"硬性"复杂条件，访碑实在不是一件不谙内情者所想象的寻幽览胜的轻松活儿；尤其勘访山间摩崖属于高空作业，具有相当的危险性，行家里手往往也视为畏途。因此在过去那样艰苦复杂的条件下，一介贵公子吴湖帆未能犯险涉远躬行访碑，是完全可以理解的。而搜罗、购藏拓本以进行纸上玩索，也成为其金石学研究的主要方式；聘请向导、雇佣团队进行艰险的摩崖踏勘椎拓作业，恐怕只有吴湖帆祖父吴大澂这样酷爱金石学的一方大员才有能力和条件实现。

大约两年多前，笔者意外得到白谦慎先生签赠其所著晚近金石学个案研究论集——《吴大澂和他的拓工》。（图 4-50）之所以说意外，是我们彼此竟然几乎同时关注着同一个学术命题；而且我还跟吴大澂汉中石门拓工张懋功后裔相识，其时正委托他在制作吴大澂《石门访碑记》等碑帖，这自然引起了白先生及其周围一些金石碑版爱好者的兴趣，向笔者索要《石门访碑记》拓本的同道也不乏其人。

那么，笔者是怎么跟吴大澂拓工张懋功后人相识的呢？又怎么会尝试着去刻制吴大澂《石门访碑记》等碑帖、并委托其拓工传人椎拓的呢？说来话长。兹乘上海博物馆举办吴大澂文孙吴湖帆先生书画鉴藏展暨学术研讨会之机缘，谨记这一段金石学因缘，以纪念吴大澂诞辰 180 周年。

大约在 2009 年，西泠印社筹备举办"重振金石学"国际学术研讨会，

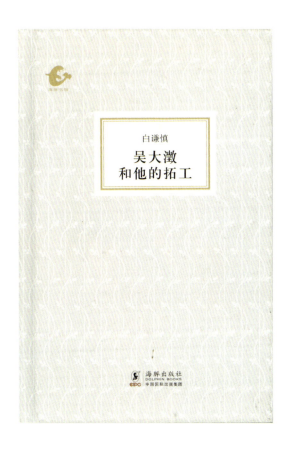

图 4-50　白谦慎先生《吴大澂和他的拓工》书影

笔者因在受邀之列，初拟了"访碑、传拓、考鉴：金石学研究三部曲"的论文题目，并于同年夏天前往我常年从事文史研究的课题基地——陕南汉中寻找学术灵感。去汉中的另一个原因，是当时我应汉中石门书画院郭林森院长委托，正在代为策划、编纂汉中史上首部汇集古今本地和流寓名流传世法帖的大型丛帖——《汉上竞风流集古藏真帖》，（图 4-51）其中第一卷晚清部分入选的集帖，恰好是吴大澂的《石门访碑记》，因此也想乘此行机会了解一下刻帖上石和拓制的进展情况。正是在这次走访过程当中，我偶然结识了张懋功的第五代后人张晓敏、张晓光兄弟，并通过他们特地前往汉中市河东店镇拜会了他们的父亲、原汉中市博物馆专职拓工张中发老先生。

之后，郭林森院长陪同原汉中市书法家协会主席李星先生，汉中市博物馆老馆长、著名石门石刻专家郭荣章先生和我，邀请张氏父子专程到褒城石门水库大坝景区作了一次现场视频专访。正是在那次活动中，我把杭

图4-51 《汉上竞风流集古藏真帖》书影

图4-52 《西泠印社重振金石学国际学术研讨会论文集》书影

州西泠印社即将举办"重振金石学"国际学术研讨会的消息告诉了在场诸位，希望他们分别撰文共襄盛会；因为自唐以降，曾有无数金石学家致力于石门摩崖石刻的临摹、校读，有关这方面的研究大有可为。

当初我竭力鼓动张氏父子参与西泠印社筹办的会议。记得那时他们正在着手以"张氏摩崖拓制技艺"的名义，认真准备书面材料，申报陕西省非物质文化遗产保护项目；而参与"重振金石学"这样代表国际学术水准的高端、正规、专业性大型会议，无疑会对他们的申报助一臂之力，其正面作用是不言而喻的。

遗憾的是，由于种种原因，张氏父子未能赴杭州参加那次会议，而我因恰好有其他学术活动也缺席了；好在就在会议截稿前的最后一刻，他们提供了由张中发先生口述、介绍其家族传拓历史和传拓技艺的文稿——《汉中褒谷石门摩崖石刻拓印世家亲历史迹》，这才有了让外界了解他们家族从事碑刻椎拓历史的第一份口述史料。旋经我向"西泠"会议组委会呈递举荐，文稿终于获得通过，被正式列为当年 9 月杭州西泠印社"重振金石学"国际学术研讨会论文材料之一，并最终被编入西泠印社出版社 2010 年 8 月出版的《西泠印社重振金石学国际学术研讨会论文集》。（图 4-52）后来得知张氏摩崖拓制技艺，也顺利入选省级非物质文化遗产名录。

以上就是笔者当年与吴大澂汉中石门拓工张懋功后人结识并促成一段金石学因缘的大致过程。

至于张懋功是如何应聘替吴大澂拓制石门等地碑刻的，吴大澂、陈介祺又是如何向张懋功传授碑拓技法、使其成长为陕南一带知名拓工的，张氏椎拓世家又是如何薪火相传、继承发展的，有吴大澂的《吴愙斋尺牍》、陈介祺的《簠斋尺牍》等文献史料可以查考；前述张中发先生的口述回忆，以及白谦慎先生的考订研究，分别从相关当事人、传承人和研究者三个不同的侧面和维度作了更为系统深入的梳理和考订，可以参看。这里拟稍作补充的，是晚清时期张懋功所在的汉中本地金石学界的一些学术活动以及同侪对张懋功的评述等；这些鲜为外界所知的资料，有助于人们全面完整地了解吴大澂当初亲赴石门访碑前夕汉中金石学界的相关背景。

中国晚近的金石学界，或多或少受到过清代著名爱国诗人龚自珍"但恨金石南天贫"诗句的影响，金石学人多向往远赴西北实地访碑，这在他们的往来信札中可见一斑；而史上汉唐名碑也的确多见于西北地区，以至有所谓"陕拓"之说。因此，访碑求拓在碑学以及考据学兴盛的乾嘉时期，可谓代不乏人；尤其是宦游西北的学人，更得天时、地利与人和之便。像毕沅、王昶、何绍基、刘喜海以及叶昌炽等一批金石学者，因为官西南、西北地区而有机会实地访碑，吴大澂也是其中的一员。（图 4-53）当年吴氏作为陕甘学政，在赴各地督学按试之余，有机会各处踏勘访碑，不避艰险勇探陕南石门和陇南西狭等处的古刻摩崖；这些地方，当时即便是本地

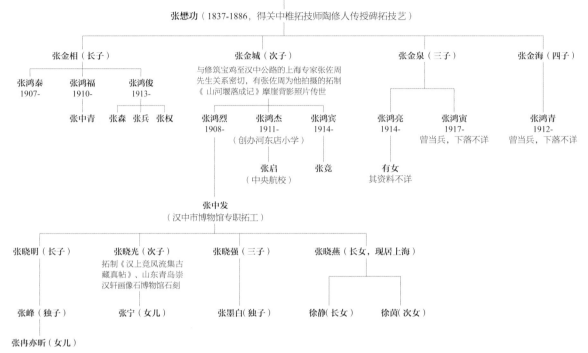

人士也未必能到或者有胆量勇气犯险一往。吴氏的治学精神，足为后世楷模！

除了宦游学者，包括张懋功在内的本地技工和学人，对蜀道金石学研究及金石学资源发掘的贡献也不容小觑。因为金石学资料，特别是摩崖石刻文字的揭示、提取，必须借重既不畏艰险、又具有高超椎拓技艺的匠人方可完成；否则，任何高官显宦、学者名流都只能望石兴叹、徒唤无奈。如在吴大澂抵达汉中石门访碑前一年的同治十二年（1873），褒城县教谕罗秀书在《石门道古碑序》中就感叹道："清肃（笔者按：指平息西北太平军）后，问津者绝迹。书屡驾舟寻访，为洪浪所隔，咫尺不能达，每怅怅归。"罗氏又识《魏潘宗伯、韩宗元、李苞通阁道碑》曰：

图 4-53　曾亲赴陕甘蜀道访碑的金石学家吴大澂画像

此碑文与跋语，刻沙石上，剥落殆尽，文模糊不清。同治九年夏，至岩下玩视久之，疑正文字体，绝非魏晋人手笔。旋使拓工以洁白细纸拓之，归悬窗上，细视半日，约略读出文理。……及次年，复至石门，见门北悬岩上，有小字石刻一行，使设方拓之，始知是李苞碑真迹，犹隶书也。……但上半潘宗伯、韩宗元文，不知又在何处，想来犹在褒谷，未知今生有缘得遇否？然李苞碑真文刻于门北悬岩上，下临深潭，旁无托足之地，拓工至此，直欲销魂可戒也。罗秀书识。

再如在题跋倪学洙〔清乾隆四十五至五十四年（1780—1789）间任褒

城知县，海宁人〕撰《石门道记》时，同治褒城县令莫增奎曰：

> 辛未春，谢蔚青观察调任潼、商；濒行，嘱拓石门碑碣四十余种。亟命匠梯山凿壁、费极经营，仅得三十一种，未睹全璧，窃以为憾。适读倪兰畹先生《石门道记》，由汉迄宋，备详原本，始悟观察之言，信有征也。爰镌记于石，以为好古问奇之士导先路云。褒城县令山阴莫增奎题跋，司铎频阳罗秀书摹隶。同治十年六月谷旦镌石。

上述石门地方官如罗秀书、莫增奎等笔下的拓工、匠人，当指张懋功无疑。因为当年居住石门的，唯有张氏一家；他们独享石门石刻资源，并且深谙石门环境，正所谓靠山吃山、近水吃水。兼之张懋功为人谦虚好学、沉稳踏实，既得关中椎拓前辈陶修人秘授技法真传于前，又善于结交本地文人墨客、受他们点播启发于后。尽管他只是一个没有功名、仅靠薄技糊口的普通匠人，但其身上的文墨气息，连一方大员吴大澂也引为同道知己，甚至曾夜宿其庐、联床畅话。虽然吴大澂和张懋功事后都没有留下有关他们石门张氏茅屋中雪夜纵谈的内容记录，从而给后人留下无限可能的想象空间；然而由张懋功从此成为吴大澂的专职拓工而被委以重任、甚至后来被吴氏延请入幕加意栽培来看，吴大澂当年显然是格外赏识张懋功的。另据张氏后人追忆，"文革"之前，石门张家还保存有吴大澂题赠张懋功的"松鹤齐年"一匾，由此可见吴大澂对张懋功的器重及二人交情之深。

吴大澂的《石门访碑记》堪称金石学史上的不朽奇文。正是因为对这篇情真意切而又充满传奇色彩的访碑奇文感触良深，笔者才建议石门书画院郭林森院长将这一事关汉中金石学的奇文上石，并特请张懋功后人张晓光予以精拓传世，以铭记、弘扬汉中金石学史上的这桩艺林佳话。在此再转录吴瘱斋先生的这篇访碑奇文,以与同道共赏;同时寄语丹青妙手,若能据以绘作《石门访碑图》或《石门校碑图》,当更有意义。

石门访碑记

　　同治甲戌十月之望,汉中试事毕。翌日,策马至褒城,自龙王庙渡口泛舟而上。行里许,风甚,湍急,挽索不前,篙师有难色。舍舟而徒,由东岸石坡,逦迤至白石土地庙。山径纡仄,崖谷峻险,距石门尚数里也。遇樵子导之下,折而南,又折而北,荆榛塞路,山石荦确。小憩玉盆石下,观宋人题名,循江北行,崎岖益甚,从者裹足。过一点油石,壁立数仞,下临深渊,山穷路绝,裴回久之。忽闻岭上人语声,隐隐在丛莽间,则打碑人张懋功也。懋功家在石门东,去此仅数百步,然可望而不可至。度岭而下,约二里余,危崖陡绝,攀萝直上,如猱升木,石虎在其巅。险窄处仅容半足,虽太华苍龙岩不是过矣。夜宿张懋功家,风雪满山,江声如吼,终夕潺潺不绝。黎明,县令罗君遣舟来迎,遂渡至石门,门西壁则杨孟文颂(笔者按:即《石门颂》),颂后即《杨淮表纪》,旁有宋人题名十余段。访得汉永寿元年题字七行,纪右扶风丞李君德政;字多平漫,可识者有六十余字,从前著录所未及。其东侧王远书铭(笔者按:即《石门铭》),铭侧题字七行,笔势超逸与铭文同,疑即王远书。下有"贾哲字三德"五字,亦相类,向日拓工不之省,金石家所未见也。魏荡寇将军李苞题名,在门北崖壁最高处,俯临江水,椎拓艰险,世所罕觏。宋晏袤摹其文,刻于门外南壁上,其下有绍熙五年修堰记。又有宋人摹刻"衮雪"二处,其原刻在江中巨石下,湍流迅急,身不得近,隐约可辨,相传为汉刻。旁有"魏王"二小字,想系宋人伪刻。此石久湮水中,水落始见，近年张懋功访得之，始有拓本。又南十余丈，则郙君刻石在焉，下刻宋晏袤释文，晏所记一百五十九字，今石仅存十六行，末行"瓦卅六万九"以下缺三十五字。倪兰畹游纪云：崖石已断，不知后数行刻于何处。余观郙君刻石旁，有石横卧崖侧，纵三四尺，横二尺许，令从者缘崖视之，有文在石下覆处，大小如郙君刻石，此必尾段三十五字也。是时雨雪不止，泥滑路艰，登陟为劳，遂以异石事属诸张懋功，不及手自摩挲。返棹下驶，重观玉盆及乾道修堰刻石，皆在乌龙江岸东，太平石则宛在中央，亦有宋人题字数处，漫漶不可尽识。是行也，常熟华大成星同、颖川刘嘉德瑞斋、元和陆振之保善偕往。华君、陆君未至先归，独刘君及仆三人从。吴县吴大澂恒轩为之记。（钤"大澂私印"白文方印）。

《石门铭》《杨淮表纪》《石门颂》，均刻门内，石壁凹凸不平。颂文完善无缺；表纪弟六行"约身"上一字全泐，为石灰所填。独王远书铭，石多绽裂，摹拓较难。近遣张懋功精拓一本，较王氏《金石萃编》多三十七字。又半字三，又辨正《萃编》误字五，其石质剥泐、不可辨者四字而已。字体有可疑者，并录出以俟考正。

弟二行：此门（"门"上一字全泐，《萃编》作"此"字）

弟三行：遘（"遘"字似从"升"而略变其体）

……

同治甲戌十月廿二日吴县吴大澂手校。（钤"清卿手校"白文方印）

杨孟文颂"命"字、"诵"字下垂处，细审石质，实系裂文，刻字处甚深，石泐文微浅，观拓本"诵"字，与下裂文并不连属。

除了吴大澂《石门访碑记》屡屡提及张懋功，体现了张氏深得吴大澂信赖、足堪任事以外，汉中本地学者、官员对张懋功的评价，也反映了这位椎拓工人与众不同的另一面。譬如就在吴大澂赴汉中石门访碑之前两年的同治十一年（1872），褒城教谕罗秀书撰书、原镌于石门隧道内东壁间的隶书《汉忠武侯诸葛公八阵图注说》碑（1970年迁置汉中市博物馆）的最后，对张氏就有这样的好评："张子懋功，性嗜古，问《阵图说》，故书此。"表明张懋功虽身为拓工，却有心向学，主动请教所拓碑刻的内容意蕴，从而赢得委托人的敬重赞赏，乃至将其问学一事一并上石、与碑共传，说明当地官绅学人对这位向学拓工也是青睐有加。而且从《汉忠武侯诸葛公八阵图注说》涉及的罗、张交往情况来看，在吴大澂来汉中之前，他们应该业已熟识并且过从甚密。

在吴大澂石门访碑之后的光绪八年（1882），关中文士潘矩墉题写了《游石门记》，刻于石门西壁间（今淹没于石门水库）。碑文又载：

> 邑人张茂功，精音律，能毡腊，善与人交。家在石门对岸，茅屋数椽，树木周匝，殊觉幽雅。约往少憩，具鸡黍饷客，更出琵琶而侑酒，虽非流水高山，然亦足以移情矣。（图4-54）

此碑文笔下的张懋功，俨然一位林泉高士，难怪渊雅如吴大澂也引为莫逆了。

总之，在吴大澂石门访碑之前，汉中当地的金石学研究已相当活跃，吴氏访碑的天时、地利与人和条件齐具；而他的到访，又成为汉中金石学进一步发展的重要推手与契机。当然，石门所在地褒城县地方官兼金石学者罗秀书的作用亦不容忽视。作为吴大澂属下典吏和金石学同道中人，罗秀书为吴大澂的访碑出力良多。也正是在与吴大澂的切磋过程中，罗氏得到吴大澂的青睐欣赏，其所编著的《褒谷古迹辑略》即由吴大澂题签并署款：

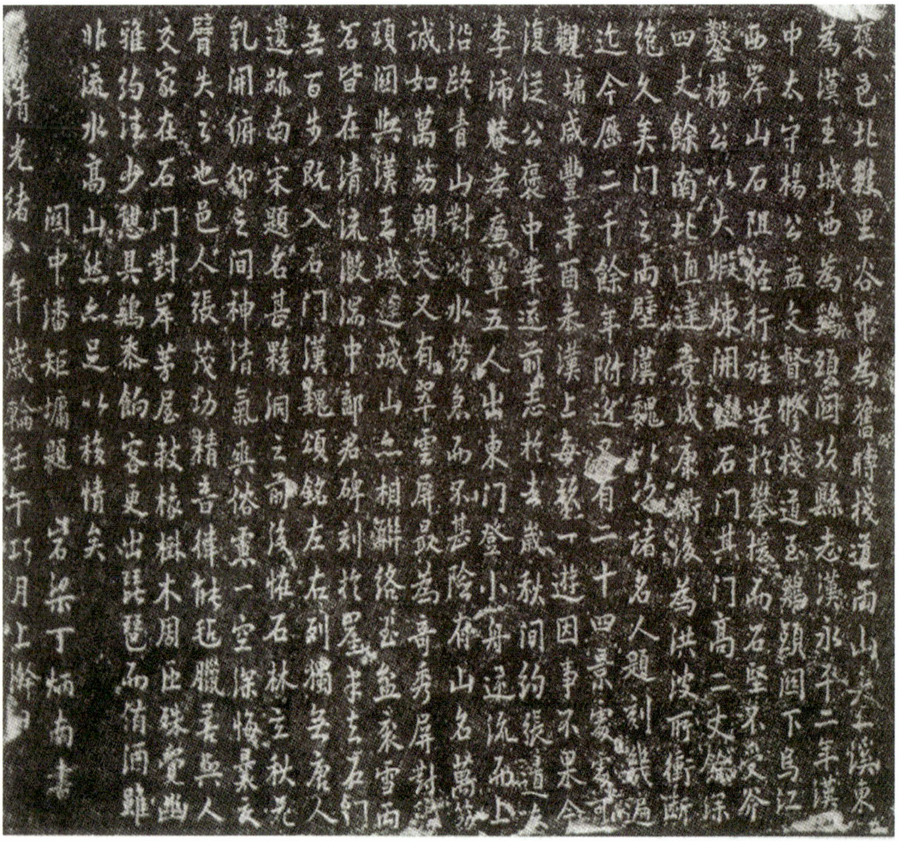

图 4-54　清光绪八年潘矩墉作、刻于石门西壁间的《游石门记》碑

"同治甲戌孟冬，吴大澂观于汉南试院。"（见本书绪论图 24）

罗秀书题识《褒谷古迹辑略·李君表》曰：

> 《李君表》数千年无人知者，书至"石门"二字下，摩挲视之，见有石刻痕，为泥沙所埋。亟命洗之，得此。字体甚生动秀雅，详读其文，十余字终不可得。甲戌冬，吴学宪将文理考全，拟翻刻一石，未果。

这里的"吴学宪"，即按试汉中的吴大澂；此题识也透露了吴大澂曾经与罗秀书商酌过翻刻古石刻事宜。有迹象表明，正是罗秀书举荐张懋功给吴大澂，从而使张成为吴按照陈介祺函授精拓技法拓制陕南、陇南摩崖石刻的专职拓工的。

至于张懋功其人，洵为勤学善思有头脑的能工巧匠。汉中有民谚曰：石门对石虎，金银万万五；有谁打得开，买下汉中府。应该说张懋功正是石门碑拓的"开山者"。吴、罗、张的金石学因缘，成为晚近金石学史上一抹亮丽的余晖；自此往后，金石学研究逐渐趋于衰微，以至于130年后，西泠印社发出了"重振金石学"的倡议和呼吁。

继吴大澂、张懋功之后，赓续石门金石缘的是我国著名公路建设先驱，原上海公路学会会长、上海市政工程局总工程师张佐周先生，20世纪30年代，张先生跃马秦岭，（图4-55）在修建宝鸡到汉中的抗战公路期间，正好负责留坝至汉中段的测量、设计和施工工作。为保护石门故址及其摩崖石刻，他得到当时的全国经济委员会公路处处长赵祖康先生的鼎力支持，通过架桥改道，将公路原设计方案中经东汉开凿的我国乃至世上最早的双车道隧道——古石门的取线挪到褒河东岸，在石虎峰下开凿连环三洞"新石门"隧道（图4-56、图4-57），从而使得石门遗址及其内外崖壁间的众多历代摩崖石刻得以完好保全。今天，在新石门南北口上方，当年社会名流贤达如于右任、赵祖康以及交通界元老、著名学者和鉴藏家叶恭绰等题刻的"石虎""新石门""虎视梁州"等摩崖石刻依稀尚存。也正是得益于上述有识之士的大力保护，1962年12月9日，"褒斜道石门及其摩崖石刻"被公布为国务院总编号第57号的第一批全国重点文物保护单位。

赵祖康先生后来回忆自己从事这段战备公路建设时保护石门文物的经历说：

> 这一路段古迹较多，我和孙发端、张佐周等商量，既要把工程做好，也要妥善保存石门栈道等古迹；为此，公路路线原沿褒河西岸修筑，拟

图 4-55　张佐周先生设计西安（宝鸡）至汉中秦岭酒奠梁段盘山公路时的照片

图 4-56　张佐周先生为保护古石门，设计架设了褒河鸡头关铁桥，令公路迁回至褒河东岸

图 4-57　张佐周先生于褒河东岸开凿的新石门公路隧道

图 4-58 抗战前夕故宫文物经西安（宝鸡）至汉中公路南迁，得以安然保全

图 4-59 1936 年赵祖康题写的宝鸡至汉中公路酒奠梁碑刻今景

在褒城过河，但河面太宽，建桥工程较大，又因避免损毁石门古迹，因此改在鸡头关上游建桥过河，经石虎山脚处开凿了两个山洞，全长66米，筑成后我请交通界老前辈叶恭绰写了"新石门"三字刻在山壁上。还有一位姓钱的工程师写了一首诗："绝壁森森立，寒波咽咽流。削平石虎脚，直下古梁州。"借以描绘该处工程艰险雄伟的景象。……12月26日举行试车。当第一辆卡车驶抵汉中，汉中的行政督察专员张笃伦向蒋介石报功，得到了蒋的"传令嘉奖"。（图 4-58、图 4-59）

1988年4月下旬，时隔半个多世纪后重回汉中，张佐周先生在第三届褒斜石门研讨会上发言时这样说道：（图 4-60）

西汉公路（笔者按：西安—汉中，实际是宝鸡—汉中）由宝鸡越过

图 4-60　1988 年 4 月下旬张佐周先生在汉中褒斜石门研讨会上发言

秦岭、酒奠梁、柴关岭,再沿褒河而下,经过鸡头关下石门峡谷而达汉中,全长 254 公里。全线于 1934 年 7 月开始测量,1934 年底动工,1935 年 12 月 26 日试车,1936 年 5 月 1 日新石门凿通,1936 年 7 月 1 日鸡头关大桥完工验收,全线通车。……

回忆当年受赵老(笔者按:指赵祖康,当时任全国经济委员会公路处处长)和吴老(笔者按:指吴必治,时任西汉公路总工程师)的委命,我代理留(坝)汉(中)段测量队长。当施测到鸡头关下,为了避免破坏古石门古迹,在褒姒铺以下附近建桥(笔者按:即鸡头关大桥)过褒河,走石门对岸"石虎"脚下。又恐有损"石虎"虎形,特在下部开凿连环三洞,称为"新石门"。沿河岩石坚硬,山势险峻,是西汉公路最艰巨的一段,也是最有历史、文化意义的一段。

在褒城施工时,经常去石门。当时从褒城去石门无路可通,沿褒河石壁上开凿的小槽,上下两排,上层手攀,下层脚踩,按一定的程序面壁前进到达石门南口。洞长约15米,宽约4米,高在3.5米左右,可以通过汽车。洞内岩石成横向片状,凹凸不平,尺寸也不一律,壁上刻有《石门颂》《石门铭》珍品。南口石壁上有《山河堰》石刻。在洞口两端附近有40厘米见方、深约70—80厘米的石孔,孔内表面平整,堪称巧夺天工,下面岩盘上留有圆形石孔。前者是插入悬臂大梁之处,称为壁孔;后者是圆木支柱之处,姑称柱孔。……当是古栈道的遗迹。我为了恢复一段古栈道的面目,曾在石门北口外依原留孔洞用木材修复了仿古栈道,并在终端一块峭壁的顶部修筑一亭,翼然临于褒河溪流之上,面对石虎及公路,景色既秀丽而又奇伟,诚一游览、凭吊胜地。我当时年轻气盛,指点江山,俯仰今古,睹"褒雪""玉盆"遗石,领略大自然之美景,至今思之,尤历历在目。

然而张佐老追忆中的这一国宝级文物,却于"文革"期间在文物管理部门缺席的情况下,被强迫让位于兴建石门水库的水利工程而遭到毁灭性破坏,仅抢救性凿迁了13方东汉至南宋的重点摩崖石刻,异地安置于今汉中市博物馆;其余100多种历代摩崖石刻暨古栈道遗迹等,全部沉沦于石门水库的浩淼烟波中了。1988年4月下旬,张佐周先生重返汉中时,曾驱车登临石门水库大坝。望着脚下碧波深处自己曾倾力保护过的石门故址,抚今追昔,他感慨万端,当即赋诗一首:"石门本是国家珍,渺渺云水何处寻?褒河有知应改道,忍令古迹永沦沉。"稍后在题为"三十年代石门状况及其轶事追述"的会议发言中,他又不无遗憾地说:

我在褒城施工历经三个春秋,自从1937年离开后距今已经五十有一载,久想旧地重游。此次来汉中,一是应会议之邀,二来也了却平生之愿。下午迫不及待去褒河大坝,只见高坝背后烟水茫茫,石门已沉沦于水中。昔日之奇伟风光,褒河的激流急湍已成过去。深感兴修水利是件好事,但美中不足将石门淹没,未免遗憾千古。如果大坝向上游移若干距离,则既兴修了水利,又保护了宝贵的文物,岂不两全其美!虽然耗费较多,也是值得的。

直到1998年,张佐周先生在88岁高龄卧病华东医院时,犹对古石门魂牵梦萦,曾于病榻上作《忆古石门》诗云:"千古石门何处寻?鸡头关下波粼粼。曾为护宝移前路,惜近堤高没水深。自昔往来通马驿,而今进出有鱼群。青春相伴几三载,白发江南忆故人。"

这种挥之不去的痛惜之感,大约是所有情系石门的同道对文物厄运的共同感受。记得2013年盛夏,笔者应邀参与上海博物馆教育部"碑帖墨拓文化的传承与展示"的筹划,为此曾联袂新闻媒体到汉中石门作了传统金石学意义上的实地访碑,同行的《东方早报·艺术评论周刊》执行主编顾村言先生,事后在该报"中国艺术寻根系列调查"专栏发表署名考察报告《石门访碑,一痛再痛》,也是遗憾之情溢于言表。

1988年4月在汉中举办的第三届褒斜石门学术研讨会,笔者曾叨陪末座,并有机会向张佐老请教,当时情形至今记忆犹新(图4-61)。对将青春奉献给西(安)汉(中)、乐(山)西(昌)公路,特别是滇缅抗战公路建设的中国公路建设先驱张佐周老人,笔者一直充满敬重之情。2005年上半年,当张老以96岁高龄在沪仙逝,笔者即致电家属慰问并敬奉悼诗挽联:

图 4-61　1988 年 4 月 22 日汉中第三届褒斜石门研讨会期间，笔者与张佐周先生合影于汉中宾馆

步陆放翁临终《示儿》诗原韵悼张翁佐周先生

海上驾鹤云栈空，汉南轸悼追思同。
石门归宿期有日，公祭足慰告张翁。

有感开辟西汉公路暨保护石门古迹之张佐周先生遗嘱归葬汉南

易栈辟路称先锋，护宝改线伟厥功。
情系汉南胜江南，笑瞰坦途埋骨忠。

有感张佐老抗战前夕修路护宝，步陆放翁《书愤》诗原韵悼之

青春峥嵘时世艰，关陕北望气如山。
蹉跎春秋曾三度，坎坷营造闯险关。
云栈易路暗自许，勿等闲白乌发斑。
护宝迁道真名世，厥功筹等张蔡间。
注："筹等张蔡"语出《石门铭》。

图4-62 2005年10月28日,"功在千秋——张佐周先生三十年代交通摄影展"在汉中市博物馆举办

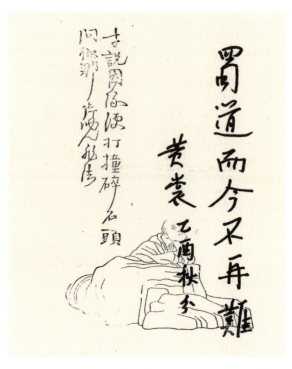

图4-63 应笔者之请,著名作家黄裳先生为纪念张佐周先生活动题词

挽张佐周先生

力挽石门拐西汉　　魂归云栈随酂侯

注:"西汉"指西汉公路。汉中褒城,相传西汉酂侯萧何所筑。

最为难能可贵的是,张佐周先生早岁保护汉中石门金石文物的情结贯穿一生,并未因其生命终结而告终。当笔者从张老长子张熹先生处获悉,张老临终前表示,希望身后能以石门为自己的最终归宿,与他青年时期驰骋秦岭开辟的西汉公路及倾力保护的石门古迹永远相伴;而且愿意捐赠他早年亲手拍摄、珍藏了大半个世纪的反映当初汉中风土人情和西汉公路修建情况的老照片。怀着对这位深具爱国情怀的老知识分子的崇敬之情,笔者迅即代为上书汉中市政府及相关文化、文博部门,呼吁满足张老遗愿,为汉中保留一部守护祖国优秀传统文化的活教材,同时继承好张佐老留给汉中的珍贵文化文物遗产。

2005年深秋时节，在中共汉中市委副书记、市人大常委会主任郭加水同志的统筹指导下，张佐周先生文物老照片捐赠仪式暨"功在千秋——张佐周先生三十年代交通摄影展"在汉中市博物馆举办（图4-62）。那些鲜为人知的汉上老照片，顿时成为承载汉中历史文化记忆的重要文物，同时也传递着张老挚爱汉中的挚挚真情。展览举办前，我特请抗战时期曾经西汉公路到褒城下成都、并曾撰写过相关蜀道旅行散文的沪上著名作家黄裳先生题词："蜀道而今不再难。"（图4-63）展览举办的同时，张佐老骨灰安放仪式也在他早年为保护古石门而开辟的新石门上方的山崖间举行。墓园与石虎山融为一体，坐东面西，俯瞰山脚下一江南流的褒河水，远眺石门大坝后浩渺碧波下的古石门，（图4-64）象征着张佐老保护祖国文化文物的事业生生不息、后继有人。记得当时鞭炮声久久回荡在褒谷峡川中，仿佛迎接张老英魂归来一般……崖壁上镌刻着由陕西省文联副主席、汉中市作协主席王蓬撰文，笔者润饰的碑文：

中国公路建设先驱张佐周先生长眠于此

抗战前夕，修筑交通命脉西汉公路，途经之褒谷为云栈要冲、蜀道之始。早在东汉，业已开凿世界最早的通车隧道——石门，内外遍布历代题刻，内容多与石门开凿、古道兴废相关。所书文字，构成我国汉魏至唐宋书法演变之信史，历经千年积淀，乃灿烂中华文化之标本、国之瑰宝。然公路取线恰过石门，古迹注定遭破坏殆尽。危急关头，一位工程师挺身保护，架桥改道。于石虎峰下连凿三洞，筹等张蔡，成功保护古石门；又修复一段栈道，新建一座亭阁，与古石门遥相辉映，为褒谷平添壮景，装点关山，堪称千秋功勋。这位工程师，便是当年西汉公路留汉段总段长、时年二十四岁的张佐周先生。

图 4-64　位于汉中褒谷古石门东岸新石门南山间的张佐周先生墓地

张佐周（1910—2005），字郁文，满族，出生于河北保定书香世家，怀"修桥铺路"、造福于民之志，入北洋大学，专攻土木工程。"九一八"后，投身我国早期公路建设，是沪杭、杭徽、西汉、乐西、滇缅等多条干线公路的建设者和组织者。中华人民共和国成立后，力倡我国高速和高架道路，创建交通工程学会，规划上海"三港二路"，是我国著名公路和交通工程专家。

乙酉初春，张公仙逝，享年九十有六。遵其遗嘱，归息褒谷。

秦岭巍峨，足证张公英姿；褒河涟漪，长忆云水襟怀。

张公一生，历经世纪风云，坚守学人风范，忠公忘私，心胸坦荡；胆识兼备，外柔内刚。尤能于民族存亡之际，保护石门于前，投身滇缅于后；功勋卓著，彪炳史册，堪为国人表率。谨叙事略，以垂永远。

近年来，笔者强烈呼吁加强石门水库大坝闸门下方幸存的近代所凿新石门连环三洞暨其摩崖石刻的保护，以铭记历史。新近获悉该处业已升格

为陕西省级文物保护单位,实在值得庆幸!诚如笔者在《中国文化遗产》杂志发表的《蜀道文化遗产保护纪实》一文所指出的:

> 这是一段业已尘封的历史、一处被遗忘甚至被遗弃的文物故址,是一个文物保护功德碑、警世牌与文物破坏耻辱柱并存的地方。这儿最应该成为的,是一方开展和进行文物保护现场教育的遗址公园。
>
> 人们有理由期盼这样一个结局:由于一位80年前保护这一蜀道文物的公路建设先驱奉献出流动的追忆、执着的牵挂、清晰的影像,乃至陪伴、安息于此的拳拳爱国情而将她重新激活唤醒。因为她曾经是世界上最早人工开凿并通行车辆的穿山隧道;曾经在民族危亡之际庇佑过故宫文物安全南迁至蜀;曾经保存着东汉至近代约百八十方摩崖石刻;曾经是国务院公布的首批全国重点文物保护单位;曾经完全有可能与万里长城和京杭大运河并列为古代建筑工程史上的伟大奇迹而申报世界文化遗产。然而,这一国之重宝却因为半个世纪前的那场文化浩劫和无知,被无情地摧残、埋没殆尽……
>
> 站在饱经世事沧桑的历史节点上,今天,如何对待和评价这一处具有两千多年历史的古遗址以及为保护该古遗址而产生的近代遗址,既关乎古往今来无数金石学家、书法文字学家乃至土木工程专家守护传统文化的感情问题;也考验着作为文化传人的后来者们如何绍承前辈志业、薪火相传的意志和智慧;更关乎我们能否坚持科学发展和推进和谐建设的责任心、使命感与文化自觉性。

话及张佐老保护石门文物的事迹,又令我联想到他与张懋功次子张金城的结谊,这也是张佐老对石门金石学的又一贡献。张佐老在自述中提到

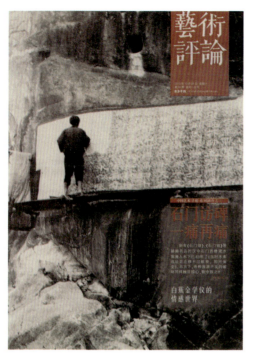

图 4-65 《东方早报·艺术评论》周刊"石门访碑专刊"　　图 4-66 张懋功第四代传人张中发先生与张佐周先生之子张熹先生在上海博物馆碑帖库房合影

石门传拓世家张懋功次子张金城:"我在褒城与拓印匠人张老汉相谈,他曾告诉我说,石门是用火焚水激法凿成的。"在张佐老当年拍摄的老照片中,还有石门张家茅庐的画面。最为珍贵的是,张佐老甚至保留着恐怕连张氏家族都鲜有人见的张金城不惧艰险、站在高高的木架上椎拓体量巨大的南宋摩崖《山河堰落成记》的历史镜头。虽然照片中的张金城以手持拓包认真椎拓的背影示人,但是张老当年抓拍的构图效果却极具视觉冲击,给人的印象极为深刻。难怪前些年《东方早报·艺术评论》周刊资深主编顾村言先生在报道石门访碑活动时,特地以此充满艺术感染力和历史、审美价值的老照片,作为占据整版的大幅题图,(图 4-65)来唤起读者对石门金石学的关注,可谓用心良苦!

几年前,吴大澂拓工张懋功的第四代传人张中发老先生来上海与女儿团聚小住,笔者闻讯后,即联络安排他与张佐周先生长子张熹先生见了面。(图 4-66)而促成"二张"这段"愿以金石结后缘"的初衷,说来其实很简单:由于双方先辈曾经为着保护祖国金石文物的共同目标走到了一

图 4-67　吴大澂拓工张懋功手拓曹魏《李君表》　　　图 4-68　《李君表》所钤疑似吴大澂篆刻的"褒城张茂功拓"朱文长方印

起,作为后代的他们和我辈文物工作者,理应踏着前辈的足迹,再续前缘又出发。唯有如此,才能确保我们的后人不光可以有碑可访,而且能够观摩、鉴赏到诸如吴大澂、吴湖帆笔下令人神往的诸善本碑拓。(图 4-67、图 4-68)

2017 年堪称吴大澂学术研究和有关展览的高峰之年。9 月 26 至 10 月 22 日,由笔者联络策划的"金石为开:吴大澂陕甘访碑拓片特展"在吴大澂故里的苏州碑刻博物馆举办;12 月 16 日起,以吴大澂、吴湖帆祖孙两代珍藏古玉、字画、碑帖等文物为主题的"梅景传家:清代苏州的吴氏收藏展",又在苏州博物馆举办。而此前的同年 8 月,吴大澂五世孙、吴湖帆嫡孙吴元京先生,也不远千里参与上海博物馆教育部和苏州博物馆联袂"网约"组织的全国金石书法爱好者"重走吴大澂陕甘访碑之路"游学到汉中;在参观了当年吴大澂"零距离"手摩目赏、而今凿迁至汉中市博物

图 4-69　张懋功五代孙张晓光与吴大澂五代孙吴元京在汉中蜀道石刻艺术博物馆重续前辈因缘

馆陈列的《大开通》《石门颂》《石门铭》等汉魏摩崖石刻之后，吴元京先生还出席了在蜀道石刻艺术博物馆举办的座谈会。期间，郭林森馆长特聘的拓片制作技师、"张氏摩崖拓制技艺"非物质文化遗产传承人、张懋功五世孙张晓光先生，与首度会面的吴元京先生两双手紧紧地握在了一起；随后，张晓光先生又将笔者提供素材、郭林森馆长出资放大复刻、他亲手椎拓的吴大澂《石门访碑记》拓本，郑重赠送给了吴元京先生。（图 4-69）拓片展开的一瞬间，见证这一动人时刻的与会同道纷纷拍照留念，快门声响成一片。而作为这一活动的策划者，笔者自然倍感欣慰，因为这预示着蜀道石门金石学复兴的日子业已到来！

第七节　金石为开缘精诚：记一位当代陇南蜀道青年金石学家

我国古代的金石学滥觞于北宋，兴盛于清代。历代学人辈出，著述纷陈。民国时期，1923年马衡先生执教北京大学历史系，讲授"中国金石学概论"；20世纪40年代，朱剑心先生撰著出版了《金石学》一书。然而此后不久，该学问就逐渐沉寂，求学、问道学子既少，后继乏人的问题日渐凸显；一门原先源远流长的显学，快要成为绝学了。编著过《〈水经注〉碑录》《〈太平寰宇记〉碑录》《〈蛮书〉碑录》《北山集古录》《金石丛话》《金石序跋》和《唐碑百选》等诸多金石学著作的文史大家施蛰存先生，在《闲寂日记》中，（图4-70）就曾黯然记录过当年（1965年5月16日记）金石行业冷落萧条的窘境："下午，碑估曹仁裕来，谓已歇业，今后不能供应碑帖拓片矣。"

10多年前笔者赴香港中文大学参加该校文物馆举办的"中国书法与碑帖国际学术研讨会"，期间与著有《增补〈校碑随笔〉》和《帖学举要》等金石学专著的碑帖研究方家、已移居香港有年的王壮弘先生晤谈。原以为身处海内外善本碑帖集散地的香港，王先生的碑帖研究定然做得风生水起、别是一番景象；讵料他也大叹苦经，自嘲可以对话者远不及他的王式太极拳弟子来得多。闻听之下，令人唏嘘！

感慨之余，平心静气思考，深感前两年杭州西泠印社以弘扬金石学为己任、倡议组织的"重振金石学"系列活动很有必要。诚如笔者当初应约撰文所指出的：行业萎缩、人才不济、出版冲击、风雅不再，正在严重侵蚀以访碑、传拓和考鉴这三步曲为主要研究手段的金石学。而欲重振这一

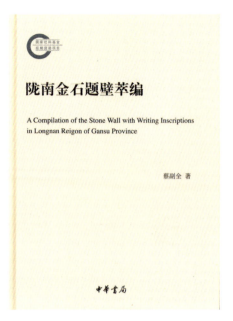

图-70 施蛰存先生《闲寂日记》书影　　图 4-71 蔡副全编著《陇南金石题壁萃编》书影

门历史悠久的国学，尤应着重培养人才，特别是培养年轻学者；唯有此，金石学才会薪火相传、发展振兴。

值得庆幸的是，一批金石学后起之秀，如今正在茁壮成长并脱颖而出，这其中像《陇南金石题壁萃编》（图 4-71）的编著者蔡副全先生，便是本学科领域的佼佼者之一。

蔡副全毕业于西北师范大学，执教于《西狭颂》所在地甘肃成县陇南师范高等专科学校，是一位术业有专攻的中青年教师。10 多年前，我曾央上海博物馆原副馆长汪庆正先生，替在陇南成县举办的《西狭颂》学术研讨会题词"凿空狭路，逐鹿学林"（这可能是汪先生的最后一次学术题词，不久之后先生不幸因病去世）。（图 4-72）会议期间，见到的蔡副全还是一个初出茅庐的青涩才俊。据他后来透露，他的学术兴奋点，正是被笔者于那次会议上展示的诸多晚清金石学家如吴大澂、陈介祺、王懿荣等讨论陇南金石的往来信札的图版所激发；那也是他第一次领略 PPT 的演示功能，钻研陇南金石学的志向从此树立起来，并且内心私淑笔者。

笔者对他的抬爱自然愧不敢当，因为既没有给过他什么具体学术指

图 4-72　金石研究专家上海博物馆原副馆长汪庆正先生给甘肃成县举办《西狭颂》学术研讨会的题词

导,更不愿贪天之功。副全这许多年来在金石学领域取得的成绩,完全归功于他自己的勤奋努力,这从他踏访、亲拓、释录和研究并重的务实学风,(图 4-73)以及发表的一系列有关陇南金石学研究论文可见一斑;他的好几篇文章,实实在在地解开了一些金石学谜团。《陇南金石题壁萃编》这一厚重成果,则是他长期沉潜积累的新收获。

习惯头戴运动帽、似乎随时准备出发上路的副全,始终保持着积极向上、开拓进取、古道热肠的年轻心态;笔者曾屡承他全程陪同访碑寻古,每当此时,一路上他解惑释疑,如数家珍,谈笑甚契。联想到古时曾游历陇南踏勘碑石的著名金石学人如吴大澂、叶昌炽和张维等,无不以极大的文化自觉和学术使命从事金石学踏访与研究,副全亦然啊!

作为金石爱好者的副全,以一颗情系乡邦的拳拳赤子之心,付出旁人难以想象的心血和艰辛,编著成较之张维《陇右金石录》更为精确且图文并茂的《陇南金石题壁萃编》,实属难能可贵。我想:以成县《西狭颂》

图 4-73　蔡副全在野外访碑椎拓

为代表的陇南摩崖,之所以得以原生态地保全而迄今无损,是与副全等一代代有识之士的长期努力分不开的;而副全本人的荣任市书协副主席、省书协学术委员,乃至于多年前被破格提升教授职衔,也是社会及学界对他多年辛勤付出、不懈努力的认可和回报,诚所谓"精诚所至,金石为开"。说实在的,金石学研究需要相当漫长的知识积累,投身这个领域,需要做好"大器晚成"的思想准备;副全能获得如此丰硕的学术成果,堪称早熟,而这恐怕也是他精诚所至的必然结果。

注释：

〔1〕 陶喻之《诸葛亮〈玄莫帖〉隶书取法鉴证》，《文物鉴定与研究》第5辑，文物出版社2012年，第120—128页。

〔2〕 陶喻之《孙樵履栈考》，《文博》1994年第2期，第57—60页。

〔3〕 陈显远执笔、汉中地区文化局编《汉中地区名胜古迹》，陕西人民美术出版社1988年，第132—133页。

〔4〕 （清）罗秀书、万方田辑注《褒谷古迹辑略》。

〔5〕〔8〕 根据宋蜀刻本《孙可之文集》卷四《兴元新路记》"阁道教习常民学川石等三人"一句后的自注"一本作川五人"推测，当时孙樵可能嘱咐两位随从分别对这方摩崖石刻进行抄录；而他们匆忙中马虎从事，仅就目测率加摘录、交差了事，并未椎拓。

〔6〕 胡道静《沈括的摩崖题名及法帖翰墨考》，《上海博物馆集刊》第4期，第370—376页。

〔7〕 郭荣章《晋太康修栈道石刻厘正》，《成都大学学报》（哲学社会科学版）1991年第2期，第84—86页。

〔9〕 李之勤等《蜀道话古》，西北大学出版社1986年。

〔10〕 （唐）房玄龄等《晋书》卷三十四《羊祜传》，中华书局1974年，第1018—1019页。

〔11〕 《晋书》卷四十二《王濬传》，中华书局1974年，第1209页。

〔12〕 《晋书》卷三《武帝纪》，中华书局1974年，第71页。

〔13〕 （宋）郑刚中《北山文集》卷十三《思耕亭记》。

〔14〕 （宋）洪适《隶释》卷四《李翕析里桥郙阁颂》；《隶续》卷七。

〔15〕 （清）翁方纲《两汉金石记》卷十三《汉析里桥郙阁颂》以欧阳修子棐《集古录目》卷一《郙阁颂》谓"不著撰人名氏，汉仇绋隶书"，遂疑"则欧阳氏藏本想已阙其后题五行者耶"，不确。按：欧氏既知唯见诸后5行之仇绋落款，《集古录跋尾》卷三又确指《后汉析里桥郙阁颂》系"建宁五年立"；而"建宁五年"亦唯出现于

正文后 5 行，由此证明北宋原拓尚存此纪年暨题名，并未完全磨泐。

〔16〕（清）王森文《郙阁铭摩岩碑考》："申如埙重刻《郙阁颂》碑（笔者按：因田刻与申刻系同一摩崖，申刻实即是在田刻基础上进行补刻，见下文考证），高减旧碑（笔者按：指东汉原刻）寸余，广同，行数、字数亦依旧式。"

〔17〕（清）王昶《金石萃编》卷十四《李翕析里桥郙阁颂》；王壮弘《增补校碑随笔》援引（清）方若《校碑随笔》。

〔18〕（清）毕沅《关中金石记》卷一《造郙阁颂》；张彦生《善本碑帖录·汉李翕郙阁颂摩崖》。

〔19〕（清）王昶《金石萃编》卷十四《李翕析里桥郙阁颂》引。

〔20〕〔36〕（清）王森文《石门碑醳·郙阁铭摩岩碑考》。

〔21〕（清）朱彝尊《曝书亭金石文字跋尾》卷二《汉析里桥郙阁颂跋》："书法太丑，疑为后人改刊。"（清）翁方纲《两汉金石记》卷十三《汉析里桥阁颂》："其后所补上方五十二字者，则益加丑恶，不复成字。且此五十二字，与洪氏所存无一字合。……因是知重刻本所补之安定。"

〔22〕（南宋）陆游《剑南诗稿》卷三十三《小舟游近村舍舟步归》。

〔23〕（明）赵崡《石墨镌华》卷一《汉李翕析里桥郙阁颂》。

〔24〕（清）康有为《广艺舟双楫·本汉第七》。

〔25〕施蛰存《北山谈艺录·汉碑六题·汉郙阁颂》，文汇出版社 1999 年，第 143 页。

〔26〕〔28〕（北宋）曾巩《元丰题跋》卷九《汉武都太守汉阳阿阳李翕西狭颂》。

〔27〕（清）严如熤纂修《汉南续修府志》卷九《职官上》。

〔29〕（北宋）文同《丹渊集》卷十七《梁洋诗·拙诗六韵奉寄兴州分判诚之蒲兄》。

〔30〕（南宋）董逌《广川书跋》卷五《郙阁颂》曰："李君讳会字伯都。"

〔31〕（南宋）员兴宗《九华集》卷十二《答洪丞相问隶碑书》。

〔32〕参看徐自强主编《北京图书馆藏石刻叙录》，书目文献出版社 1988 年，第 12 页；马子云、施安昌著《碑帖鉴定》，广西师范大学出版社 1993 年，第 60—61 页。

〔33〕〔37〕 朱宝泉、郭鹏编注《兴州诗文选注》，西北大学出版社1994年，第68、第96页。

〔34〕 （明）李遇春纂修《略阳县志》卷五，宁波天一阁藏明嘉靖三十一年（1552）刻本。

〔35〕 冀亚平、贾双喜《梁启超题跋墨迹书法集》，荣宝斋出版社1995年，第37、第8页。

〔38〕 马子云、施安昌《碑帖鉴定·附二：新旧翻刻碑志》，广西师范大学出版社1993年，第478页。

〔39〕 杜白珣《〈郙阁颂摩崖石刻〉补正》，《汉中师范学院学报》2000年增刊转引《贵州文史丛刊》，第16—18页。

〔40〕 《中国历史大辞典·宋史》，上海辞书出版社1984年，第326页。

〔41〕 （南宋）娄机《汉隶字源》援引所见《墨宝》有关《尊楗阁》记载，该书今不详。

〔42〕 （南宋）董史《书录》卷下："胡世将字承公，尝帅江西，刻古帖四卷于郡斋，有《资古录》，类集古今石刻为若干卷，今题跋存于集中。所书《铁柱铭》，刻于延真宫。邦人习书，多取为楷则。庚申火，碑遂毁不存。"

〔43〕 晏袤绍熙五年《山河堰落成记》摩崖最后书款曰："查沆、贾嗣祖、晏袤、张柄实董其事。"

〔44〕 （南宋）郑刚中《北山文集》卷十三《思耕亭记》载：东汉《郙阁颂》摩崖原址所在地位于嘉陵江上游，"回视渔关，不知其高几里，皆终岁漕饷之所浮，水既不得平流，皆因地而浅深，自滟滪逆数至渔关之药水，号名滩者六百有奇，石之虎伏兽奔者，又崎岖杂乱于诸滩之间。米舟相衔，且尽犯险，率破大竹，为百丈之篾缆，有力者十百为群，皆负而进，滩怒水激，号呼相应。"地处纤道要冲的《郙阁颂》摩崖饱受逆水行舟的纤绳篾缆之磨损。绍定三年（1230），沔州（今陕西略阳）知州、山东临沂人田克仁赴治北原址访碑，鉴于原刻"岁久昏蚀，殆不可读"，遂以"开禧间得旧墨本于京口，勘之欧阳公《集古录》、洪氏《隶释》及郡志所载，亡缺差少。来守是邦，因勒诸灵岩寺之石壁，以永其传"。同年，田氏还异地摹刻北宋史学家司马光墓前宋哲宗御书"忠清粹德之碑"于治南灵岩寺，足见他宦游略阳前即癖好金石碑帖且留意收藏善本碑拓。

〔45〕 郭荣章《魏〈李苞通阁道题名〉与三国时的褒斜栈道》《考〈潘宗伯韩仲元通阁道题名〉——兼评晏袤释文》，载《石门汉魏十三品专辑：石门摩崖刻石研究》，陕西人民美术出版社1985年，第72—86页。

〔46〕 《金石萃编》卷一百四十一、一百四十二；另参看清陆增祥《八琼室金石补正》卷四十"石门题刻目七拔"著录。

〔47〕 陆游的金石爱好由来已久。隆兴二年（1164），他任润州（今江苏镇江）通判时，就曾经偕友赴焦山踏雪探访与汉中北魏《石门铭》齐名而并称"南北二铭"的《瘗鹤铭》摩崖石刻。当年陆游访碑题刻的楷书大字，至今犹存焦山壁间。关于汉中褒谷石门未见陆游访碑题刻原因，参看陶喻之《宋代石门轶事补遗和考辨》，载《成都大学学报》（社会科学版）1989年第1期"褒斜道石门及其石刻研究会论文选集"，第121—126页。

〔48〕 （清）王昶《春融堂集》卷一三。

〔49〕 （清）王昶《春融堂集》卷四九。

〔50〕 陕西巡抚毕沅视察汉中在乾隆四十一年（1776），这由现存汉中各地名胜古迹如张骞墓、李固墓、樊哙墓、蔡伦墓等毕氏所书碑刻题款可见。毕沅《灵岩山人诗集》卷二十八《终南仙馆集》收录汉中连云栈行旅诗多首。卷三十九《云栈图》并序云："忆余昔抚秦时，方用兵金川，数数往还连云栈中。年来凤岭、鸡关，恒形梦想。展阅斯图，旧游如昨，千山万壑，翠屏近在眉睫间耳。"按：据清褒城知县倪学洙《石门道记》载，6年后的乾隆四十七年（1782），毕沅因编著《关中金石记》，始将发现的《大开通》拓本采入。因而《大开通》重见天日应该在乾隆四十一至四十七年之间。道光《褒城县志·职官》载：褒城知县倪学洙，海宁人，进士，乾隆四十五年至五十三年在任。《述庵先生年谱》载：乾隆四十八年（1783），王昶任"西安按察使"，四月"二十三日抵西安，著《适秦日录》一卷，见巡抚毕公，慰劳殊欢幸也"。五十年（1785），毕沅调离陕西出任河南巡抚，王昶为陕西布政使。《春融堂集》卷三十二有《与毕

秋帆制军论〈续通鉴书〉》，则王昶获得《大开通》拓本似在乾隆四十八年至五十年其赴陕就任并与毕沅切磋金石学之后，委托褒城县令倪学洙具体落实，故而王昶《金石萃编》作《大开通》题识时提及倪县令。

〔51〕 清咸丰二年（1852）至五年，湖南籍著名书法家何绍基任四川学政，经汉中连云、金牛栈道出入秦蜀，特别着意于《石门颂》拓本之鉴藏。其自跋一本系于乐山知府署斋见"插架书帖甚富，浏览之余，快为题记。见余心赏是拓，临别送以持赠"。同治二年（1863）又追记已藏三本（见何绍基《东洲草堂金石跋》卷三《跋〈石门颂〉拓本》）。又，《朱时斋杨旭斋来看〈石门颂〉因追述癸未甲申旧游……》诗，道及同寅联几共赏情趣。另据其《东洲草堂金石诗》之《借钩杨又云继振所藏〈娄寿碑〉即题碑后》"林张二宝倘并到，何惜十指松煤黔"自注："桂相国藏梁氏《华山碑》，张松屏藏宋拓《石门颂》，俱欲借钩。"体现了其希望观摩并摹宋拓的迫切心愿。《东洲草堂金石诗》另有《王稚子阙旧拓有覃溪瘦同诗因次韵为孔绣山题于拓本之罅》《夹江访两杨君阙》《高君碑》等关于蜀中访碑的诗作。

〔52〕 张彦生《善本碑帖录》第一卷《秦汉碑刻·汉鄐君开通褒斜道刻石摩崖》（简称《大开通》），中华书局1984年，第8页。又，李志贤编著《秦汉碑刻校勘图鉴·开通褒斜道刻石》载："此石清乾隆以前拓本极稀见。道光后，字口漫漶日甚。"文物出版社2007年，第45页。

〔53〕 徐自强主编《北京图书馆藏石刻叙录·鄐君开通褒斜道摩崖》载："该刻石于乾隆年间经毕秋帆（赴陕时）访出后，始有较多的拓本流传。现存资料最早者为明拓本。"书目文献出版社1988年，第9页。马子云、施安昌《碑帖鉴定·鄐君开通褒斜道摩崖》："明拓本'钜鹿'二字未损，'冶'字未损。"广西师范大学出版社1993年，第24页。施安昌主编"故宫博物院藏文物珍品大系"之《名碑善本·鄐君开通褒斜道摩崖》载："明拓，一册，白纸挖镶剪裱蝴蝶装。第六行'太守'下'钜鹿'、第七行'部掾'下'冶'三字未损。有陈克明题签。"上海科学技术出版社、商务印书馆（香港）

2009年，第21页。《中国碑刻全集》第一卷《战国秦汉·开通褒斜道刻石》载故宫博物院藏本仅记帖芯尺寸为纵37.2厘米，横22.3厘米，未著拓本时代，但有云："此摩崖凿后久为苔藓所封，人莫知之，南宋绍熙五年（1194）三月，南郑县令发现，并刻长篇题记于其旁，但此后六百多年又被苔藓所覆盖，直到清乾隆年间，陕西巡抚、金石学家毕沅撰《关中金石志》后，才又重新搜得，始有拓本传世。"人民美术出版社2010年，第78页。

〔54〕 吴昌硕跋语落款中的年份误为"壬壬"，具体年份不详。

〔55〕 （清）王昶《金石萃编》著录《大开通》，末行将"瓦卅六万九千八百"误为"八千九百"。

〔56〕 关于晏袤《大开通》释文较今见拓本文字为多，疑《大开通》末尾部分崖石崩塌不存，而非拓工遗拓，诚如乾隆中后期倪学洙《石门道记》所谓："按释文字较原碑多数十字，今观鄐君之碑，崖石已尽，不知所多之字镌何所，或者山石倾圮所致。盖历时二千余年，陵谷之变，诚有不可考者。"

〔57〕 笔者比对《大开通》拓本、辨析字眼得出上述结论，之后检视李志贤先生所赠其编著的《秦汉碑刻校勘图鉴》（文物出版社2007年，第50页），观点一致。尤其值得注意者，其所援引乾隆本，实即日本东京书道博物馆藏本，末行"百"字左下角钤白文方印"盐官张氏"显系注脚佐证。唯援引清初本，未知何据？存疑待考。辨析文字、比对图版，均见《秦汉碑刻校勘图鉴》，恕不赘引。

〔58〕 陶喻之《褒斜石门两种摩崖石刻考辩》，载《上海博物馆集刊》第6期，上海古籍出版社1992年，第103页。

〔59〕 高文《汉碑集释·开通褒斜道摩崖》认为"部掾冶级""盖是官名"。河南大学出版社1997年，第7页。

〔60〕 陈介祺弱冠即与何绍基往来，陈辑《敬宽书屋联抄》，其中一册均为何氏所作，陈题识曰："集中惟子贞同年为最，以其所学所见于集字发之，他人不能及。"道光二十六年（1846），陈又跋何藏孤本《张黑女墓志》。参看陆明君《簠斋研究》，

荣宝斋出版社2004年,第27页,第115—119页,第205页。

〔61〕 上海商务印书馆分别于1938年和1939年出版。

〔62〕 暂未见有关于何绍基藏东汉《石门颂》旧拓本及清拓本传世的报道。

〔63〕 重庆中国三峡博物馆藏《何绍基金石题跋卷》;《还原大师:何绍基的书法世界》,中华书局2016年,第76—83页。

〔64〕 何绍基《东洲草堂诗钞》卷十四收有壬子(咸丰二年,1852)至甲寅(咸丰四年,1854)所作入蜀诗一组,分别为《大散关》《留侯庙》《宁羌州》《剑阁》等;卷十六收有乙卯(咸丰五年,1855)所作出蜀诗一组,分别为《重过留侯祠步陶文毅丈韵》《去蜀入秦纪事书怀却寄蜀中士民三十二首并叙》等,表明他出入秦蜀均取道北栈(连云栈)褒斜道南段和南栈金牛道,但其往还行旅诗中,并无涉及赴褒斜道南端石门访碑之文字。

〔65〕 载清褒城县教谕罗秀书等编著《褒谷古迹辑略》。

〔66〕 (清)周其悫道光二十八年(1848)序刘喜海《三巴汉石纪存》。

〔67〕 隋鑫编著《何绍基临汉碑》之《石门颂》,黑龙江美术出版社2015年;《何子贞临〈石门颂〉原本》,台北弘道文化事业有限公司1975年,底本及临写时间不详。

〔68〕 西泠印社出版社2011年版《何蝯叟临石门铭真迹》以此为底本,封面楷书签条"沈鑫为药墀署"系学者宝熙(1871—1942)为孙奂仑(1887—1958)书写,误"石门颂"为"石门铭"。

〔69〕 《书道艺术》第10卷《何绍基》,中央公论社昭和52年(1977)版,第120—121页,第214页。

〔70〕 上海书店出版社1989年版《何子贞临〈石门颂〉》、湖南美术出版社1996年版《何绍基临〈石门颂〉》、上海辞书出版社2009年出版《何绍基临〈石门颂〉》均以此为底本。

〔71〕 吴民贵《从何绍基临写〈石门颂〉谈起》,《历史教学问题》1999年第2期,第29页。

〔72〕 张忠民《"路路通":抗战时期上海特殊社会网络下的特殊人物——以新亚药厂总经理许冠群为例》,载廖大伟主编《近代人物研究:社会网络与日常生活》,上海人民出版社2012年,第12—31页。

〔73〕 刘刚编《何绍基年表》:1858年,咸丰八年,戊午,60岁。"是年,始专习隶书,汉唐诸碑,次第临写,如《礼器碑》《石门颂》……等。"见《还原大师:何绍基的书法世界》,中华书局2016年,第303页。

〔74〕 见清刘声木《苌楚斋三笔》卷四。

〔75〕 见王光乾《会元状元,诤臣重臣——世代簪缨的嘉定徐郙家族》,载《嘉云》第1辑,中西书局2014年,第33—39页;林介宇《鼎甲荣光:嘉定三状元及其书画》之《徐郙:宠遇不衰的书画状元》,《嘉城文博》2017年第2辑,第24—25页。

〔76〕 (清)王士禛《香祖笔记》卷八。

第五章

前有蝮蛇后豺虎：
毒蛇猛兽的金石蜀道

古代蜀道不仅山高路险、崎岖难行，而且毒虫遍地、猛兽出没，因此，南来北往的蜀道旅行者在克服道路艰险的同时，还必须时刻保持高度警惕，防止来自毒虫猛兽的袭击。

第一节　历代史志诗文中的蜀道蛇虫虎患

早在唐大历元年（766），身为剑南西川节度使的边塞诗人岑参，在其五言排律《与鲜于庶子自梓州成都少尹自褒城同行至利州道中作》中，就有"岩倾劣通马，石窄难容车。深林怯魑魅，洞穴防龙蛇"的描写。明正德年间（1506—1521），以监察御史身份出按四川的卢雍，在过川北蜀道剑门关近侧的深山古刹时，作《志公寺》一诗，也有"山深虎豹多，凡僧不敢住"的恐惧。有"铁员外"之誉的清乾隆时期蜀籍文学家李调元（1734—1803），对蜀道艰险的描写更为具体而微："入峡只一舍，峰峦更逼仄。人担虎豹忧，江带鼋鼍色。"（《题飞仙阁》）

在缺乏充足照明和可靠防护保障的古代，白天通行、晚间止宿几乎是秦巴山区蜀道行人自觉遵守的旅行规则，这在历代蜀道旅行者的日记、诗文中屡有记录。如明代蜀籍文学家杨慎（1488—1559），其《朝天岭》诗中，就有"落日半山坳，掩映栗叶赤。行客早知休，前溪多虎迹"的告诫。明末清初另一蜀籍诗人费密（1625—1701），在《朝天峡》诗里表达了类似的忧虑："暮色愁过客，风光感榜人。"清雍正朝礼部侍郎任兰枝（1677—1746）自京经蜀道南下宣谕安南过剑门关时，作《宿剑关》一诗，也掩饰不住对猛兽的忧惧："斜日下荒原，驱车宿剑门。寒山风落石，残夜虎窥村。"

由上可知，古代对蜀道行旅构成最大威胁的动物，莫过于"百兽之王"老虎了；事实上，有关蜀道虎患的记载，诚可谓史不绝书，这里对相关文献史料略加考察。

以凶猛出名的白虎和群虎，殷周时期即出没于汉中地区，战国以降直至隋唐五代时期，也时有出没。东晋蜀籍历史学家常璩的《华阳国志》卷一《巴志》载：

> 秦昭襄王时，白虎为害，自黔、蜀、巴、汉患之。秦王乃重募国中："有能煞虎者邑万家，金帛称之。"于是夷朐忍廖仲、药何、射虎秦精等乃作白竹弩于高楼上，射虎。中头三节。白虎常从群虎，瞋恚，尽搏煞群虎，大吼而死。秦王嘉之曰："虎历四郡，害千二百人。一朝患除，功莫大焉。"欲如约，嫌其夷人。乃刻石为盟要：复夷人顷田不租，十妻不算；伤人者，论；煞人雇死，倓钱盟曰："秦犯夷，输黄龙一双。夷犯秦，输清酒一种。"夷人安之。汉兴，亦从高祖定秦有功，高祖因复之，专以射白虎为事，户岁出賨钱，口四十。故世号白虎复夷，一曰板楯蛮，今所谓弜头虎子者也。

同卷记"孝桓帝以并州刺史泰山但望伯阖为巴郡太守，勤恤民隐"，郡文学掾宕渠赵芬等"诣望自讼曰：'郡境广远，千里给吏。兼将人从，冬往夏还。……加以水陆艰难，山有猛禽；思迫期会，陨身江河，投死虎口。咨嗟之叹，历世所苦。'"东汉灵帝光和二年（179），"板楯复叛，攻害三蜀、汉中，州郡连年苦之。"益州计曹掾程包对曰："板楯七姓，以射虎为业，立功先汉。本为义民。复除徭役，但出賨钱，口岁四十。其人勇敢能战。""昔羌数入汉中，郡县破坏，不绝若线。后得板楯，来虏弥尽。号为神兵。羌人畏忌，传语种辈，勿复南行。后建和二年，羌复入汉，牧守遑遑。赖板楯破之。若微板楯，则蜀汉之民为左衽矣。"也道及东汉蜀道虎患情形。

北宋学者李昉（925—996）等的《太平广记》卷四二六至四三三"虎类"，汇集北宋以前虎患文献史料最为全面。卷四二六"封邵"条援引南朝梁任昉（460—508）《述异记》曰："汉中有虎生角……"同卷"巴人"条引唐戴孚（766—779）《广异记》曰："巴人好群伐树木作板。开元初，巴人百余辈自褒中随山伐木，至太白庙……倏尔有虎数头，相继而至，噬巴殆尽，唯五六人获免。"卷四三〇"归生"条引唐佚名《闻奇录》曰："弘文学士归生，乱后家寓巴州。遣使入蜀，早行，遇虎于道，遂升木以避，数虎迭来攫跃。"卷四三二"械虎"条引五代前蜀王仁裕（880—956）《玉堂闲话》曰："襄、梁间多鸷兽，州有采捕将，散设槛阱取之，以为职业。忽一日报官曰，昨夜槛发，请主帅移厨，命宾寮将校，往临之，至则虎在深阱之中。"卷四三三"王行言"条引《玉堂闲话》曰："秦民有王行言，以商贾为业，常贩盐鬻于巴、渠之境，路由兴元之南，曰大巴路、曰小巴路，危峰峻壑，猿径鸟道，路眠野宿，杜绝人烟，鸷兽成群，食啖行旅。行言结十余辈少壮同行，人持一拄杖，长丈余，铦钢铁以刃之，即其短枪也。才登细径，为猛虎逐之。及露宿于道左，虎忽自人众中攫行言而去。"另外，卷四三一"虎妇"条引《广异记》，卷四三二"商山路"条引《玉堂闲话》、"周雄"条引五代宋初孙光宪（？—968）《北梦琐言》，卷四三三"姨虎"条引唐末五代杜光庭（850—933）《录异记》，分别记述了唐末五代蜀道汉中周边地带的川北广元、陕东南商州"多有鸷兽，害其行旅""为虎所取""虎自丛薄中跃出，攫一夫而去，其同群者，莫敢回顾""虎暴尤甚，号'税人场'，商旅结伴而行，军人带甲列队而过，亦遭攫搏"等虎患情况。

上述有关蜀道汉中及其邻近地区虎患的资料，尽管有的条目与南宋洪迈（1123—1202）《夷坚支丁》卷五"饶风铺兵"条一样，字里行间不无离奇荒诞的"志怪小说"色彩；但绝大部分内容，特别是关于猛虎横行四境的记载，应该是反映了真实的历史情况。当时蜀道沿线虎患之烈，即如前呼后拥有重兵护卫的前蜀后主王衍（899—926），其巡幸途中也未能幸免。当年以文辞著名而扈从左右的翰林学士王仁裕，是这么描绘皇帝出巡过蜀道时大队人马遭遇猛兽袭击的惊险的：

奉诏赋剑州途中鸷兽

  蜀后主幸秦川，至剑州西，鸷兽于路左丛林间跃出，搏一人去。至行宫，顾问臣僚，皆陈恐惧。命仁裕及李浩弼等赋之，后主览之，大笑曰："二臣之诗各有旨。"

  剑牙钉舌血毛腥，窥算劳心岂暂停？
  不与大朝除患难，惟于当路食生灵。
  从将户口资馋口，未委三丁税几丁？
  今日帝王亲出狩，白云岩下好藏形。

南宋人关于蜀道沿线虎患之记载，除诗人陆游（1125—1210）[1] 屡屡赋诗咏之，如"虎狼妥尾择肉食，狐狸竖毛啼日暮"、[2]"白头乡万里，堕此虎豹宅。道边新食人，膏血染草棘""客路少睡眠，月白闻号鸡。欲行且复止，虎来茅叶低"、[3]"即今穷谷中，性命寄豺虎"、[4]"三巴途路何嵚崟，五溪雾潦多毒淫。虎豹夜啸裂崖谷，魑魅昼出矜山林"、[5]"虎印雪泥余过迹，树径野火有空腔""桦柳林边候吏迎，血涂草棘虎纵横。分明身在朝天驿，惟欠嘉陵江水声"，[6] 等等。洪迈《夷坚支丁》卷五的《蜀梁二虎》和《饶风铺兵》二则记述最为生动：

蜀梁二虎

蜀峡山谷深复，鸷兽成群，行人不敢独来往。万州尤为荒寂，略无市肆。……兴元府近郊，有农民持长刀将伐薪，行畲田狭径，其下皆沮洳。相去丈许，一虎在彼，望农至，欲奋迅登岸。农遽跳坐其背，以刀乱斫之。虎亦勃踯与相抗。里人环睨，不敢救，相率投戍帅乞援。帅命猎骑百辈，鸣金鼓驰往，至则人虎俱困。骑刺虎杀之，扶农归，遍体断裂成纹，盖尽力用刀，且惊怖故也。次日亦死。帅厚给其家钱粟，使葬之。

饶风铺兵

金、洋之间，驿路萧条，但每十里一置。饶风驿铺卒送文书，已逼暮，值虎从旁来，有攫噬意。卒窘甚，驻立语之曰："我闻汝亦是灵物。我今所传文字，系朝廷机密下制置司者。汝吃我无可辞，此一筒制敕符命，如何分付？"虎弭耳低头，为耸听之状，径舍去。卒到他铺交递毕，因留宿，与彼中人言，自喜再生。明日，回至昨虎处，复相遇虎，竟为所食。乃知命分当死于虎，畴昔之免，端为文书故云。

元代记录蜀道虎患的资料，有意大利来华旅行家马可·波罗（1254—1324）的《马可·波罗游记》第二卷《忽必烈大汗及其都城、宫廷、政府与西南行程中各城市和省区的见闻录》第四十二章《契丹与蛮子的疆界》和第四十三章《蛮子省》：

从忙哥剌的驻跸地西行三天……便进山巅和峡谷地带……由于森林密布，所以这里的人也以打猎为生。林中有许多野兽，如虎、熊、山猫、黄鹿、羚羊、赤鹿，以及其他各种动物，可获得一种很好的收入。穿越这个地带要走二十天的路程。道路蜿蜒盘旋在群山、峡谷和密林之中。……

结束了向西的二十天行程后,便来到了一个叫汉中府(achbaluch manji)的地方,它的另一个名字是"利州蛮子",意思是"蛮子境内的白城"。……这片人烟稠密的平原,一直延伸至两个驿站以远的地方。接着,又是高山、峡谷和森林……这地方除了有上述的各种野生动物外,还有大量的麝这类的动物。

宋、元以降,蜀道所在的汉中和邻近川北一带依旧虎患猖獗。清乾隆《广元县志》载:"梅林关在治东六十里,系由府至陕西大路。元至正间,迭木耳将军屯兵于此,有射虎碑存焉。明正德中,有缺耳大虎潜迹树林,伺人而攫食之,行人阻绝。龙潭驿百户贯通率军校射其大虎,生捉二虎子于穴而毙之。升庵杨太史壮其事,作《射虎行》。"

射虎行

锦毛黄斑双耳缺,梅岭白日行人绝。壮士弯弓与虎决,咆声撼山箭满血。生提虎子出虎穴,七日骷髅死冤雪。肯使饕餮在萌蘖,赤焰熛云翠微热。冈原兀兀山节节,室洞封溪比丘垤。清风洒涤腥风灭,行人言之犹吐舌。呜呼,贯侯材杰有如此,何不早竖三边烈!

又,明代陕西巡抚张瀚(1510—1593)在《松窗梦语》卷二载及汉中境内蜀道生态曰:

金牛、青阳,路皆平坦,仅过小山。至沔县,有百丈坡。褒城乔木夹道,中多虎豹,所登山渐高险,所谓鸡头关也。

清王士禛（1634—1711）《池北偶谈》卷二十一《谈异二·南江野人》则载：

> 蜀张献忠之乱，遗民奔窜山谷，久之遂为野人。南江有二野人，能手格猛虎……

又，为官清廉的蜀人张邦伸（1737—1803）的蜀道旅行记《云栈纪程》卷三载：

> 七里至柴关岭，即紫柏山之别名也。林深箐黑，亭午不见日影。中多怪石、古木，为虎豹猿猱出没之乡。

有关明、清时期汉中虎患的记载，多见诸志乘史料，如明嘉靖《略阳县志》卷三《土产·毛部》即有类似著录。另外，略阳、宁强、佛坪及汉中其他地区，分别有老虎坪、虎儿沟、饿虎沟、虎窝卡、虎豹河等地名。尽管这些地名可能与山川形势肖虎有关，但也不能排除这样一种可能：即这些地名是由于当地时有老虎出没而得名的。明、清汉中虎患以东部的西乡县为最。万历三十年（1602）汉中知府崔应科《捕虎文》云：

> 惟兹汉郡，幅员多山，藂尔西乡，尤处山薮……虎豹成群。白沔山峡，白额恣噬。初掠牛羊于旷野，渐窥犬豕于樊落。厎今益横，屡报残人，昏夜遇之者糜，白昼触之者碎。[7]

关于汉中东部西乡虎患的历史记忆，直到清光绪末年海上画派名家吴友如（？—1894）的《点石斋画报》，还曾根据之前钱泳（1759—1844）《履园丛话》卷十四《祥异》"村牛搏虎"条记录的当年西乡"猛虎伤人无算，猎户与官兵莫能刺之"、后幸被村牛以角攻刺杀死的轶闻，描绘了一幅"虎落平川被牛欺"的画面：

> 陕西汉中府西乡县出一猛虎，伤人无算，猎户与官兵莫能制之。有善搏虎某者，年老不能下车矣，众猎户、官兵禀县固请，某人始出。遂入山，手握铁鞭，拾级而上，卒遇此虎，竟为所杀。时村家养牛数十头，正在山上，见此虎至，群牛皆退缩。惟一牛独前，与虎熟视者久之，忽奋力一角，正穿虎喉，虎立毙。报之县官，遂将此虎赏畜牛之家，并以银五十两奖之，一县称快。越数月，畜牛之家偶将虎皮出晒于石磨上，牛卧其旁，醒而见之，以为真虎也，又奋力一角，力尽而死。（图5-1）

在明、清时期许多由关中经汉中入蜀、或由锦官城北上长安的文人骚客笔下，也不乏记述蜀道汉中及邻界川北虎患的诗文。如明巡按四川的卢雍（1474—1521）描写剑门关外的《志公寺》诗云："山深虎豹多，凡僧不敢住。"明地理学家王士性（1546—1598）的《连云栈》诗云："猿狙随我啼，虎豹火道伏。"[8] 著有《蜀道驿程记》《陇蜀余闻》的清代文豪王士禛的《雨度柴关岭》诗云："天垂洞壑蛟龙蛰，秋老牙须虎豹豪。"《桔柏江》诗云："茫茫双江来，抱此益昌郭。荒城豺虎多，残堞处丛薄。"乾隆间礼部尚书任兰枝（1677—1746）的《宿剑门》诗云："寒山风落石，残夜虎窥村。"曾督学陕西的许孙荃的《空山行——凤县道中作》诗云："熊罴随我后，虎豹当我前。"四川布政使杨思圣（1621—1664）的《入栈纪行》诗云："村栅防虎过，昏黑灯火连。"清康熙间的河南巡抚汪灝《栈道杂诗》

图 5-1 清吴友如《点石斋画报》据钱泳《履园丛话·村牛搏虎》关于汉中西乡虎患的记载所绘图画

诗云:"杉枫深结雾,熊虎乱窥人。"康熙二十五年(1686)分巡陕西的金世法《丙寅夏日连云栈中作》诗云:"连山猿觑客,绕榻虎呼群。"[9] 清嘉庆十四年(1809)陇南徽县知县张伯魁的《木皮岭》诗云:"惊闻虎豹声,险绝逾秦岭。"《铁山怀古》诗云:"豹虎正当道,林密多路歧。"[10] 类似记载、描写蜀道沿线虎患的诗文,在明清志乘、笔记史料中不一而足。

有"江东才子"之称的近代诗人杨云史(1875—1941)《江山万里楼诗钞·汉阴古寺》诗记光绪二十七年(1901)的汉阴县,有"虎迹春山里,莺声夜月中"之句;光绪二十八年(1902)红学家俞平伯之父俞陛云(1868—1950)的《蜀輶诗记》记汉中北界凤岭连云寺及汉中附近驿程,也有"一骑褒城今置驿……县僻宵闻虎咒声。森然豺虎之乡"及"城(汉中宁强)倚山岩,夙多虎患"之叹。直至20世纪30年代中期,现代书画家林散之(1898—1989)逾秦岭由太白、华阳(汉中城固县)入蜀,在《下太白阻雨山村》诗中,尚有"山深有豺虎,未晚早关门"之句。[11]

20世纪中叶以后,随着各地人口的增加与人类活动及基建、交通工程的推进所造成的森林的减少,秦岭、巴山和蜀道沿线的虎患已明显锐减。但是,在汉中东北原始森林中仍栖息着少数猫科动物,这是相当罕见的特例,因为汉中西部至清乾隆、嘉庆年间已不复有虎了。道光《略阳县志》卷三载:雍正初年,略阳城墙坍塌,老虎入城,居民归家闭门,不敢出入。知县叶馨主持筑城墙、树栅栏,严禁夜行,并除却虎患。但是到嘉庆年间因毁林垦荒,致使大型野生动物几乎绝迹。另外,道光年间略阳人淡金籯《寒蓬山记》亦云:"闻诸父老曾言,乾隆间,此山林木茂盛,虎豹、麋鹿络绎不绝。惜乎土人喜招客民,开垦取材,以迄于今,非复牛山之美矣。"[12]

第二节 历代蜀道金石中的蛇虫虎患

关于历代蜀道虎患的记载,除了上节述及的史志诗文等历史文献之外,存世的蜀道金石文献中也有记载,与纸质文献史料互为补充。

刻于东汉桓帝建和二年(148)的《故司隶校尉楗为杨君颂》(即《石门颂》)摩崖,描述蜀道子午道沿线的自然环境,有"恶虫蔽狩,蛇蛭毒蟃"之句;这里的"恶虫"很可能是指猛虎。另据《隶续》卷一六《繁长张禅等题名》,这一东汉石刻中有"白虎夷王谢节""白虎夷王资伟"等题名。洪适按语曰:"右《蜀郡繁长等题名》,一石三横,今在蜀道。""末有四行高出两字,题白虎二夷王及丞尉名字"。这或许是"以射白虎为业"板楯七姓受政府之命专门负责消除虎患、以保障蜀道安全的相关记录。

蜀道干线褒斜道南口褒城北鸡头关的天心桥北侧,原本更竖有南宋绍兴十四年(1144)颂扬抗金将领、利州路经略使兼知兴元府刘子羽(1096—1146)、蜀道仙人关守将杨从仪(1092—1170)刺射猛虎的诗碑,碑文曰:

> 总管太尉杨公,偕刘参赞行饶风岭,有虎突出丛薄中,挟一矢殪之,旁观流汗辟易:真古所谓英伟豪杰之士欤!因作长句以纪其事。晋原丁。
>
> 猛虎眈眈咸百步,一矢毙之侯甚武。当时得俊惊倒人,此事今无闻往古。孙郎登车方控弦,千钧竹弩伏道边。终日获彪何足数,中石没羽还徒然。岂如跳哮负林谷,跃马弯弓洞胸腹。须知勇锐敌万人,下视彪虎同麋鹿。声名藉藉宣上都,边头何忧羌与胡。愿凭顾陆丹青手,画作洋州射虎图。
>
> 绍兴甲子十二月丁酉　石匠□成立　独孤圯刊

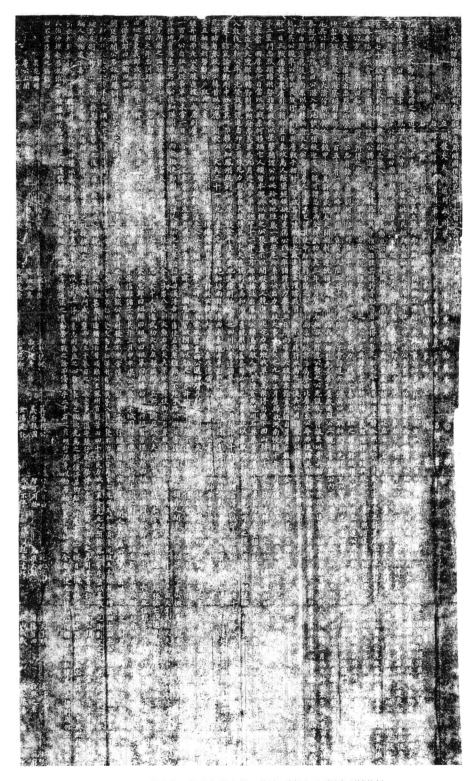

图 5-2　南宋乾道五年（1169）抗金将领杨从仪墓志铭，藏陕西城固五门堰水利博物馆

武经郎拨发诸□□兼提辖衙兵□超

　　武经大夫□参左使兼辖衙兵□□成立石

该碑今佚，文见清严如煜《汉南续修府志》卷二十八《艺文志》，题作"丁运使《射虎行》"；清罗秀书等辑《褒谷古迹辑略》作"宋运使丁公佳什"。[13] 杨从仪在汉中东部饶风岭打虎实有其事，因此，在今保存于汉中城固县五门堰的杨从仪墓志铭中，[14] 也记录有他饶风岭刺虎的事迹。乾道五年（1169）《宋故和州防御使提举台州崇道观安康郡开国侯食邑一千七百户食实封一百户杨公墓志铭》云：

　　公善射，发无不中。尝偕王人刘参赞子羽行饶风岭，有虎突出丛薄间，
　　人皆辟易，公跃马而出，以一矢毙之，故射虎之名喧达都下。（图5-2）

值得注意的是，近年在位于今甘肃陇南徽县蜀道沿线的当年抗金前沿阵地——虞关吴王城山崖间，也就是吴玠、杨从仪抗金所在地的仙人关前线，发现了镌刻于南宋绍兴二十一年（1151）的与上述《射虎行》内容几乎完全一致的另一方摩崖石刻。[15]（图5-3）这显然既有表彰杨从仪刺杀猛虎的纪实目的，更有激励前方将士奋勇杀敌的宣教目的；因为蜀道嘉陵江仙人关较之褒城鸡头关，更临近抗金第一线。

南宋蜀道间另一方涉及虎患和打虎的石刻，系立于今陇南市武都区马街镇卧佛寺的淳熙三年（1176）《田公刺虎记》碑，它表彰的是武都太守田成为民除害的真实事迹。[16]（图5-4、图5-5）

清初，汉中东部西乡县因"人烟稀少，山深林密，颇多虎患。青溪、桑园铺、白河峡，均有虎食人。每至薄暮，虎游于市，惊怖街衢，伤及人畜，

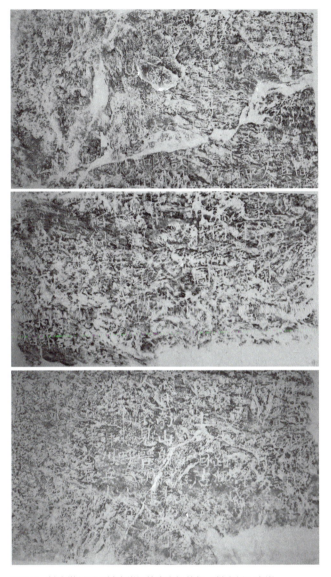

图 5-3　甘肃徽县吴王城山崖间的南宋杨从仪《射虎行》摩崖

必鸣金燎火，彻夜方去。康熙五十一年，知县娄县王穆乃悬重偿，募虎将数十人，挟弓矢，入林莽，三年之间，射虎六十有四，虎患始息。乃建亭于西城门外，题曰'射虎亭'，并勒虎将姓名于石以记之。"[17] 刻于康熙五十四年（1715）的《射虎亭》碑，至今犹存于西乡县文化馆，下款书"虎匠刘国甫、王大儒、□□才、段然迁立"。（图 5-6）[18] 而所谓"虎匠"者，或即战国、秦汉时期以杀虎为生的西乡地区巴人之苗裔。

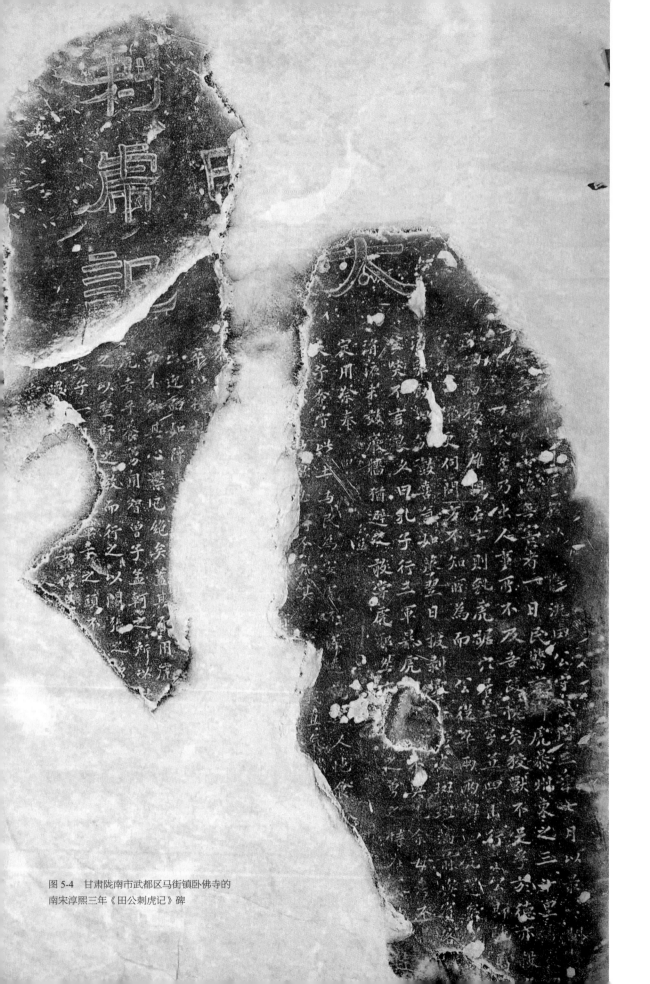

图 5-4　甘肃陇南市武都区马街镇卧佛寺的南宋淳熙三年《田公刺虎记》碑

图 5-5 　《田公刺虎记》碑阴

综上所述，蜀道石刻中有关历代虎患和打虎的资料记录，是对传世其他历史文献的重要印证和有机补充，其史料价值不言而喻。这里有一个问题需要厘清，那就是《石门颂》中的"恶虫"究竟指的是老虎，还是其他别的危害蜀道行旅的动物？

如前所述，《石门颂》中有"恶虫蔽狩，蛇蛭毒蟃"一句，这"恶虫"一词，一度引起笔者极大的好奇和探索兴趣，但困扰已久却未得确解。直到最近经过多方考究，逐渐有了一些比较清晰的认识。

起初，关于"恶虫"的所指，笔者倾向于是指猛虎，该观点之形成，显然是受了《水浒传》中称老虎为"大虫"、顾大嫂浑名"母大虫"的影响。

图 5-6 陕西西乡县清康熙五十四年《射虎亭》碑，陕西西乡县文化馆藏

其实"大虫"一名，东晋已见，干宝《搜神记》曰："扶南王范寻养虎于山，有犯罪者，投于虎，不噬，乃宥之；故山名大虫。"不过，将老虎称为大虫，则流行于唐宋时期，这有诸多文献记载为证，如唐孙光宪《北梦琐言》卷九《韦宰相功德验》曰：

> 蜀路白卫岭，多虎豹噬人。有选人京兆韦，亡其名，唐光化中，调授巴南宰，常念《金刚经》。赴任至泥溪，遇一女人，着绯衣挈二子偕行，同登此山。前路岭头行人，相驻叫噪，见此女人，乃赤狸大虫也，逡巡与韦分路而去，韦终不觉，盖持经之力也。

又如《宋稗类钞》卷二十五《诙谐第四十二》援引宋释文莹《湘山野录》卷上载：

> 杨叔贤，自强人也，古今未尝许人。顷为荆州牧，时虎伤人，杨就虎穴磨巨崖，大刻《诫虎文》，如鳄鱼之类。其略曰："咄乎，尔彪！出境潜游。"后改官知郁林，以书托知事赵定基，打《诫虎文》数本，书言："岭俗庸犷，欲以此化之。"仍有诗曰："且将先圣诗书教，暂作文翁守郁林。"赵遣人打碑。次日，本耆申某月日磨崖碑下大虫咬杀打碑匠二人。荆门止以耆状附递寄答。

再如宋王钦若等撰《册府元龟》卷一百四十七《帝王部·恤下第二》载：

> （开元）四年正月诏曰：如闻江淮南诸州，大虫杀人，村野百姓，颇废生业，行路之人，尝遭死失；州县不以为事，遂令猛兽滋多。泗州涟水县令李全确，前任宣州秋蒲县令，界内先多此兽；全确作法遮捕，扫除罄尽，迄今人得夜行，百姓实赖其力。宜令全确驰驿往淮南大虫为害州，指授其教，与州县长官同除其害。缘官路两边，去道各十步，草木常令芟伐，使行人往来，得以防备。

另据姚炳《诗识名解》卷六载：

> 秦人谓豹曰程，盖方言如此；而张耒谓沈存中闻秦人言，此中有程，遂以为生马之程，不知秦声谓虫为程，谓虎为大虫。刘贡父亦言，关中呼虫为尘也。愚按青宁程马，本不根语，无从核实；若以程为豹，是豹

生于空竹,马又产于豹胎,人又出于马腹,纵极谬悠,何至支离若此?大抵程之为虫,亦无所据;或如前说,秦人谓豹为虫,读虫若程,因讹程作豹耳。不然,豹亦安得有程名耶?

此外,南宋洪迈《夷坚支乙》卷七《桂岩鸷兽》载:

> 村民程十八者,能射虎,里人称为程大虫。其法为煮草乌头汁,以淬箭镞,拖窝机,伺于虎出入道上。尝有一虎,为箭所伤,不能行,倚树蹲立,程曰:"虎死不倒地,此已死,无足惧。"径前欲取之,虎尚未绝,忍痛哮吼,举两足来搏。程奋臂撑拒,力且竭;其徒望见,争奔救,仅得脱。脑后臂胛背,遭爪攫挈;卧病几月乃起。

而类似将孔武有力者称为大虫,如将女中豪杰叫作"雌老虎"或"母大虫"的,尚有《旧五代史》卷九十五《翟璋传》载:"翟璋,未详何许人也,好勇多力,时目为大虫,即'痴虎'之称也。"

至于工具书对"大虫"的解释,如明末民间学者彭大翼《山堂肆考》卷二百十七"毛虫"条:

> 虎,《格物论》,虎属阳,状如猫而大如黄牛,黑章钩爪锯牙,舌大于掌,生倒刺,须硬尖而光,夜视一目放光,一目看物。猎人候而射之,光坠于地,成白石。两胁间及尾端,皆有骨如乙字,长一二寸许者,是其威也,破肉取之可得,能令人有威。虎横行而妥尾,其怒而吼也,声如雷,百兽为之震恐,而风从之生矣。虎一生止一乳,一乳必双,所谓虎不再交是也。死必靠木及岩石,未尝仆地。一名大虫。

又，清《钦定续文献通考》卷二百二十六《物异考》载："王圻曰：'大崇者，大虫也，俗称虎为大虫。'"而《钦定续通志》卷一百八十《昆虫草木略》曰："虎一名乌䖘，一名大虫，又名李耳。状如猫而大如牛，黄质黑章，锯牙钩爪，须健而尖，舌大如掌，生倒刺，项短鼻䶂。夜视一目放光，一目看物。声吼如雷，风从而生，百兽震恐。"

通过对史料的梳理可以发现，"恶虫"似乎既可指老虎，也可指其他动物。如明董斯张《广博物志》卷二十九引《独异志》曰：

> 马略年十七，闭室读书，九年不出。三日一食，续命而已，乡里谓之潜龙。三十谒桓帝曰："我贤人也！"遂拜关内侯、光州刺史。略弃官入海，恶虫猛兽，悉避路。

又卷四十六引《法苑珠林》曰：

> 有人入林伐木，迷惑失道，时值大雨，日暮饥寒，恶虫毒兽，欲侵害之，是人入石窟。……

此外，明曹学佺《蜀中广记》卷三十《名胜记·川北道·潼川州二·中江县》亦载：

> 栖妙山，山有洞，田真人所名也，今为集虚观。古记云：此地旧多恶虫蛇，唐广德中，真人自南阳来，卜居其地，遂绝此患。

基于以上众多史料的钩稽梳理，结合笔者在钩沉《石门颂》所在地汉中历代虎患资料的过程中，发现蜀道沿途猛虎伤人的记载史不绝书，这愈发令我坚信《石门颂》中所谓的"恶虫"必指老虎无疑。我的这个判断，与中国秦汉史研究会原会长王子今先生的观点不谋而合。王先生于1995年8月在中山大学出版社出版的《华学》第1期发表《秦汉虎患考》一文，即主张《石门颂》中的"恶虫"为老虎；我的《汉中历代虎患钩沉》在其后发表于《陕西理工学院学报（社会科学版）》1997年第3期。

认为《石门颂》中的"恶虫"是指老虎的另一个理由，是东晋常璩《华阳国志》卷一《巴志》记有秦汉时期活动于汉中的一支猎杀白虎的部落，在西汉初期曾追随汉高祖刘邦平定三秦的史料：

> 汉兴，亦从高祖定秦有功，高祖因复之，专以射白虎为事，户岁出賨钱，口四十。故世号白虎复夷，一曰板楯蛮，今所谓弜头虎子者也。

而《石门颂》也开宗明义曰："高祖受命，兴于汉中；道由子午，出散入秦；建定帝位，以汉诋焉。"另外前文所引《隶续》卷十六《繁长张禅等题名》石刻，也著录有蜀道白虎夷王的名字。这些似乎都佐证了《石门颂》提及的"恶虫"，必然是指肆虐蜀道、伤人无算的猛虎；汉高祖刘邦之所以器重白虎夷王，或许正是仰仗他们驱赶猎杀横行秦岭的猛虎，为北上的汉军将士清除了出征道路上最大的威胁，从而得以平定三秦。

然而这样的推断仅仅是对"白虎复夷""白虎夷王"相关史料的字面理解；再进一步追究：虽然白虎夷王确实本领高强，但他们射杀的对象，究竟是自然界真实的猛兽白虎呢？还是"白虎"只是他们部落的图腾、或者他们惯于以虎钮錞于为指挥作战的军乐器因而得名"白虎复夷"？学术界对此尚有不同看法；然而白虎夷王及其部族确实存在应是不争的事实。

至此，随着研究的深入，原先的判断不得不重新审视、予以修正，即东汉《石门颂》中的"恶虫"，（图 5-7）与唐宋以后的称呼猫科动物"猛虎"为"大虫"风马牛不相及；"恶虫"实际上是指一种体量远远小于老虎、但毒性却相当剧烈且能致死的含毒动物，它就是秦岭以南汉中地区特有的爬行动物之一——蝮蛇。另外"恶虫蔽狩，蛇蛭毒蟃"的读音也古今迥异，"恶虫"的"虫"读作虺（huǐ）；"蔽狩"的"蔽"读作憋（biē）；而"蛇蛭"的"蛭"则读作（dié）。

先让我们了解一下古代音韵训诂学家对这两句的考据解读。清乾嘉学派古文字训诂学家王念孙《读书杂志》卷十《汉隶拾遗·司隶校尉杨涣石门颂》曰："'狩'与'兽'同。《隶释》以'蔽'为'毕'字，非也。'蔽'与'憋'同，《方言》：'憋，恶也。'……恶虫憋兽，互文耳。蛇蛭毒蟃，'蛭'音大结反，字本作'蚳'。《尔雅》：'蚳，蝁。'郭璞云：蝮属，大眼，最有毒，今淮南人呼'蝁子'。蝁，犹恶也。'蟃'与'曼'通。《鲁颂·閟宫》传云：曼，长也。蛇蛭毒蟃，言毒长也。"由此，"蔽狩"作"恶兽"或"坏兽"解；"蛇蛭"为毒蛇名，又名"蚳蝁"（dié è）。"蚳"系蝮蛇的一种，明刘基《郁离子·蛰父不仕》曰："客喜，侑主人以文蚳之修，土人吐舌而走。""蝁"也是毒蛇名。《尔雅·释鱼》北宋经学家邢昺注疏曰："蛇也，蝮虺之属，大眼，有毒，一名蚳，又名蝁，淮南人呼'蝁子'者是也。"清代声韵训诂学家王引之《经义述闻·尔雅下》："蝁之言恶也。《汉司隶校尉杨涣石门颂》曰：'恶虫蔽狩，蛇蛭毒蟃。''蛭'与'蚳'同；'蟃'与'曼'同，'曼'，长也。《说文》：'蚳，蝁也，蛇毒长。从长，失声。'毒长即毒曼也。"总之，"恶虫蔽狩，蛇蛭毒蟃"应当读作"è huǐ biē shòu shé dié dú wàn"（汉语拼音）。

图 5-7　东汉《石门颂》摩崖石刻（局部）

虺（huǐ），自古作毒蛇名，后写作"虺"。马王堆汉墓帛书乙本《老子·德经》："蜂虿（䖲）虫（虺）蛇弗赫（螫）。"按，《说文·虫部》："虫，一名蝮，博三寸，首大如擘指。象其卧形，物之微细，或行或飞，或毛或裸，或介或鳞，以虫为象。"段玉裁注："郭云：'此自一种蛇，人自名为蝮虺。今蝮蛇细颈、大头、焦尾，色如艾绶文，文间有毛似猪鬣，鼻上有针，大者长七八尺。一名反鼻。非虺之类。'……郭意《尔雅》之蝮今无此物，今之蝮蛇非《尔雅》之蝮蛇也。"

由上考释，足见《石门颂》中所说的"恶虫"并非猛虎而是蝮蛇。明李时珍《本草纲目》鳞部第四十三卷"蝮蛇"条释名曰："反鼻蛇。"集解引苏恭之说曰："蝮蛇作地色，鼻长、口长、身短，头尾相似，山南汉、沔间多有之。一名虺蛇，无二种也。"动物学上蝮蛇是我国分布最广、数量最多的一种毒蛇，但秦岭南北种类截然不同；洋县、周至两地直线距离虽然并不远，可是两地蝮蛇却分属两个亚种。陕南地区蝮蛇的科学定名为：脊索动物门爬行纲有鳞目蛇亚目蝰科亚洲蝮属短尾蝮种，这与上述古人的描述"身短、头尾相似"完全一致；而关中地区周至县采集到的蝮蛇则属于中介亚种。

另外，关于《石门颂》中"恶虫"是指蝮蛇，其实也有东汉时期的史料可作旁证。《资治通鉴》卷四十八《汉纪·孝和皇帝下》等很多文献，都记载过和帝不受岭南献龙眼荔枝的故事：

> （永元十五年）岭南旧献生龙眼、荔枝，十里一置，五里一候，昼夜传送。临武长汝南唐羌上书曰："臣闻上不以滋味为德，下不以贡膳为功。伏见交趾七郡，献生龙眼等，鸟惊风发。南州土地炎热，恶虫猛兽，不绝于路，至于触犯死亡之害。死者不可复生，来者犹可救也。此二物升殿，未必延年益寿。"帝下诏曰："远国珍羞，本以荐奉宗庙，苟有伤害，岂爱民之本？其敕太官勿复受献。"

这里的"恶虫猛兽"同样是指南方丛林中伤人夺命的毒蛇猛兽。回过头再看前述《广博物志》和《蜀中广记》涉及的恶虫毒兽，应该也都是指带毒性能致人死亡的蝮蛇猛兽。清康熙年间文坛领袖王士禛几番经蜀道往返秦蜀两地，其《古夫于亭杂录》卷五《山川写照》曰："余两使秦蜀，其间名山大川多矣！经其地，始知古人措语之妙。"他创作有《蜀道驿程前后记》《蜀道集》《陇蜀余闻》等诸多与蜀道相关的作品。而在其蜀栈之旅中，王士禛也记录过出没于汉中以南金牛道（蜀道南栈或蜀栈）上的蝮蛇和猛虎，可以说是对东汉《石门颂》有关记载的历史呼应。《渔洋山人精华录》卷二《夜至黄坝驿短歌》云：

> 氐道森沉十日雨，石林冥冥断行旅。洪涛殷地四山动，百折盘涡喋难语。前有蝮蛇后豺虎，红鹤哀号奋毛羽。吾生胡为狎此曹，命轻如毛争一缕。妻孥飘泊寄京国，欲归不归在何所？乡关回首四千里，纵有苦辛谁告汝。（图 5-8、图 5-9）

 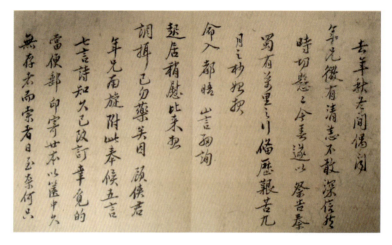

图 5-8　清初文坛领袖王士禛像　　　　　图 5-9　王士禛记述蜀道行旅之尺牍，上海博物馆藏

综上所述，《石门颂》中所说的"恶虫"是指古汉中蜀道沿途出没于深山丛莽间的毒蛇之一蝮蛇，而非唐宋以后习称的老虎，尽管汉中动物史上这两者兼而有之。通过对这一细节个案的反复探索，笔者深感对于石刻古文字内容的考释与把握，不能简单地望文生义或者想当然地解读，而应进行精细化的提炼和精准化的破译，剥茧抽丝、举一反三，充分挖掘石刻古文献背后涉及的多学科知识。只有这样，我们的解析才会尽可能地接近历史真实而不至于贻误读者。在这方面，我们实在还有很多工作要做。

注释：

〔1〕 陶喻之《陆游打虎初探》，载《贵州文史丛刊》1987年第2期，第68—72页；陶喻之《陆游打虎再探》，载《汉中师范学院学报》（社会科学版）1994年第4期，第62—65页，第80页；陶喻之《陆游打虎公案》，载《文史知识》2005年第11期，第81—86页；陶喻之《汉中历代虎患钩沉》，载《汉中师范学院学报》（社会科学版）1997年第3期，第47—54页。

〔2〕 （宋）陆游《剑南诗稿》卷三《木瓜铺短歌》。

〔3〕 同前卷三《太息（宿青山铺作）》。

〔4〕 同前卷三《长木夜行抵金堆市》。

〔5〕 同前卷五《我有美酒歌》。

〔6〕 同前卷五十二《有怀梁益旧游》、卷五十五《梦行小益道中》。

〔7〕 《汉南续修府志》卷二十六。

〔8〕 《五岳游草》卷十《蜀游下》。

〔9〕 参看保林、心亘、大海辑录《古人吟褒斜道》，《汉中市志通讯》1986年第3期；刘庭武、穆康宁选注《蜀门诗文选》，重庆出版社1991年。

〔10〕 略阳周郢先生抄示，料出县志。

〔11〕 林散之《江上诗存》卷六，南京教师进修学院1979年8月。

〔12〕 （清）道光《略阳县志》卷四。

〔13〕 《射虎行》与《宋运使丁公佳什》诗文略有小异。《丁运使〈射虎行〉》末作"边头何忧羌不输""画作君家射虎图"。

〔14〕 参看陈显远《南宋杨从仪墓志浅释》，《考古与文物》1983年第2期；（清）王昶《金石萃编》卷一四九《杨从仪墓志铭》。

〔15〕〔16〕 参看蔡副全《陇南金石题壁萃编》第六编，中华书局2021年。

〔17〕 陈显远《汉中地区名胜古迹》，陕西人民美术出版社 1988 年。

〔18〕 陈显远编著《汉中碑石》，三秦出版社 1997 年。

后 记

《流动的金石：多维的蜀道摩崖》是我历年有关陕甘川三地古代交通石刻探索的成果结集，它见证着我近40载不平坦的学术跋涉历程。敝帚自珍，回顾来时路，为的是走好接下来的征程。

上个世纪80年代，因为偶然的机缘，我接触到陕南蜀道摩崖；在奇伟的自然环境与厚重的历史积淀双重震撼之下，从此我将学术研究的志业倾注于蜀道摩崖中的国宝文物——褒斜道石门石刻。承蒙业界方家郭荣章先生厚爱，将我当初一些稚拙谫陋的研习心得刊诸汉中博物馆的《石门》学刊。前辈学人的关爱奖掖，激励着我在这一领域的耕耘探索从此一发而不可收拾。收入本书的不少篇章，就是当年研习的一些粗浅所得，仅此而已。

进入上海博物馆工作以后，最初经马承源、汪庆正等老馆长签发登载馆刊的几篇论文，也与石门和蜀道石刻有关。多年来尽管因为工作岗位的变动，我的研究重点和学术兴趣时有侧重或转移，但对蜀道摩崖及其研究动态的关注却无时或懈。蒙本馆同道谬爱，委为碑刻访学项目顾问，令我有幸持续享受蜀道金石学探索的快乐。

金石学研究，不仅需要扎实的文献钩稽和"咬文嚼字""锱铢必较"的考据钻研，同时更需要不畏艰险、攀山缘崖的田野调查和实地踏勘；而野外访碑，虽不免劳顿周折，但零距离接近古物的现场感和"发现"感，亦别具情趣和享受，这也是这门学问的魅力所在。本书的撰集，即尽量体现本学科的这一特点，文献考索与实物调查并重，同时内容编排采取图文结合的方式，希望给读者以比较愉悦的阅读体验而不至于过于晦涩枯燥。

本书得以现在的面貌呈现，实赖诸多师友的大力支持和倾情襄赞：结缘数十载的秦陇书画、学术及文学界前辈钟明善、郭荣章、王蓬、杨立强等先生，或宠赐序言，或惠赠题字图画，为本书增色不少。汉中市博物馆张宝德老馆长不顾年迈体衰，为笔者的有关事项联络奔走。诸前辈是我学术与事业的见证者与扶助者，对于他们的勤勉匡掖，笔者铭感难忘！

此外，曾偕同笔者追随先辈足迹、共赴蜀道访碑的吴湖帆先生文孙吴元京先生，慷慨提供了其高祖吴大澂画像；笔者的金石同好、上海书画出版社冯磊兄，则不吝提供了其弆藏的钤有张懋功印鉴的石刻拓本……凡此种种，均令笔者感佩至深！

陇南师范高等专科学校蔡副全教授，既曾陪同笔者访碑，更无私提供其珍藏的善本精拓；笔者尤其喜爱其惠赐的南宋《刺虎记》碑拓。盖笔者曾写过有关蜀道虎患及陆游刺虎的文章，另外金石碑拓，在行内素有"黑老虎"之号；而学术的研究，又何尝不是在消灭探索道路上的一个个"拦路虎"之后才取得进步的呢？故本书以此《刺虎记》碑拓作为封面背景，意含多层而极契我心。

对于以上诸位师友的关爱和帮助，谨此并致谢悃！

本书是我有关蜀道金石学研究的阶段性成果。蜀道悠悠，金石永年；学无止境，道阻且长。笔者愿以本书的出版为起点，在蜀道金石学研究方面再启新征程！

2018年11月小雪日
于上海博物馆五楼晴窗下

再 记

按原计划，本书应该早在新冠疫情流行之前就付梓面世的；讵料一场突如其来的时疫，打乱了本书的出版计划而使其迁延至今。

感谢馆领导汤世芬书记、杨志刚馆长始终如一的鼓励！特别是在汤书记的直接过问与倾情关心下，本书的出版终于"柳暗花明"、即将告竣了。今年春上，笔者又荣幸地成为上海市书法家协会金石碑帖委员会的一员，这对笔者今后的金石学研究当有更大的助益。在此衷心感谢单位、领导和诸前辈的栽培与关爱！

今年以来，笔者倡议并得到馆领导采纳，在本馆举办了"怀玉守正——纪念徐森玉先生诞辰140周年暨汪庆正先生诞辰90周年"系列活动，同时联络、组织馆内外专家学者，在两报（《文汇报》《中国文物报》）三刊（上海文史馆《世纪》杂志、西泠印社《西泠艺丛》杂志和上海书画出版社《书与画》杂志）发表了一系列缅怀文稿，意在报答前辈长者对后辈学人的扶掖关怀。某种程度上，本书也是向诸位关心和帮助过我的前辈师友和领导同仁的学业汇报。

在本书的艰难出版过程中，我还要衷心感谢母校上海大学出版社、尤其是邹西礼副总编的鼎力支持和玉成；没有他的辛劳付出，无法想象本书能达到这样令人满意的编辑效果。因此，请接受我的深深敬意！

本书出版最后阶段，沪上、江浙金石书画界友朋闻讯，多有挥毫题词、敷彩插画之赐，令笔者无任感泐！这些精美题词插画，本拟刊诸卷端、以壮声色；奈格于条件，不克梓入，殊为憾事！区区私衷，良深歉仄！敬祈惠赐题词插画诸友朋谅宥！

陶喻之
上海博物馆研究馆员 陕西理工大学汉江学者
2021年10月2日草于松南别业灯下